千年鐵碼頭

——茅津古渡的前世今生

◎李敬泽 著

山西出版传媒集团

山西人民出版社

图书在版编目（ＣＩＰ）数据

千年铁码头 ：茅津古渡的前世今生 / 李敬泽著. --
太原 ：山西人民出版社，2024.7
ISBN 978-7-203-13371-1

Ⅰ. ①千… Ⅱ. ①李… Ⅲ. ①渡口－文化史－史料－
三门峡 Ⅳ. ①F552.9

中国国家版本馆CIP数据核字(2024)第091760号

千年铁码头 ：茅津古渡的前世今生

著　　者：	李敬泽	
责任编辑：	张小芳	
复　　审：	李　鑫	
终　　审：	贺　权	
装帧设计：	王　言	

出　版　者：山西出版传媒集团·山西人民出版社
地　　　址：太原市建设南路 21 号
邮　　　编：030012
发行营销：0351－4922220　4955996　4956039　4922127（传真）
天猫官网：https://sxrmcbs.tmall.com　电话：0351－4922159
E－mail：sxskcb@163.com　发行部
　　　　　sxskcb@126.com　总编室
网　　　址：www.sxskcb.com

经　销　者：山西出版传媒集团·山西人民出版社
承　印　厂：山西精睿印务股份有限公司

开　　本：720mm×1092mm　　　1/16
印　　张：21
字　　数：300 千字
版　　次：2024 年 7 月　第 1 版
印　　次：2024 年 7 月　第 1 次印刷
书　　号：ISBN 978-7-203-13371-1
定　　价：68.00 元

如有印装质量问题请与本社联系调换

《千年铁码头》编撰委员会

主　任：杜中伟　翟纪亭

副主任：裴向红

委　员：伊改莲　张俊涛　赵拥军　李怀并　周景轩　梁宏峰

　　　　张志坚　陈文武　曹志强　赵世杰　张效伟　侯三九

　　　　李敬泽

主　编：裴向红

副主编：伊改莲　周景轩　杨应博

自序

ZI XU

　　平陆历史悠久，文化灿烂，其中茅津渡是一颗璀璨明珠。一，它地处"古中国"腹地，背靠三晋，睥睨中原，坐骑晋商驼道，身控东西漕运，实为中华之枢纽，山河之锁钥。二，它雄峙大河之阳，河岸陡峭，水流湍急，后有颠轸虞坂，前有军营炮台，实为扼关守要的军事险关、"战略孔道"。三，它粮调东西，货通八方，客商云集，市列奇珍，实为闻名天下的晋商货埠、经管重镇。四，它文脉久远，传承深厚，雅士麇集，诗赋飞扬，明清时学堂林立，科举场进士迭出，实为文化之乡、儒学圣地……

　　研究、挖掘、弘扬茅津渡历史文化，是贯彻落实习近平总书记关于黄河流域生态保护和高质量发展及文物保护等重要指示的具体举措，对于充分发挥黄河文化的牵引作用，把精神力量"润物细无声"地融入经济力量和社会力量之中，使之成为经济发展的"助推器"、社会建设的"导航灯"，带动渡口转型发展，推动全县文旅事业的融合发展，具有十分重要的意义。

　　该书共分九章四十六节。它立足现实，以史为据，鉴别传说，实地考察，在占有大量史料的基础上，进行了系统科学的梳理分析。文字戒绝古涩生僻、食古不化，呈现一种活泼流畅的风格；看不到随意杜撰、牵强附会，践行着一种严谨的治学态度和求实精神。所插200多幅照片，均系千辛万苦搜集拍摄而来，不仅显示了直观之美，而且具有辅实佐证的历史价值。通览该书，不仅能回眸茅津渡的前世今生，而且能洞穿它在不同历史时期的清晰断面，对发展全域旅游、讲好黄河故事、延续历史文脉，具有重要的昭示作用。

本书的编撰过程，是一次全面贯彻落实习近平总书记考察运城重要指示精神的过程，是对平陆经济社会发展规律进行探讨的过程。编撰中，我们重视传统，守正创新，努力激发新思维，寻找新亮点，形成了开发建设茅津渡的新思路：以黄河流域生态保护和高质量发展为统领，大力实施文旅康养融合发展战略，建设"一城两园三心多节点"新茅津，打造特色独具的生态保护和高质量发展项目。我们相信，在这样的框架中，茅津渡将以古今同园、新老对望、人文底蕴与时代潮流兼备的独特面貌出现在人们眼前。

目前，平陆正在坚持以习近平新时代中国特色社会主义思想为指导，大力推进强国建设、民族复兴伟业。我们希望在新征程上，能有更多有分量、有温度、有感染力的文化作品出现，为新时代坚持和发展中国特色社会主义提供强大的精神支撑，为全面推进中国式现代化做出平陆贡献。

是为序。

本书编撰委员会

目录

MU LU

第一章 天下名渡

天下码头，有几个可以冠之以铁？
唯茅津渡而已。
它何以被称为『铁』，又如何表现为『铁』呢？

让我们透过历史的烟云，看看它的嬗变过程吧。

⚈　连南控北的开航

—

打开谷歌地图，你会发现，在黄河大拐弯的晋豫峡谷中部，有一个鱼头般的地貌，这就是黄河中最古老的渡口茅津渡。

茅津渡始称茅头渡，后改为陕津渡、茅津沙涧渡、沱昌渡，最后定名为茅津渡。原址在沙涧一带，金天会年间，黄河洪水泛滥，茅津沙涧渡被淤泥壅塞，不得不西迁一二里，建起了新渡口，名为沱昌渡。元定宗年间，黄河再次遭遇洪水，沱昌渡岸倒坡塌，船只难以靠岸，渡口遂迁到现址。此地两岸为岗石底、岗石岸，再大的洪水也冲不垮，再稠的泥沙也堵不住。故人们称之为"铁码头"。

不过，茅津渡在古生代石炭纪前，并不是这个样子。那时，这里是一片绵延的丘陵，黄土苍苍，烈风劲吹。一场突如其来的造山运动，使得中条山高高崛起，黄河水深度下切。沧桑般的地质变化，使得雄伟的中华版图分成了两大部分。

从此，中条山东部的"世纪曙猿"，只能在黄河北岸森林里活动。而对岸

渑池一带的"世纪曙猿"，也只能
囿限在中原大地。

虞坂中部的锁阳关

人猿相揖别。到了公元前16
世纪，人类征服自然的能力已显
著提高。此时，在肥沃的晋南大
地上，"盐贩之泽"的潞盐已被
大量开发，中条山的铜矿也已炼
铸出了精美的铜器。富庶的汾水流域，丰裕的粮油和北地所产的良马，正
欲贸向南方大地。而江南水乡培育的大量茶丝米粮，也亟须与北地交流。

方国之间，文化的力量正在形成。红山文化雕琢的精美玉器，已成为贵
族阶层的炫耀饰品；趋于成熟的甲骨文，刻画在厚实的龟甲上；虞舜吟出的
《南风歌》《卿云歌》，已成为贵族们欢快的咏唱……文化的趋同亟需南北
合作、共推共建。

商贸潮直接拉动了交通建设。在各代君民的努力下，河东大地的山水
间，形成了一条连接平阳、蒲坂、安邑乃至更远地方的交通干线。而黄河以
南，一条直贯东西的商周大道已然形成。横亘中部的条山之麓、阻碍流通的
"虞坂"已经贯通，令人胆战心惊的"小鬼牙茬骨""青石槽"等初步凿
平，"幽岩穷深"的颠轹坂得到有效治理，一条通畅的国道直通茅津渡口。

……

虞国古城遗址

这一切，都呼唤着茅津渡的横
空出世，呼唤着南北两大地域的紧
密衔接。

就在这千呼万唤之中，公元前
1500年左右，茅津渡这个连南控北
的津渡终于开航了。

茅津渡的开渡时间，当在商王

武丁之前。有安阳发掘的卜辞为证。那时的卜辞上，已有"舟"字的出现，与浙江萧山跨湖桥遗址出土的新石器时代的独木舟极为相像。那时的商王武丁经常到平陆一带视察，《甲骨文合集》7894："贞，其风？十月，在甫鱼。""贞，今[日]其雨，在甫鱼。"这里的"甫鱼"，就是傅说故里的甫地和虞（古时"鱼"与"虞"通用）地。卜辞还有"癸丑卜，宾贞，于雀郭"（《合集》13515），"贞，呼雀酒于河，五十[牛]"（《合集》672正），这里的雀即为"焦国"，《水经注·河水四》"其大城中有小城，故焦国也"。郭即与焦不远的"虢国"。说明商王经常到焦、虢、甫、虞一带视察。茅津就在上述四国的交错点。武丁时，西北一带的土方、鬼方经常入侵商之西部，武丁曾率军多次给予打击。其进军路线就是渡过茅津渡，沿虞坂茅津路前赴战场的。

茅津渡的开航，标志着中原大地和河东大地的紧密连接，标志着南北大地不再是分离的板块。

从此，巍峨的中条山上，人们辟出了几条沿坡而上的骡驮小道，分别为虞坂、车辋峪、刘家峪。它们与茅津渡紧密连接，形成了众路归渡的道路格局。

《平陆县志》上的茅津渡图

从此，名满天下的"晋商驼道"得以奠基，茅津渡成了晋商驼道"南三路"的关键渡口。

该驼道"南三路"为：

1.东线。为晋商驼道丝绸线（江南及中原东驼道）。主干路线分为二：（1）"浙江杭州—湖州—南浔—江苏平望—（大运河）—苏州—无锡—（大运河）—丹徒（镇江东）—（长江）—湖北汉口—（汉水）—襄阳—（唐河）—河南赊旗店—洛阳—陕州（今三门峡市）—（黄河）—山西平陆茅津渡—运城—临汾—晋中地区—太原—关南地区—（代州）雁门关"。

（2）"杭州—（大运河）—苏州—（大运河）—扬州—（大运河）—金湖银集—（大运河）—淮安—（大运河）—徐州"向北水运，尔后从"徐州—（平原）—开封—洛阳—陕州"向西陆运，再由"陕州—（黄河）—茅津渡—（平陆）—晋中地区—太原—关南地区—雁门关"向北陆运。

2.中线。为晋商驼道瓷器线（江南及中原中驼道）。主干路线为："江西景德镇—（鄱阳湖）—双钟（九江东）—（长江）—湖北汉口—（汉水）—襄阳—（唐河）—河南赊旗店—禹州—洛阳—陕州—（黄河）—茅津渡—运城—临汾—晋中地区—太原—关南地区—雁门关……"。

3.西线。为晋商驼道茶叶线（江南及中原西驼道）。主干路线为三：（1）"福建崇安（今武夷山市）—（古驿道用脚夫、鸡公车）—江西铅山石塘—河口（信江）—弋阳（信江）—鹰潭（信江、鄱阳湖）—江西九江（长江）—汉口（汉水）—襄阳（唐河）—河南赊旗店—洛阳—孟津会盟渡（黄河）—孟县—山西晋城—长治—子洪口—晋中地区—太原—关南地区—雁门关……"；（2）"湖南安化（资水）—益阳（洞庭湖）—临湘—湖北崇阳—羊楼洞—蒲圻（长江）—汉口（汉水）—襄阳（唐河）—河南赊旗店—洛阳—陕州（黄河）—茅津渡—运城—临汾—晋中地区—太原—关南地区—雁门关……"；（3）"安徽芜湖（长江）—江苏扬州（淮河）—安徽淮南（淮河）—（颍河）—河南周家口（今周口）—（贾鲁河）—开封（黄河）—山西"，但1843年黄河在中牟决口淤积贾鲁河，致使北上开封的航道被阻，改走"芜湖（长江、大运河）—扬州（淮河）—淮南（淮河）—（颍河）—周家口（沙河）—北舞渡—（陆运）—（黄河）—山西"。一般而言，"晋中茶商"多走孟津会盟渡，"关南茶商"喜走平陆茅津渡。

"南三路"六条支线中，就有五条通过茅津渡。

连接国运的孔道

茅津渡开渡后的第一要务，就是水上运输。

起初，由于独木舟空间较小，只能运载少量的人和物。

后来人们努力加大船舱空间，将舟上的凹槽竭力扩大，使之能装更多更重的东西。为防止由此引起的舟壳变薄，便在舱内加装了几道横梁。除这种独木舟外，船工们受木筏原理启发，把几根木头连在一起，做成了较稳定的木排，用来运输货物。《诗经·伐檀》就讲的是魏国统治者伐檀运往京城的故事。伐檀的地点就在离茅津渡不远的中条山上。在这里，砍下来的檀木被运往河边，装进小船，载往周王朝的政治中心——镐京，加工成反击狄、戎的坚实战车。《诗经·大雅·大明》中"牧

浙江跨湖桥出土的古舟

野洋洋，檀车煌煌，驷骥彭彭"就是它的真实写照。

春秋战国之际，铁制工具刨、锯、斧等被发明出来，人们加工船只的能力大大提高。茅津渡的船只越造越大。为解决动力问题，人们发明了帆，运用风力满足日益增长的社会运输量。

据茅津船工相传，茅津渡船只变化最大的当数唐代初期。其时，著名宰相魏徵还是唐军手下的一名中层军官。在率军驻守茅津渡期间，他发现茅津渡船只较小，不能运输更多的东西，于是将所见的御船模样向船工作了描述，并亲自指点人们仿照御船的模样造出了大船。据《释名·释船》记载，那时较大的船只排水量约500斛，相当于现在的15吨。

茅津以东的险峻河道

茅津渡走进繁荣时期，当在秦汉以后。

那时的渡口，主要是两个方面的运输。

一个是黄河漕运。

秦代建立后，由于秦始皇调集大批工匠建造始皇陵、阿房宫，使得京城人口剧增，粮食供应出现紧张，秦廷不得不从山东半岛调粮西上，解决关中地区的缺粮问题。

汉代建都关中以后，黄河漕运仍是解决关中粮食问题的主要通道。汉武帝执政时期，黄河漕运正常年份达400万石，最多年份达到600万石。汉宣帝时，漕运正常年份保持在400万石左右。学者王子今在《秦汉交通史稿》中算了一笔账："《释名·释船》列举船型较大者，排水量为500斛，以此载重标准计，需用船1.2万艘，确可形成'水行满河'及'大船万艘，转漕相过'的壮观场面。"如按平常年份400万石来计算，则需要8000艘的规模。由于有三门峡天险，向上牵引困难较大，一般选用载重200斛的船，如此则需要3万船次。按每年通行250天计算，每天经过茅津渡的船只在120艘以上，双向则在240艘以上。

隋唐时期，黄河漕运又一次进入高潮。隋代建都关中后，为方便漕运，先后完成了黄河中下游地区广通渠、通济渠、永济渠等运河的开凿，形成了以西安、洛阳为中心，西通关中，南至余杭，北抵涿郡，沟通长江、淮河、黄河、海河四大水系，长达5000余里的水运交通网。据《隋书·食货志》记载，在隋文帝晚年，全国已出现"户口滋盛，中外仓库，无不盈积"的局面。隋炀帝为方便漕运，在黄河沿线兴建了大量粮仓。如在洛阳附近就修建了含嘉仓、回洛仓等，以方便漕船运输。

唐代时，由于实行对外开放政策，商旅蜂拥，京城长安迅速扩大，粮食需求更加紧迫，每年从关东、江淮地区运往京都的粮食达到数百万石。唐代宗为扩大漕运规模，特命精明能干的刘晏主办漕运。刘晏上任后，首先组织人力疏浚河道，打造了2000艘坚固漕船，训练了运粮军士，以每10船为一

黄河古栈道遗址

队，由现役军官负责押运。把运输全程分成四段，使江船不入汴水，汴船不入黄河，河船不入渭水。为此，在扬州、汴口、河阴、渭口等河道交界处设仓贮粮，以备转运。比直运方式减少了损耗，降低了运费，免除了艰辛劳役。每年运量达400万石以上。

到了北宋时期，虽然政治中心转到了开封，漕运开始由汴河、黄河、惠民河与广济河四河承担，但宋王朝对原漕运路线并不放松。据《宋会要辑稿·职官第四十二》载："三门、白波发运司，有催促、装纲各二人，以京朝官三班充；河阴至陕州，自京至汴口，催、纲各一人，并以三班以上充。"又载，宋太平兴国五年（980）正月，宋太宗命右赞善大夫姚流为陕西、三门发运使，主持这一带的黄河漕运。这一时期漕运数量仍然可观。仅每年运往陕西的粟就达50万石，豆也达30万石。同时，河东地区的盐船也不断沿河而下，运往东部、南部。宋仁宗皇祐元年（1049），黄河每年光运往京都的石头就达30万石。

明代以后，由于北方驻军需要，仍依赖江南地区的漕粮。方法还是从黄河下游溯河西上，至于关中，尔后车转。为此，明洪武十年（1377）先后两次遣官考察三门峡河道，并于三门峡北岸修建了12间粮仓。依旧陆转而过，再泛河西上。

尽管黄河漕运累代不断，但它存在着一个巨大的难题，就是三门峡天险难以通过。此峡三岛耸峙，河流湍急，很多船只在此"折戟沉

黄河古栈道上的牛鼻孔

沙"。《新唐书·食货志》曰："岁漕经砥石，覆者几半。"故所有漕船到了这里都要交出舵把，让本地老艄代替。茅津渡离三门峡最近，责无旁贷地承担了这个责任。一方面，它为过往漕船提供娴熟的闯关技术；一方面，又为闯关后被磕得千疮百孔的船只补充给养，整修如新。

一方面是南北运输。即通过南北摆渡，实现三晋大地与中原板块的货物流通。

在南北方向的运输中，晋商是最重要的货主。

晋商兴起于先秦时代，繁盛于明清时期。它的崛起与宋代以后的戍边政策有关。到了明代，统治者为了解决边境供给，实施了"开中制"政策，凡给大同、太原粮仓纳米者，政府均支付一定比例的盐引，

虞坂古盐道

以解决商人"转输之费"（即脚价）。由于盐粮价格悬殊，晋商凭借优越的地理位置和不断扩大的潞盐生产，迅速成长起来。据史料记载，明清时期蒲州盐业规模巨大。明神宗万历三十二年（1604），岁办盐引达1040700引，按每引250斤计，共260175000斤。参与盐业的人数虽无明确记载，但就解、蒲二州来计，"编审盐户八千五百八十五户，定盐丁二万二百二十名"，规模足以支撑强大的盐业生产。晋商就是凭借这些有利因素迅速壮大的。据明代沈思孝在《晋录》里描述："平阳、泽、潞，豪商大贾甲天下，非数十万不称富。"清代时，晋商已成为国内商帮中实力最雄厚的商帮。它雄居中华，饮誉欧亚，业绩盖世。国外一些经济史学家把他们和意大利商人相提并论。

在晋商崛起的过程中，驼帮起了极为重要的作用。晋商驼道分"北三路"和"南三路"，都是利用原有古道和自开的道路形成。在它的"南三

▲ 运城盐池

路"中，从虞坂到茅津渡这段道路最为重要。南三路六条支线，就有五条经过这里。

晋商运经茅津渡的大宗商品有：

1.潞盐。又名苦盐、颗盐、解盐。《山海经》所载的"盐贩之泽"即是周代被开发利用的佐证。春秋战国时期，河东的商贾便向豫、鲁、冀、甘、陕等地运销食盐。据《史记·货殖列传》记载："猗顿也由，用鹽盐起……与王埒富。"说的是鲁国人猗顿在范蠡指导下，在运城一带从事牛羊畜牧。完成原始资本积累之后，开始经营盐业，以至致富。秦代，解盐的运销区域已"西出秦陇（陕西、甘肃），南达樊邓（湖北、河南），北极燕代（内蒙古、河北），东逾周宋（山东、江苏、安徽）"（参见唐柳宗元《晋问》）。隋唐时期，潞盐产量进一步提高，每年纳税总数约占全国盐利收入的四分之一，远销如今的甘肃、青海、新疆、四川、湖北、安徽一带。明代，晋商通过"开中法"取得了官方经营食盐的"引"（配额），大量向各地运送食盐。据明万历三十二年（1604）统计，年售量高达2.88亿斤。茅津渡是晋商南运的必走通道。即从盐池起，经两条山道把盐运往茅津：一条是虞茅道，起自运城磨河村，经虞坂、卸牛坪、侯王、张店、轹轿、太宽、八政、圣人涧至茅津渡。一条是刘茅道，始自运城刘家窑，经牛家院、柏树岭、上牛、下牛、大坪头、寺坡、圣人涧，终于茅津渡。

2.铜铁。据史料记载，从黄帝时起，中条山地区就是全国重要的采铜、冶铜基地。《山海经·中山经》记载："又东十五里，越檀谷之山，其中多赤铜。"《史记·封禅书》记载："黄帝采首山铜，铸鼎于荆山下。"这里的檀谷山、首山都在运城境内。北京保利大厦珍宝馆收藏的八只青铜编钟，均是在晋国国都新田（今曲沃县）曲村出土的文物。据专家考证，这八只青铜编

垣曲胡家峪铜矿

钟是战国时期晋国大臣戎生所铸。铭文上有"遣卤积与取金繁汤"，说的是东周初年（前740）古晋国以1000车潞盐，到安徽铜陵换1000车铜，以满足晋国统治者扩充军队，用于宫殿、祭祀、陪葬等方面的历史，说明那时潞盐换青铜已经过茅津渡。山西是古代全国最大的冶铁基地之一，每年给朝廷征解平铁8万斤。明洪武后期，山西有32个州县盛产铁矿，产量居全国第一，山西铁制品行销全国。山西巨量的煤炭资源明代以后亦被开发，清乾隆时不断扩大，道光时达到极盛。所采煤除满足当地用户外，远销到陕西、河南等省。

3.茶叶。西北地区草原广阔，人们主要食用牛羊肉，存在一定的难消化问题。而茶叶之中的红茶暖胃，绿茶帮助消化。山西商人发现并着意培育这一市场，从而打开了茶叶在西北远东一带的销路，并借俄商之手将茶叶运到整个欧洲。清代前期，晋商采买的茶叶主要产自武夷山区，从产地陆运至江西河口镇，由信江水运入鄱阳湖，转长江至汉口，然后溯汉水北上。

车辋峪中的摩崖石刻

路线为：河口镇→汉口→襄樊→抵赊旗，改陆运→茅津渡→太谷→祁县→张家口→绥远、喀尔喀、俄国。在赊旗镇，住着盒茶社、蒲茶社、大德玉、大泉玉、大升玉、裕庆成、宝聚公等10家经营茶叶的山西商号。《中俄天津条约》《中俄北京条约》《中俄陆路通商章程》签订后，俄国茶叶商人拥有了更为优渥的政策条件，于是晋商改变布局，将此前从武夷山办茶转移到湖北安化、临湘及蒲圻。山西祁县大德诚茶庄即从湖南安化购茶，晋裕川等茶庄多在临湘购茶。晋商不仅缩减了运输成本，而且参与了茶叶的生产、加工、包装和运输，实现了产供销一体化。砖茶即是晋商为了适应流通而专门设计加工的产品，也是茶叶贸易之中的一大发明。晋商先把茶叶通过江南水网送到赊旗镇，再由赊旗镇通过"南三路"从茅津渡过河，在晋中平遥、祁县一带分路北上。

4.粮油。古代北方边境战事频频，驻军甚多，有巨大的粮食需求。晋商凭着山西地理位置优势，或通过官府进行"通商互市"，或私下在民间"走私贸易"，一方面把境内自产的麦、棉、皮、毛、旱烟等运往边境，一方面将南方买来的米粮运往北地。从晋商"南三路"的重要支点赊旗镇的贸易量可以看出，清代河南每年至少有上百万石的粮食输出。民国年间赊旗镇尚有八大粮行，仅"通盛行"一家商铺每天就要装运大小车辆60多辆，使用牲畜40多头。这些粮食均通过茅津渡源源北上。

5.马匹。古代山西以北是产马区域。"假虞伐虢"中晋国贿赂虞公的"屈产之乘"就产于如今的乡宁、吉县一带。另外，太原也是著名的养马基地。古代南方缺马，各诸侯国配备战车需到北方购马。伯乐相马的故事就发生在虞坂古盐道上。唐代以后，统治者实施"茶马互市"，用内地所产的布帛、茶叶、药材等与西北一带的良马进行互换，并设立"茶马司"以"掌榷茶之利，以佐邦用；凡市马四夷，率以茶易之"。宋代以后，晋、陕、甘、川等地广开马市，用物品大量换取吐蕃、回纥、党项等族的优良马匹。作为南北通道重要节点的茅津渡，每年有大量马匹通过。这些马有些就近销售，有些送往南方。

6.丝绸。古代的河东、上党是传说中嫘祖育蚕、缫丝的地方，汾河流域、黄河流域及太行山、中条山腹地，良种老桑遍及山野。《隋书》云："常平、上党，人多种农桑……"唐宋年间，泽州、潞州就被定为贡丝之州。彼时苏浙丝绸业尚未发达，丝绸之路贸易主要是潞绸。《山西通志》记载：盛唐时，潞绸畅销，山西人曾翻山越岭远赴阿拉伯传授丝织技术。那时，奔波在丝绸之路上的异域商队多为粟特人。他们聚居中原，组成不同的群落。一边把异域的胡椒、葡萄、香料带入中原，一边把内地的丝绸、铁器、药物运到亚欧非。河东一带的丝绸通过茅津渡运至中原，由粟特人转往西域。明清时期，南方盛产的丝绸也通过晋商之手，被运到俄罗斯等地。晋商的大盛魁商号就在张家口以北发展分号24处，由经营杂货逐步转向经营茶叶、丝绸，他们在浙闽山购买了数百亩茶山茶场，又购置了千顷桑园，设立了收购丝绸的机构，将南方丝绸收购垄断在手，然后通过茅津渡运至归绥、包头、大同、苏尼特、库伦、恰克图进行交易，从俄、蒙商人那里换回皮毛、牛羊等南返。

……

需要指出的是，在"南三路"运输中，晋商因地制宜选用运输工具。南下时，将北方及国外采购的皮革、呢绒、人参、鹿茸、枸杞、香料、玉石、玻璃器皿等用驼队、马帮经茅津渡运到赊旗镇，再用舟楫运至江南各地。北返时，把南方的茶叶、丝绸、瓷器、竹制品、桐油、猪鬃、纸、砚等用舟楫运至赊旗镇，改用驼队、马帮陆路驮运，经茅津渡运至晋中。赊旗镇繁盛时，河道一次可停船500余艘。全镇有48家过载行，日夜装卸不停，十几家骡马店家家客满，大车小车络绎不绝，有几百峰骆驼伺候。由于路途遥远，货运量巨大，晋商往往结帮而行。每帮商队多则百余辆、百余骑，少则十数辆、十余骑。白天出行，夜晚歇宿，每日行走三四十里。行进时有镖师随驾，还要带上护车犬。"其车略似大古鲁（辘轳）车，轮差小，一车约可载重五百斤，驾一牛。一御者可御十余车，日出而驾，夜半而止。"《祁县茶商大德诚文献》记载了从赊旗镇陆运的不同方式：货物运输有牛车、马车、骡子、长驼之分，各有装货规则、运货时限和脚价。如：雇牛车运货至北舞渡"每辆欠银二钱，限十天，误期每车罚钱一千"；雇马车运货至开封、洛阳等处"脚价付九欠一，以十天为期，二十天见回票，误期每车罚银八两"；远程货物如运到山西祁县、太原、直隶张家口等处则多用"长驼"，也有限期，"脚银付三欠七"或"付四欠六"。张亚兰的《行商遗要释读与研究》记述了从赊旗镇发货到祁县的路线：从赊旗镇走800里到达会兴

河南赊旗镇

镇，在会兴镇下黄河坐船到对岸茅津渡上岸，经过夏县、高显后到达祁县大本营。每只箱在会兴镇收厘金3分3厘。

在"南三路"中，河南赊旗镇成为六条支线的主要节点，它把来自南北的货物分向各地。"晋商驼道"就是在赊旗镇、茅津渡这样一些重要节点的支撑下，才形成一条重要的国际大通道。

至今，"晋商驼道"上还留有昔日营运的影子。据统计，明清时山西

会馆（山陕会馆）在全国约500所。其中属于"南三路"范围的有：河南36个，湖北32个，四川38个，湖南7个，江西5个，安徽5个，江苏5个，广东2个。而汉口的山陕会馆规模最大。仅荆州一地有4所山陕会馆。还有河南淅川县的紫荆关、邓州、唐河和驻马店的泌阳、正阳也都建起了山陕会馆。向北沿线的平顶山郏县、伊川、洛宁县老城街，漯河舞阳北舞渡、许昌八里桥及河南安阳水冶镇、开封朱仙镇也都建有山西会馆。现存于赊旗镇面积达1万多平方米、气势恢宏的山陕会馆建筑群以及72条古商业街，便是当年晋商纵横天下的有力证据。

晋商不仅把茅津渡作为晋商驼道的支点，还在这里开辟了自己的水上商

▼ 赊旗镇上的山陕会馆

道，用来运输潞盐、棉花。潞盐在此被装上东去的漕船，运往豫东和齐鲁地区。为管理方便，茅津渡建立了专门的盐行，明清时渡口的盐行达八九个，它们均建有自己的盐仓。

棉花自宋元之间传于中国内地后，在中原、晋南一带种植广泛，因而成为晋商猎取的重要商品。以河南赊旗镇来说，乾隆年间创建"春秋楼"时，就已经设了花行；同光年间，花、粉两行抽厘金额高达4389两。德国著名地理学家李希霍芬在《关于河南及陕西的报告》中曾明确指出：河南府所产棉花，一部分被"输往山西"。入晋的棉花一部分被运往晋北，一部分连同本地收购的棉花一起，被贩往省外。据茅津船工后代追忆，明清时期，茅津渡共设有三个花行，下辖七八条专运棉花的"花船"。每一次运到山东，一个船夫可得十几块大洋。清代时陕甘一带缺棉花，花行也将部分棉花用船运往关中一带销售。

茅津渡的货运量到底有多大？

历史没有留下相关数字。但从一些交易现象中可以发现蛛丝马迹。

▲ 驼　队

以东西水路来说，汉代正常年份运输漕粮400万石，唐代为200万石。此后呈递减状态。漕船东返是顺流，能装更多的潞盐，因而所载数量大于这个数。主供地区是河南东部和山东一带。

在南北"驼道"上，主要商品为盐、铁、茶等。据统计资料显示，道光十七年至十九年（1837—1839），中国从中俄商定的贸易点恰克图每年输往俄国的茶叶达8071880俄磅，价值800万卢布。这些北运茶叶大部分通过茅津渡。而南运河南、湖北的盐、铁等，与此相差不大。据明万历三十二年（1604）统计，潞盐全国年销量为2.88亿斤，湖南、湖北一带约占销量的四分之一，即0.7亿斤，合3.5万吨。河南南阳地区除舞阳县外，其余12州县一年配额36246引（每引盐300斤），合重5436.9吨。以此计算，整个河南、湖北地区年销盐3.5万吨是可信的。此数也是茅津渡南运的食盐量。

按运力计算，河南赊旗镇为中原贸易的集散地。该镇陆路运输除使用车马等运具外，还有几百峰骆驼。而此时的茅津渡上也有一支庞大的骆驼队，最多时也达到了500峰。另有几百匹骡马驴牛辅助驮运。按每个牲口一次驮运300斤计算，千匹牲口一天可运输150吨左右。

从历史竖向看，随着朝代推移，东西方向的水上运量为先多后少，呈一个典型的倒三角形。而南北运输则呈规则的金字塔形状。两相综合，即秦汉时期的水运量超过了南北货运量。而到了明清时期，则南北的货运量超过了东西的水运量。隋唐时期为两条运输线的平衡时期。

至今，茅津渡一带的老人中间还流传着这样的歌谣：

提起个拉骆驼，三星照路坡，蓝天当被盖，沙地做被窝，吃的是莜面蘸盐水啊，提起个拉骆驼。

提起个拉骆驼，几辈受饥饿，冬天冻个死，夏天热个慌，受不完的罪过吃不完的苦啊，提起个拉骆驼。

物流养大的商津 ❧

在康熙版《平陆县志》上，明末清初茅津渡及周边村庄曾被划为"商津里"。按字义分析，"商"即商业、商品，"津"指的是渡口，"里"相当于现在的行政村。

参考当时的历史，领悟到这次命名有着丰富的内涵：一、它标志着茅津渡不再是一个单纯的行船码头，已发展为一个有繁华街市的交易市场；二、对周边地区起着明显的吸纳和辐射作用，商业特征明显。三、它培育和建立了自己的供货渠道。

事实正是如此。

明清以后的茅津渡，已由开初的一叶扁舟、一处陋岸发展成为一个有城有市，以下街、上街、东街、西街为中心的商业区。

四大街道中，排列着1万多间、400余家商铺（据《平陆县志》）。它们或楼宇高耸，或门面阔达，或红瓦封顶，或酒旗斜挂。按行当分，盐店类有两益、公运、维新、复兴、周泰、晋泰、恒兴、宗盛、晋义等9家（民国

25年统计），下辖的盐窑有恒兴窑、宗盛窑、发盐窑、交盐窑、通泰窑等，设有盐船8条。花店有3个，其中任家2个、贺家1个，辖专用"花船"7条。每年三四月份为放"花船"季节。京货铺有礼和成、长泰钰、大义东、兴泰享、天裕店、坤元昌、华德昌、晋泰行等8家。杂货铺有德厚昌、德茂源、德庆隆、同心成、仁兴泰、泰和成、柏林公、恒泰昌、复兴恒9家。中药铺有复生堂、长盛堂、体康堂、复兴号等4家。餐饮业也十分兴旺。据《平陆县志》载，民国25年（1936），茅津从事饮食服务业的有42户，从业人员110人，资金1万余元。其中，规模较大的酒楼有东昇酒楼、四海春、大梁楼

▼ 茅津城遗留的城墙

骡马店原址

3家。熟食摊点有甑糕、油糕、羊肉杂糕、杂菜、豆面丸、油茶、胡辣汤、浆饭、油条、大碗面、米饭等25家50余人。还有馍铺3家15人，磨坊5家15人，豆腐坊7家14人，醋坊2家6人，糖果烟酒铺10多家，"四海春"等饭庄还兼营旅社。其中卫家大澡堂"雨花池"最大，占地11亩。王兆瑜、王兆祥开设的骡马店、麸料铺名闻黄河两岸。该店规定，凡运城来的盐车和东山驮炭骡马，不收店钱和麸料钱，有钱给几个是几个，没钱就免了。秋后东山的驮骡过来捎几升秋粮或麦麸，多少全凭良心。

另外，还有茶叶、粮食、棉花、皮货、铁器、银匠、瓷器、铁货、竹器、麻铺、客栈、牙行（经纪人）、银楼、药铺、澡堂、旅社、镖行、骡马大店、麸料铺等。拉动相关的粮店、磨坊、油坊、绸缎庄、擀毡、硝皮（熟皮子）、裁缝、建筑、运输等业成长。

铺子中较出名的有东昇楼，它坐落闹市，光耀非凡，转角式的楼梯，歇

上街街巷面貌

山式屋顶，飞檐翘角，雕梁画栋，内部装饰豪华阔气。让人惊讶的是，它的一张大桌可摆下64个菜肴，且不叠盘。四海春酒店也规模相当。除场地较小外，其他部分毫不逊色。

街市上最令人难忘的，是香气缭绕的鸿顺坊、德盛祥、德茂祥等酒庄，它们一边销售自产的白酒、黄酒，同时售卖着来自南北各地的清香型、浓香型、酱香型白酒，使人一闻便飘飘如仙。生意旺盛的摊子，还有刘家开设的麻铺。它集生产与销售于一体，垄断着上下游几百条船只的生意。刘家菜摊也很出名，常年售卖涧北一带的新鲜蔬菜。清道光年间（1821—1850），茅津渡还开设有粮油店，由于品种齐全，价格适宜，吸引着黄河两岸的民众，日成交量百石左右。

镖局是市场中一个不可或缺的行当。据《郇阳巨贾临猗人》《临猗县志》《孙中山与山西》等书披露：1893年，临猗县西张岳村人岳长胜便在茅津渡当镖客，后成为会兴镇镖局镖师。据《国术魂：中国武术的精神世界》记载：早期的走镖有银镖和票镖，清末还形成了粮镖、物镖和人身镖等业务。保送公款和私人货款的叫"硬镖"，保送土药局（经营烟土的机关）的货物和大烟土的叫"软镖"。茅津渡镖局护送的大都是"硬镖"。

为加强渡口管理，各级官府在茅津渡设立了相应的管理机构。如潞村道台府在此设立了盐道，派驻的盐税官为六品，比县令还高一品。县府在此设有官盐店、花洋店。清初增设了稽私营、船捐局、货津区、盐监区等，一面促进市场繁荣，一面增加税收。

市场的繁荣，拉动了金融信息产业的发展。据《平陆县志》记载，清末民初，茅津渡有新生源、恒德永、复兴源3家钱庄，拥有资金2万余银元。

借贷对象为商户、农户。另外，德厚昌、同心成等字号也兼营存放款业务。清末，县府在茅津设立了邮政代办所，隶属运城邮局管辖，主要承办平挂信件及少量包裹业务。民国13年（1924），太原至运城有了邮政专用汽车，经茅津中转河南的邮件随之增多。据民国25年（1936）出版的"中华邮政图"显示：当时平陆境内设县城、茅津、张店3个三等邮政局。民国28年（1939），茅津仍为三等邮政局，运城经茅津到河南是运城二等邮政局的主要干线之一。该干线为快班，每日一趟，昼夜兼程。通往各代办所的为慢班，隔日一趟。民国2年（1913），平陆有了电话，设军用电话线两条，一条自运城经张店到茅津，另一条自夏县经张店到茅津。

完善而繁荣的市场，必然对周边地区产生辐射作用。茅津渡一面以"月十二集"的形式，把沿河滩地生产的几百万斤黄豆，各个黄土塬生长的大量棉花，本地产的脆枣、沙果、桃、李、杏、梅，还有大量煤炭、铁矿等，集中到茅津集市售卖或转运，也把外地生产的茶、丝、麻、布、铁器、皮货等售给周边居民。同时采用转运方式，把一批批潞盐送向东南，将大包棉花发往齐鲁，也把这里的土产运向关中，让货物充分交流，把茅津渡的市场做大。

在扩大市场的同时，茅津渡不断开辟着自己的供应渠道，拓展着自己的销售网络。每年上百万吨流量的"晋商驼道"，为它提供了源源不断、应有尽有的南北产品；每年2万船次的漕船运输，使齐鲁大地的特产和关中地区的物品在这里充分交流。

繁荣的商品市场，带动了本地工业的发展。明清时期，茅津渡先后建立了永泰亨、仁兴泰、福兴号、郑风号、旺藏山五个酒厂，其中永泰亨为茅津人杨元所办，是镇上最大的酒厂，酿制的白酒、黄酒远销河南、陕西、内蒙古一带。为运输方便，杨元成立了自己的骆驼队，最兴盛时拥有骆驼500峰，把自己生产的白酒、黄酒运往内蒙古桂花城（呼和浩特老城区）销售。其他酒厂也办得效益不错。慕名而来的上海商人与英国商人，在此合办了打蛋厂。据《平陆县志》记载，清朝末年，茅津还出现了翻砂、铁木等手工业作坊，形成了工商协力发展的大好局面。

至今，茅津渡繁华商市的画面仍镌刻在茅津人心中。

旧式酿酒作坊

每天清晨，当黎明还在附近徘徊时，茅津渡的大街上已响起清脆的驼铃声，这是当地驮帮出发的信号。朦胧中映入人们眼帘的是一驮驮鼓鼓囊囊的货物，它们是从赊旗镇运回来的，既有精致的茶叶、丝绸、宣纸，也有沉重的粮食、瓷器等，目的地为山北的安邑。在那里，这些货物将被绑上另一副驮架，送往晋商故里祁县、太谷，然后转送至蒙古和俄国境内。铃声刚刚消逝，街上便拥来一群五大三粗的壮汉，这是一帮装卸工人，他们在小摊上吃完豆腐脑、油条后，便背着沉重的盐包或皮货走向岸边的船只。货是从解州盐池或安邑转运而来，货物一装满，木船便迎着汹涌的急流开航了。走向大街的第三拨人马是高大的骆驼队。这是从杨家骆驼场里走出来的。500多匹骆驼被分成了多个批次，自家生产的白酒和贩过来的物资被绑上驼峰，直接送往蒙古草原，在那里或销售，或转往俄罗斯等国家。

从太阳升起到中午时分，是东西、南北船只交汇的时间。汹涌的大河上，南北穿梭的船只，把南来的货物送到北岸，又把向南的货物送到对岸，忙得装卸上脚不沾地。而西去的船只，在经历了三门峡的生死考验后，深知生命的可贵，在此敞开消费，放浪形骸。

九点以后，是富甲一方的商佬们登场的时刻。这些深居奢华会馆里的富商们聚在一起，将一杯杯江南名茶倒进肚子，然后商谈生意，签订一笔笔大单。完毕后在东昇酒楼吆五喝六，一醉方休。

聊城山陕会馆

日斜时分，茅津渡大街上再次响起清脆的铃声，这是北来驼队进城的标志。压在牲口背上的，不是盐包就是皮货、铁器。他们在翻越巍峨的中条山时，已流了不少汗，步入街口已是脚部发软，嗓子干哑，一种强烈的食欲涌上心头。每当这时，饭店里的厨师便把刀摔得喧响，用力铲着锅底，将一撮撮葱花扔进油锅，让呛人的香气诱惑顾客。

进入黄昏，是茅津渡最浪漫的时候。此时渡口站满了各方游人，有的是专门赶来看景的文人，有的是停歇在这里的旅客，他们聚在一起，紧盯着宽大的河槽。此刻，一轮夕阳将落，满河一派通红，在一团红色的雾气下，条条扁舟跨河而归，船工号子响彻两岸。美丽的晚霞景色，不仅令人心旷神怡，而且使人浮想联翩。

∼　攻伐决胜的战略要地

茅津渡不仅是一个响当当的运输通道和商业重镇，还是一个重要的战略孔道、兵夺要地。

之所以如此重要，是因它具备了以下天然优势：

一、身居要地。后有巍巍中条山，前有湍急黄河。左濒太行，右临华岳。地势高耸，河槽深凹。可谓一夫把关、万夫莫开之地。

二、孔道相连。它北连有名的虞坂茅津路，路上有两道险关：一是颠轱坂，坂中留一条小道，两侧深不可测，在此一车相拦，无论多少军马也难以通过。另一个是著名的虞坂，山路险要，凹凸不

颠轱道路

平，石坎粼粼，最窄处建一雄关，曰"锁阳关"，关门一合，地隔南北。二关与茅津渡互为表里，形成坚不可破的战略孔道。

三、能防能攻。渡口上既能建设坚固的城池和岸防阵地，也能作为厮杀对阵的场所。

故而茅津渡历来是王朝设防的重点。官府不仅在这里驻扎重兵，构筑坚固的河防工事和岸炮阵地，而且封控沿线船只，加大防御纵深，不给对方留下任何机会。

正因这里关防重要，商王武丁常到这一带视察，并多次率军反击西北土方、鬼方的入侵。

正因为这里关卡严密，公元前679年到前475年，身居侯马的小宗五次率兵攻打国都，弑杀了五任国君，造成政治乱局。周王朝为维护统治秩序，四次派虢公率军征讨，每次都经此北行。公元前658年和前655年，晋国为报复虢国的镇压，不惜采取贿赂手段，用"北屈马""垂棘玉"引诱虞公，成功演绎了一场"假虞伐虢"大戏，一举攻灭了北虢、南虢。

正因为地理位置重要，晋国为维护霸主地位，在周襄王二十四年（前628）秦国偷袭郑国之时，令先轸率军偷偷从茅津渡过河，在崤山隘道（今河南省洛宁县东宋镇

崤山隘道

王岭村交战沟）设下伏兵，一举全歼秦军，活捉了秦将孟明视、西乞术、白乙丙等。

中国大一统后，分裂的政权之间、王朝与起义军之间的战事亦很激烈。茅津渡的防御作用非但未减，反而得到了加强。后汉政权刘聪为攻占洛阳，着刘曜、王弥、刘粲率四万精兵会同石勒的二万骑兵集聚茅津，越河发动进

攻，一举推翻了西晋王朝。公元755年，安禄山、史思明在燕地起兵造反，迅速攻占了长安、洛阳，唐肃宗为平息叛乱，借回纥军收复失地，回纥军就是在茅津渡渡河，从陕州发兵收复洛阳的。

明清时期，各级政府更加重视茅津渡的河防作用。据乾隆版《平陆县志·营制》记载："明崇祯十五年（1642）流寇扰豫，河防戒严，遂设游击，驻守茅津镇为平垣营。国朝因之。顺治四年奏立营制，考旧志兵数与原额不同，今依同治元年，移兵案内开载马步战守兵三百五十七名，各县墩汛三十五处，添设马步战守兵四百六十六名，增墩汛七处……茅津存营马步战守兵五百七十九名，分防八汛战守兵二百四十四名。"不仅如此，还在此建立演武场进行练兵。光绪版《平陆县志》载：茅津设有"演武场二：一在游击署西，修广六亩，中建厅事三楹。东隅将台一。操期每月一四七日演台枪，二五八日打鸟枪，三六九日比射，逢十日合操；一在南寨门内，修广八亩，中建演武厅三间，东北隅将台一，东西炮台二，同治元年河东道刘子诚建"。

除此之外，清政府还在茅津渡北面加强防御部署。康熙版《平陆县志》记载："张店汛外委千总一员，驻张店，南距茅津五十里。夏县汛外委千总

平垣营遗址

一员，原驻胡张镇，雍正七年（1729）移驻夏县城，南距茅津九十里。平陆汛外委把总一员，驻县城。闻喜汛外委把总一员，驻闻喜城，嘉靖二十一年（1542）移驻横水镇，南距茅津二百二十里。绛县汛外委千总一员，驻绛县城，西南距茅津二百四十里。同治元年（1862）新添存营外委把总一员，随营驻扎。是年新添平陆县白浪渡外委把总一员，驻南沟，西距茅津一百里。"

为增强防守功能，明清政府还在茅津渡设立了巡检司。康熙版《平阳府志》载：茅津渡"明洪武三年（1370）置巡检司"。巡检司在明代为县级衙门底下的基层组织。除无行政裁量权外，功能以军事为主，佐以行政权力。

巡检营遗址

这些设施在战事期间都起到了重要作用。

崇祯五年（1632）冬，李自成领导农民军在陕西起义，准备到河南与张献忠起义军汇合后，渡河北上，平垣营为此严加防御，多方堵截，把起义军硬是拦在对岸，没有打过河来。

同治元年（1862）春，捻军首领张宗禹率军到了豫西，试图从陕州渡河北上。《平陆军事志》记曰：是年8月15日，捻军一部占领了陕州会兴镇。17日夜，大雨如注，黄河浪急，捻军不顾狂风大雨，冒雨在沙涧渡（茅津渡前名）偷渡，准备北上，平陆沿河驻防清兵发现后，急忙组织拦堵。参加这次阻击的官员有太原总兵和昌、河东道刘子诚、平陆知县张怀堃、游击谷景昌、县丞陆以耕、把总米辅国、外委把总张凤翔等。他们一边组织清军和

炮 台

地方武装隔河炮击，一边驾木船进行水战。在清兵的严密封锁下，捻军屡次偷渡均没有成功。

同年，又一股捻军窜入渑池，迫近平陆。山西巡抚英桂派总兵和昌带清兵增防茅津。同年五月，河南巡抚郑元善和毛昶照亦援兵茅津，截堵捻军北渡。五月，河防人员将黄河上的渡船全数撤回北岸。同年九月，大批捻军进抵陕州，并两次在茅津渡对岸发动强攻，战斗十分激烈。由于清军防守严密，捻军强渡行动再次受阻。

同治五年（1866）10月21日，捻军一部在张宗禹率领下，再次从河南中牟经尉氏、鄢陵、扶沟、许州、襄城、汝州抵达陕州，在攻打陕州城的同时，以一部分兵力进攻茅津渡。"因清兵防守严密，乃绕道陕西，从西河敌之防守薄弱处强渡成功。"（参见《平陆军事志》）

辛亥革命中，茅津渡的河防作用再次得到发挥。清宣统三年（1911）10月10日，革命军在武昌起义，各地纷纷响应，但驻在临汾的谢镇台非常顽固，就是不宣布起义，致使运城起义军与太原起义军相隔不能统一。西安革命军知道后，立即派严小泉带兵支援运城起义。但其时河南还在袁世凯重兵控制之下，平陆成了起义军与清军对峙的前线。驻陕州的清军为北洋陆军，配有洋枪大炮，平陆的军民都是土炮鸟枪、大刀棍棒。双方对峙了半月之久，枪炮互射，军民死亡80余人。腊月十二日天未明时，陕州清军兵分三路，在茅津渡强渡黄河，平陆军民顽强抵抗。由于实力太弱，只好退守运

城。但不久议和成功，清帝退位，民国成立，茅津渡重归安宁。

日军发动全面侵华战争以后，茅津渡仍是争夺的重点。日军只有占了茅津，才能进一步占领崤山，实现北控山西、东据河南、西进关中的目的。故从1938年3月起到1940年4月，日军先后向中条山地区发动了9次进攻。每次进攻都以占领茅津渡为重点。而坚守这里的第四集团军，则把坚守茅津作为重中之重，不惜布下重兵，加固工事，不让这个战略要地落入日军之手。

1939年6月6日，日军在数次进攻茅津失败后，再一次发动了对中条山的进攻。为了阻挡日军入侵，三十八军在茅津渡摆下了战场。日军对茅津渡发动了轮番进攻，飞机大炮狂轰滥炸，我军则坚守阵地，在城池上安排重兵，以密集炮火给

日军进攻平陆行军照

日军以坚决打击。日军进攻受挫，便使用了毒气弹，我军针对性地采取了防御措施。日军见久攻不下，便动用航空兵连续5天进行不间断轰炸，渡口、城墙、街道、店铺、庙宇、民房均遭剧烈破坏，百年营造的城池成了断垣残壁。无奈之下三十八军只好撤出茅津。经过一番迂回打击后，日军终以失败再次退出中条山。"六六战役"以我军大捷而告结束。

1941年"中条山战役"过后，茅津渡被日军占领。1945年8月15日，日军宣布无条件投降。县区干队、二区民兵配合太岳五分区部队接收了茅津渡。这个远近闻名的古渡终于重回人民手中。

至今，茅津渡仍回荡着三十八军的嘹亮军歌：

三十八军，三十八军，

我们是铁的三十八军。

我们在雪花山上，

血花染红了我们的刀枪；

我们在乏驴岭上，

日军的尸体塞满了战场。

井陉车站夺大炮，

高平关外截车辆，

碛口整军振旗鼓，

茅津干训威名扬。

这是神圣的战争，

光荣的战争，

最后定把日军彻底埋葬！

一母同生的造船工场 ～

航运业与造船业始终是一对孪生兄弟。

就在茅津渡第一条独木舟下水通航时，该渡的造船业也呱呱坠地。

茅津人把造船叫做"排船"。顾名思义，工匠们把一根根木料扎在一起，就是"排"。现代造船也是在龙骨搭成后，把木料整齐地排在龙骨上，所以也叫"排"。而将干草做成的油包一个个连在木架上，形成简易的"船"，用的也是"排"法。所以茅津人把造船叫成"排船"，自有他的道理。

"排船"一般都在滩上。因为船造成后一般重达几千斤，背不能背，扛不能扛，车子又到不了河边，只能靠众人背靠着船，在号子指引下将船抬到河边。而造船材料又不怕风吹雨打，所以到滩地"排船"是最为合适的。

"排船"时间一般在春季。茅津渡"排"的最多的船，是去山东一带的"花船"。因为"花船"到了目的地后，如果要返回来，需要一路拉纤，且要经过五道难关，费时费力，故而船工采取灵活办法，将船就地出

▲茅津渡老木船

卖，拿钱回来再造新的。放"花船"的最佳时间是五月，故春季开始"排船"，船"排"成后正好是五月，既不耽误时间，又不受风寒酷暑，是最好不过的安排。

茅津渡古时"排船"的过程没有记载。明清以来"排船"的过程为：

一、确定尺寸。是要"排"五丈长的，还是"排"三丈长的，宽度分别是多少，要事先预定好。一般船有固定尺寸，不须再做设计，只有"花船"尺寸可大可小，根据东家财力而定，故定尺寸为造船的第一关。

二、购买木材。按茅津渡"排船"习惯，龙骨一般用松木、柏木、楸木或核桃木。这些木料质地坚硬，能抗住风浪挤压。船帮一般按部位选用。前舱受力大，故大都选用硬度大、韧性足的白槐。其他部位受力小，可选用一些柔韧材质。由于年年都要"排船"，所以一些木料商事先就备好船料，单等业主去选择。有的船主为了"排船"，提前就准备好了材料。

三、"排船"。第一步先造龙骨，也即船的框架和骨骼。船"排"得好不好主要看龙骨。因此建龙骨一般都很用心，不仅选用坚硬质料，而且采用榫卯结构。榫卯要严丝合缝，不能有丝毫马虎。龙骨成型后，下一步就是包帮。即在龙骨外"排"上密集的厚达二寸多的木板。钉船的钉是特意打造的，钉头不是圆的而是扁的，铁钉要能被全部敲进木头中，外面不留任何痕迹。钉子敲进木料后，再在外面用腻子封住，防止它生锈。木料排好后，就开始清面了。清面时先用木锛把高低不平的板子凿平。这是一件很费劲的活儿，用力不到船面就凿不平，看起来粗糙不堪。大面平了后，最后用小刨细心修理，直至完全光滑为止。

四、塞缝油漆。船成型后，木料间的缝隙要用腻子抹平。腻子是用石灰与棉花合成的，柔软恣腻，好抹好塞，要一条缝一条缝地来处理，不能有丝毫的马虎。一旦漏下缝隙，船只就会进水。腻子抹好后还需要上漆，用上好桐油一遍一遍地涂抹，一般要漆三四遍才可。上完油漆后，船只满身发亮、油光闪闪，这时，船就基本造好了。

"排船"不仅需要技术高的木匠，还需要手艺好的铁匠。俗话说"烂船还有三千个钉"，意为船上的铁钉用量很大，需要技术好的铁匠配合。茅津渡自开渡以来，从不缺铁器高手。明清时期，这里的铁匠铺一般都保持在三个以上，至今，人们记忆深刻的有"李氏铁匠铺""岳氏铁匠铺""袁氏铁匠铺"。由于常年加工船上的铁器，铁匠与船工形成了一条不成文的规矩，即铁匠坐船不掏钱，而且要安排到上位（前舱内）坐好。据说，一次，一位初上船的学徒不认得铁匠

铁匠铺

师傅，向他收了船钱。后来该船使用这位铁匠打的锚，过河时能抠住底，回来时就抠不住底。去请教铁匠，铁匠说，你过去时不收钱，回来时收钱，所以我的锚过去时抠底，回来时不抠底。船工知道自己违犯了行规后，赶快拿

上点心去认错，铁匠在锚上敲了几下，说可以了。此后行船，再也没有出现抠底不抠底的问题。

由于工匠技术牵扯船只安全，所以这里奉行能者为用的原则。聚集在茅津渡的工匠，既有河南、陕西外省的，也有芮城、河津邻县的。他们各把一方，用上乘的技艺为码头繁荣贡献力量。

每年惊蛰后，你在茅津渡可以看到这样的场景：渡边的平地上，积着一个四棱四整的木料堆，旁边搭着一个临时木棚，里面住着"排船"的木匠。木堆前方，摆放一些木匠凳、作业架。从早到晚，这里刨花四溅，锯声响亮，一片片木料被截断，一个个榫卯被凿出，最后组装在一起，成了巨大的龙骨，随后被穿上"百衲衣"，合成了一个个"水上漂"。铁匠铺里炉火通红，锤声叮当。锤声轻重缀连，形成一首优美的旋律。

船只交付的最后一关，是热闹的抬船仪式。这是一个集众人之力的过程。此时担任指挥的艄公站在高处，手持一面红旗，嘴上叼着一只哨子，不断提示人们：他唱"噢呵呵……"人们只应"呵"就行，他唱前两句人们只应不抬，待第三句"呵"字出口时，用力将船向前抬一步。抬船的人背靠船帮，两手抠底，按指挥的手势行动。如此三呵一步，几百米的距离，硬是用臂膀抬了过来。

渡口背后的家族支撑 〰

茅津渡的庞大物流，为这里的人们提供了更多的发财机会，也决定了这里的人们只有抱团取暖、相互支撑，才能共荣共富、长期发展。

元代末期，茅津渡出现了五大家族，是王、柳、周、冯、杨。到了明代，茅津渡形成了九大家族，分别为刘、介、薛、冀、蔡、王、周、柳、任。清代时期，介、薛、任家先后衰落，卫家、杨家、贺家成长起来。但不管家族势力如何消长，他们都与渡口唇齿相依、荣辱与共。

刘家可谓茅津渡的一个显赫家族。他的祖先在洪洞一带，明洪武十七年（1384）来到渡口。刘家本是书香门第，后人刘翀、刘瀚在朝为官。清康熙时，刘氏一族竟繁衍到了700余口。为维护家族的浩大开支，他们在渡口开设了粮行、麻

刘家居住的西街旧址

铺、菜摊等。其麻铺生意尤为突出，垄断了黄河中游大部分船只的生意。在此基础上，刘家购置良田，修建了四檐八滴水、红柏棚条、方砖铺地的精美四合院。后人从商者也累世不绝，为茅津渡的繁荣发展做出了贡献。至今，人们还记得刘家卖菜时的顺口溜："正月半头羊角葱，二月韭菜才发青，三月莴笋青莹莹，四月蒜、泥里串，上抽苔、下分瓣，五月黄瓜上了架，六月的瓠子拉成弓，七月茄子一包纸，八月里辣子照地红，九月的白菜封了顶，十月里萝卜入了坑，十一月芥菜吃一冬，腊月的莲菜全窟窿……"

杨家在城内的土地

杨氏一族祖籍在安邑县里头村，清乾隆年间迁到茅津渡。由于该族人务实守信，很快发展成为茅津渡的富户。后人杨元创办了平陆县最大的酒坊"永泰亨"，所酿白酒和黄酒远销河南、陕西、绥远、察哈尔等地。他的骆驼队常年为内蒙古桂花城送酒，同时把运城的盐、粮等送往草原。光茅津街上，就建门面房五百余间。生意赚了后，又置地七百多亩，农工商并举，成为茅津渡的首富。光绪中期，杨氏字号已发展到陕西、河南等地。可惜后人杨炳璋在送货途中结识了一个江湖骗子，被骗了一万三千大洋。杨家从此产生矛盾，被迫分家分店。官盐店分给了杨荣舟，永泰亨分给了杨作舟，杨常兴分得了东昇楼、四海春、陕州茶楼和茅津城的鸿顺坊，杨耀舟打理驼队和桂花城生意。生意虽然分开做，但杨家仍不失为渡口经济的一大支柱。

冀氏祖籍河北唐山，元代宪宗年间移住茅津。冀家人凭着渡口的优越条件，一方面培育了茅津渡的顶尖文人，一方面投资商业发家致富。创办的德盛祥字号生意兴隆，誉满两岸。乾隆年间在周边置田数顷，修建了精美的四合院，人称"翰林府"。

任氏祖籍在洪洞大槐树下，明洪武年间迁到了茅津。先辈以弹花为生，万历年间逐渐发家。清乾隆年间家势开始跃起。后人在一次押宝中赢银两万七千多两后，家族实力更是强盛。不仅置田五百余亩，还在茅津街开办了花行、粮行、京货铺、邮局。光绪三年（1877）大旱时，任氏一家在街上搭起粥棚，一连舍饭四月，救人无数。族人任宗杰、任宗礼积德行善，每年拿出数十亩田地上新收的麦子分给穷人；借出去的账从不催还，为远近闻名的慈善家。

王氏家族祖籍河北省，元成宗年间迁到茅津渡。先辈王万和在茅津渡以卖蒸馍起家。家族后来不仅涌现出了像进士王国祚、云南总兵王永祚一类的人物，还涉足商业领域，助力了茅津渡的持续繁荣。清康熙年间，族人因热情接待一位外

王家旧时的土地

乡驮炭老头，意外得到了一口袋银子。从此置田产、盖房院，光四合院就盖了四座。道光年间，族人在渡口开设了烧酒坊、骡马大店、麸料铺等。客商住店、骡马吃麸从不收钱，一时美誉广传，深受世人尊敬。

贺氏一族为明洪武年间移民来到茅津渡的。明代没有发迹，明末清初也只是个平常家。此后逐渐发家，为此购地一百多亩，在上、下街开设了五个商铺。最驰名的商铺为"京货铺"和"德茂祥"。清代中期，长房60余口人分为四支，清末大房三门人发了家，二房也很富有。

薛氏家族祖籍河津市修仁村。元中期为避战乱迁到了茅津渡。明末清初在茅津渡发了家，独辟了薛家胡同。光绪十年（1884）冬，从河南过来一群艺人去解州府唱戏，恰巧碰上了大雪天，一伙艺人无钱住店，便躲到薛家的瓦窑内。薛家父子得知后，立即送花柴、供玉米，救了23名艺人。艺人演出结束后，给予他们丰厚回报。薛氏一门从此投资生意，赚得盆满钵满。

介氏家族祖籍河北，明初时来到茅津。他们凭着顽强意志，打小工，

背盐包，熬相公（即当店员），尔后用积攒起来的钱办起了商铺，成了渡口屈指可数的财主。有钱后，介家人开始兴建高档的四合院，又在当地有名的"金潽沱，银寨头，马潽沱，赛解州。柳树底下刮金板，人勤地不懒"的大柳树下购置了二百亩好地，一下子把自家送进了富人之列。为保持家族基业，他们又兴教育人，后人分别考取功名并在外做官。

周家的枣园

周家系明代从洪洞大槐树下迁来。老弟兄八个淳厚老实，勤谨肯干，在茅津渡肩负盐包，筹谋生意。硬是积少成多，滚小为大，跻身茅津富户之列。富裕后，他们在渡口置办了田产，拥有百亩枣园，还创办了像样的酒厂。其酒行销山陕豫甘四省，为茅津渡的繁荣做出了贡献。

柴家也是明代迁来。他们利用茅津渡辉煌时期的条件，在商场上纵横捭阖，置身多业，终于进入了茅津渡财产拥有者之列。为继续发展，他们大量购置田产，在部官塬买下了上百亩好地，又在南村塬槐树下、上下堡一带购下几百亩良田，成了一脚商铺、一脚农产的两栖富户。

柳家也是茅津渡上的一大家族。明代前期移住茅津。该族一方面投资商铺，一方面兴教育人，在百年的发展中逐渐后来居上。不仅腰缠万贯，而且后人科场得意，在南阳等地做官。茅津村有限的几眼水井里，就有柳家的井。茅津城的街肆上，有柳家像样的大院。

清中期以后，卫家从九大家族的夹缝中挤了上来。该族为明代迁来，世代以船为业，含辛茹苦，艰苦创业。卫家人与其他家族不同的是，其择偶的对象总是有钱的杨家，因而得到杨家人的提携。到清代中期，卫家从底层脱颖而出，成为一个富户。该族在下街置了多间门面，把控了京货的零售业务，成了茅津渡不可小觑的家族。

茅津下街

各家族在茅津渡发家致富后，又都把注意力聚焦到渡口的航运上，坚持不懈地把航运事业做大做强。明清以来，投资船运行当的家族有五个，分别是王、周、冯、柳、卫。

王家在致富的道路上走得四平八稳。后人王秉法看到往山东放"花船"生意不错，就把自家的三十亩地卖了，又将两个女儿许配给有钱人家，得了480块大洋的彩礼。钱凑够后，便买板选匠，在河滩里"排"起"花船"来。他一"排"就"排"了两艘。"花船"一"排"好，便乘着五月行船的大好季节，将"花船"放飞了。"花船"连闯三门峡、磨石坡两关，但在鹰嘴一带，湍急的河流把它带向了坚硬的石壁。一声巨响后，"花船"破碎，船工落水。12名船工只有4人凫出，其余人随河漂走，茅津村头一回一次埋了8名船工。这一次灾难把王秉法吓得患上了稀屎痨，一提起"花船"就拉裤子。村人说："废了刮金板，制个水上漂。咔嚓一声响，两手插住腰。"无奈之下，只好将另一只船交给侄子来经营。侄子吸取教训，谨慎出行，不仅弥补了船只损失，而且将航运业坚持了下去。

周家和冯家情况基本一致。两家各积攒了一些资金，"排"出了自己的"花船"，先后往山东贩棉花。周家的船由本家艄公周武东、周武西把舵，但不幸"花船"在鹰嘴被"打"沉，兄弟俩命丧黄河。冯家船也是由自家人把舵，一路顺利闯过了四关，最后在疙疤窝失了事，叔侄三人被淹死在黄河中。从此两家人再不敢涉足船运，继续经营自己的商铺。

冯家和卫家各自"排"出自己的"花船"后，精心策划了闯关方案。他们选用最好的艄公，雇用熟练的船员，一路谨慎小心，如履薄冰，终于顺利闯过五关，将船放到了山东，赚回了大把银子。冯家人见好就收，把注意力转移到他业上。卫家人世代玩船，对水上航行甚是精通，仗着家传的技艺，将航运事业一直做到新中国成立后。

据1947年茅津人民渡送陈谢大军资料可知，其时茅津渡共有船只18艘，皆为各家族拥有，有的是独资，有的是合资，有的是股份制。

渡口滋养着家族，家族支撑着渡口。茅津渡几千年来就是在这样一种互惠共荣中发展壮大的。

管理体制上的四级跳跃 ✿

　　像一个时代弄潮儿，茅津渡在历史演变中，不断拼搏，不断奋进，愈战愈强，因而受到历代统治者的青睐，政治地位不断上升。逐渐从一个蛮荒小渡，成长为清代的政治、经济、军事、商业重镇。

　　它的发展轨迹，呈现一个四级连跳。

　　第一跳，是由一个蛮荒、孤单、没有相关设施的野渡演变为一个物流增多、设施初具、大道相连、村渡融合的村渡。时间约为商代中期到春秋时期。这期间，船只制造由最初的独木舟进化到舫，具备了后来船舶的基本功能。渡口上建起了简陋的货仓，可以存放从山下运来的潞盐和中条山冶炼的青铜。由于船只增加，船工增多，渡口附近建起了船工住宅，形成了规模可观的村落。为补充船工收入，家庭成员开发了附近的土地，形成了农渡并举、村港合一的渡口格局。

▼ 茅津沙涧渡旧址

　　第二跳，是从村渡一体、农运融合的体制转化为城港一体、水陆交融、港口发达的交通枢纽。时间在春秋时期到西汉末年。在该时期内，船舶制造已经规范，形制趋于大型。由于毗连县城，渡口一带形成了繁闹的商品市场，饭店、货栈、装卸、骡马大院、旅社、船舶修造、商品交易等服务业已经具备。黄河漕运的开通，拉动了整个渡口的发展。县府为此设立了税收机构。茅津渡发展成为一个水陆交错、货通四方、功能齐全的综合性码头。

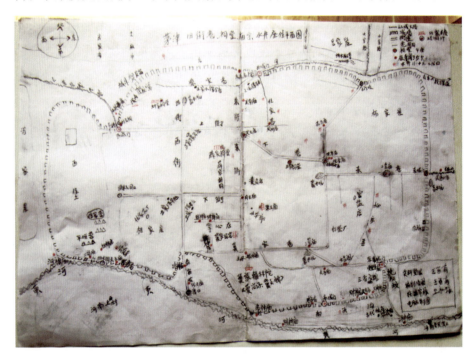

茅津旧城绘图

　　第三跳，是从一个货通四方、功能齐全的港口跳跃为城镇化性质明显、经济辐射力日益增强、商品经济活跃、工业制造业兴起的港口城镇。时间为汉末到明代中期。此阶段内，黄河漕运长盛不衰，陆路运输大幅增长，渡口附近已建成茅津小城，城内街巷纵横、货铺相连、庙宇林立。商铺达几百家，崛起了十多家中小企业。酒业销售扩展到多个地区，货物流通到国外。渡口住进了税收、稽查、军事等国家行政、军事管理机构，成为平陆县东部一个政治重镇、晋商驼道上的关键节点、拉动商品经济的活跃市场、军事防御上的坚强堡垒。

第四跳，是从政治重镇、晋商节点转变为城市化更加突出、政治辐射力加大、管理级别升格的东部政治中心。时间为明代中期到民国时期。在此期间，港口市场更加扩大，街巷商铺达到四百余户，商行众多，船只分货船、"花船"、盐船，远途运输的骆驼队成立。银行、押运、邮政、电话行业进驻，渡口声名鹊起。政府管理由巡检级别提升为"二尹分驻之地"，即由县衙二把手"县丞"长期驻守治理。渡口先后进行了四次大修。村庄由土堡扩展为城寨。演化成为黄河流域一个有名的政治中心、军事要塞和商品的集散地、工业加工点。

茅津渡的四级连跳，印证了中国社会的发展变化，印证了黄河渡口的成长历程，对于研究中国社会政治体制变化等具有重要意义。

第二章 立世船夫

河槽里急流澎湃，礁石嶙峋，弯道甚多，船行艰难。船只在大石间忽而左转，忽而右行。满身黧黑的艄公深凝眉头，咬紧牙关，双眼圆睁，紧要时叱声粗鲁，急行时连续扳舵。

纤夫斜挎一副纤板，一根线儿不带，站成一行，

沉重的拉力将脊椎挤得咯咯作响……

∽ 早期船工的悲壮故事

茅津船工自建渡以来，就根植于农村，实施农运并举、踔力勇进。然它的早期阶段，也遭遇过重大打击。

事情源于夏商周时期的民族融合。

茅津戎原为姜戎、陆浑戎一部，初居于甘肃瓜州一带，后在秦国的挤压驱逐下东移，发展到黄河中游一带。茅津渡地处黄河沿岸，是戎人选择的一个落脚点，史称"茅戎"。《中国地名·专业词典》记曰："茅戎，亦称贸戎。古族名。戎的一支。周初活动于今山西平陆一带。"

戎人的生活习惯与当地人不同。《左传》里说，戎人"衣食不似中国，币不合理，言不达""衣其单，被旃裘""披发左衽"。但在长期的民族融合中，他们逐步接受了汉文化，学会了农业种植。戎人的一部分，还加入了船工队伍。

从夏代以来，统治阶级对戎人采取的都是驱逐政策，茅戎当然也不例外。周代就对茅戎进行了驱逐。《左传》记："元年春，晋侯使瑕嘉平戎

茅戎人原住地

于王，单襄公如晋拜成。刘康公徼戎，将遂伐之。叔服曰：'背盟而欺大国，此必败。背盟，不祥；欺大国，不义；神人弗助，将何以胜？'不听，遂伐茅戎。三月癸未，败绩于徐吾氏。"

进入春秋以后，由于周王朝实力衰微，无力协调诸侯国共同行动，于是新崛起的大国便负起了社会责任，带头抗击内窜的戎狄。公元前660年，狄人大举入侵卫国、邢国，齐桓公知道后，立即率战车三百辆，联合宋国、曹国军队，把狄人彻底逐出了中原大地，赢得了各诸侯国的尊敬，当上了春秋时期的第一个霸主。晋文公也果断出手，对境内的少数民族进行驱赶，也坐上了霸主的交椅。对于齐桓公、晋文公的带头伐戎，秦国看在眼里，热在心里。这个早年居于西部边陲的民族，就是靠打击戎人而起家的。他不想别人把抗戎的大旗夺了去，于是发动了一场驱逐茅戎的军事行动。

这场长途奔袭是秦国第五代国君秦穆公率队进行的。他带领强悍的秦军从茅津渡对岸渡河，在岸上建立了滩头阵地，然后发动攻击，很快打败了茅戎。《史记·秦本纪》这样记载："缪公任好元年，自将伐茅津，胜之。"

为消除戎族在黄河沿线的存在，秦军果断将茅津戎遣送到地理荒凉、人烟稀少的伊川、宜阳一带，与那里被驱赶的陆浑戎住在一起。

据专家考证，伊川、宜阳两县交界处的顺阳河，即古代所说的涓水，而今宜阳县的黑山就是陆浑西山，也即古时的陆浑山。南北朝时期，陆浑县分成了南、北陆浑县。明清史记述，北陆浑大致位于县东北40里的古城村（今田湖镇古城村），南陆浑则在陆浑村（今田湖镇陆浑村）。今天的地图上，仍可见"陆浑镇""陆浑村""陆浑水库"等地名。

茅津戎与陆浑戎混合后，成为当地一支重要力量。由于他们痛恨秦人，周襄王二十五年（前627年）秦军越界奔袭郑国时，晋军在崤山一带设伏，该地的姜戎、陆浑戎就帮助晋兵围堵秦兵，取得了"崤之战"的完胜。

茅津戎并入陆浑戎后，在伊川差不多生活了100年。他们和陆浑戎一起，在当地留下了明显的生活印记。2013年，考古工作者在洛阳市伊川县徐阳一座春秋时期戎人王级大墓里，发掘了饕餮夔纹铜编钟、编磬等青铜礼器。2020年，又发掘了第二座王级大墓，清理出6匹马3辆车，车马摆放形式十分罕见。马匹集中摆放在坑的北侧，马车集中摆放在坑的南侧。而古代汉人车马摆放则是马车横向排列，每辆车前整齐地摆放着若干马匹，从而能够直观看出"车与马"的对应关系，进而确定车舆规制。而M15陪葬车马坑的马车为纵向排列，马车前面的马匹摆放无序，推测此墓地是2600多年前从西北迁往伊川的陆浑戎墓葬群，从而印证了文献中"戎人内迁伊洛"的历史。

无独有偶，2020年7月至12月，河南文物部门在渑池鹿寺西遗址的123座墓葬里，也发现其中38座春秋时期墓葬的器物组合和形制与洛阳徐阳墓地的中小型墓葬基本一致。均为长方形竖穴土坑墓，墓向多为南北向，多数墓葬带有壁龛，葬式有仰身直肢葬和屈肢葬两种，骨骼较为粗壮，随葬陶器主要为单耳罐、盆、罐组合。这些出土陶器和墓葬风俗都跟春秋时期西北地区戎人墓葬基本一致，据此判断应为春秋时期的戎人墓葬。这些墓葬中，不排除有茅津戎的存在。

茅津戎与陆浑戎后来被晋国军队所灭。他们的一部分逃到了甘国（今洛阳市宜阳县东南），后来迁至四川东部。

茅津戎的被驱逐，对茅津渡是一个打击，不少船工的位置因此被空了下来。不过，茅津戎的外迁并不意味着茅津村的消失。戎人的空缺很快被周围村庄的移民所补充，船工队伍依然庞大，茅津渡还是黄河中游的一大要渡。

戎人虽然被迁走，但带不走这里的地名。晋文公执政时，为了奖赏晋国大夫先轸的弟弟先茅，将其任命为晋国大夫，并将茅津渡作为封地，称"先茅之县"。公元前627年农历三月，晋国与白翟（白狄）在箕地（山西

茅 亭

榆社）开战，元帅先轸、先茅及儿子不幸战死。大夫胥臣推荐郤缺为晋军主帅。郤缺率晋军一举攻灭翟国，并俘虏了白翟首领。晋襄公为告慰先轸，便任先轸的儿子先且居为中军主将。鉴于先茅全家战死、没了后裔的情况，遂将先茅原来的封地赏给了胥臣，奖励他举荐郤缺的功劳。胥臣十分敬重先茅和他的儿子，将封地改称为茅城，特建一亭命名为"茅亭"，追念先茅的功劳。又令先茅的故旧家臣皆改姓茅氏，茅姓从此诞生。其后，茅姓后裔繁衍到各地，今北京，上海松江，河北尚义，山东平邑，山西太原、大同，内蒙古乌海，湖北武昌，江西崇仁，广西田林，江苏扬州、南通等地均有分布。茅姓在宋版《百家姓》中排序为第119位门阀。2009年1月，茅姓在中国姓氏排名仍在119位，人口约40万。宗谱有：浙江鄞县茅氏宗谱部分卷、上海崇明茅氏宗谱部分卷、江苏镇江京口茅氏五修宗谱八卷、浙江宁波鄞东茅氏家谱、浙江余姚黄山湖茅氏家谱等。

⚲ 河道弯弯　道阻且险

　　黄河行船步步难，这话一点不错。茅津渡单渡口选址就折腾了很久。它最初在沙涧一带，那里河涧相连，风光旖旎。但金代中期的一场大水，堵死了出入航道，茅津渡只好西移一里左右。然新址又因一次倒岸而废弃，茅津渡不得不进行再次迁徙，挪到了现在的钢底铁岸处，并在此扎下根来。

　　茅津渡的船与其他渡口的船基本一样。两头微翘，十米左右长，分前后两舱。前舱叫"前八尺"，晚上住看船的。上竖一根六七米高的木杆，是撑帆的桅杆。边上设一约四十公分高的木桩，叫"二尺"，是专门绕缆绳的，船到岸边

黄河老木船

要用它拴船。后舱叫"后八尺"，底下是做饭的厨房，舱顶是艄公把舵的地

方。一根粗壮的木杆箍在"后八尺"尾部，杆下连着一片与船等长的木板，这就是至关重要的舵。船的两厢帮上，箍着一对厚实的木板，这是为船提供动力的"槽板"，需要两个人才能扳动。有的船在中部还竖起一根桅杆，上面挂着船篷，起风时用它增加动力。船上设有"铁锚"，"锚"分两种，一种是下面三个齿、上面一个环、环里套着一根长长麻绳的，叫做"大锚"；另一种是下面有两个齿，叫"稍锚"。"大锚"用在过河时勾河底，使船在拉力作用下荡向对岸，同时减慢下行速度。"稍锚"用于在岸上抓抠。另一个是顶部为铁尖的篙，起撑船作用，防止船撞在岸上。

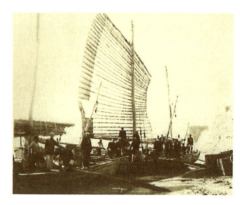

茅津帆船

茅津渡的船只，大船配十四个船工，分别为一正一副两个艄公、八个槽工、两个锚工、两个缆工，还有一个担水工、一个养船工、一个做饭的。他们分工明确。艄公管看水、使舵。槽工用槽板增加动力，把握方向。锚工管用锚，若船只驶向对岸，需连续抛上几锚。如引船向上，则一锚接一锚地甩锚，用收绳子的办法往上拉。有时一锚抠不住底，另一锚赶快扔出来接替这一锚。缆工主要是拴绳索，船将靠岸时，岸上的缆工扔来缆绳，准确地套在"二尺"上，另一个缆工收着绳使船顺利靠岸。如果岸上没有缆工，就先游过河从岸上扔。如锚工太忙时，就帮着锚工扔锚。缆头的角色很关键，一个好缆头比艄公还吃香。小木船一般不跑远路，因而用人较少，六个船工足够，紧要关头相互配合，一人几用。

黄河在风陵渡以上是南北走向，以下变为东西方向。这段河流有一个特点，就是石土分明。三门峡以东，为又窄又深的石头河道。以西，则是松软易塌的沙土河道。茅津渡就在这石土之间。比起晋陕大峡谷的水流，河水在这一段相对稳定，但黄河终究是黄河，再稳定也是一只凶猛的虎，在它上面

▲茅津渡黄河大拐弯

行船，就像坐在虎背上，一不小心就要出事。

由于河道不同，行船遇到的困难也不一样。往西走，河道较为平缓，水流不急不慌，难险处较少，只要规规矩矩地沿"里水"（即主流）行船，一般不会出大错。最怕的就是走到了"外水"里（即支流），"外水"水流较浅，走着走着船就被搁浅了。尤其在临猗一带，河面宽阔，支流众多，一不小心，就会走进支流，大多会被搁浅。这时只好将船板拦在船前，让流水将船下的河沙冲走，再驶回主流中。有时"外水"也很厚，行船没有问题。往上行船是逆水，动力靠三种方式：一是借河槽里的风，用帆带动船只。此时所有的船员都在船上坐歇，只有艄公继续把舵，槽工用篙戳着岸边就行了。另一个方法是缆工扔锚向上。扔锚时锚工一手提锚，运足力气往前一扔，让它落在六七米外的河里，抠住河底，然后用力拽着绳索往上走。如此连续抛拽，船就不断上行。但扔锚也有一个前提，即河床必须坚硬。最后一个方法就是拉纤，此时船工里除艄公、槽工二人外，一律下水背纤而行。

行船最怕河水小，漂不住船。1994年茅津渡"晋航二号"前往潼关，

黄河石门

一百多公里的路程整整走了半年。原因是那年黄河水小，山东一带断流达几十天。大船吃水深，走着走着就搁浅了。船在水里又不能让人推，只好停在那里等上游下雨再走。最难时一天只能走一个船身，再急也没有办法。

往东，则是另一番天地。船一过三门峡，便见高峰林立、乱石塞河、激流汹涌。从三门峡到晾尸滩不到十公里，就有五道险关。第一关是三门峡，这里水流如箭，船只一不小心，就会撞在大石头上，顷刻间船碎人亡。外地船只到了这里，都主动将舵交出，让平陆船工来代驾。第二关在磨石坡，河床下为硬石底，石块如锉，礁石嶙峋，撑不好船就会被撞了底。第三关是鹰嘴，河道弯曲，石峰高耸，主流直撞石壁，船一旦把握不好，就会撞在石壁上，转瞬间船碎人落，命丧黄河。第四关是乱石滩，河槽里满是大石头，大的如象，小的如篮，疙疙疤疤，船一旦躲避不及，就会撞上明石暗礁，或翻或碎，沉于黄河。第五关在橡坪一带的疙疤窝，载货的船只到了这里，往往会被水里疙里疙瘩凸出的石头撞破。闯过了这五关，下面就到了晾尸滩。晾尸滩顾名思义，就是落水的尸体到了这里都会被晾出来。下行船只到了这里，才算基本安全了。

除五关外，一些隘谷险滩也不可大意。

行船好不好，关键在老艄。艄公的主要任务是看水、用舵。有道是"不怕夏天水涨，就怕冬天流冰"。夏天黄河经常涨水，艄公看水的重点是分清主流支流。只要行在主流上，保你一路没问题。冬天则不然，一块大冰下来，就会把船架在河中，前不能前，后不能后，只能被冰凌推着走。有时冰凌挤在一起，会把木船顶翻。有一年冬天流冰，茅津渡一个姓高的艄公就被架在河中，随冰流到了沙涧一带。最后报告了县政府，才派人用炸药炸碎冰，把他救了上来。黄河水分主水、野水、偷水。主水是来自上游的水，为主流，在它上面行船绝不会出错。而野水则是岸上下雨流下来的水，黏稠迟滞，里面有不少树枝树叶，含沙量较大，船行其中会被浓稠的杂物缠住，容易发生事故。偷水则是水走着走着就突然从沙石下消失了，船只这时会被搁浅。偷水地段在晾尸滩一带，故死尸在这里都会被晾出。

艄公行船主要看浪花。一般艄公能看水下三尺。河的靠岸处往往有一条水线，线里线外的水相差有二尺深。艄公行船绝不超过水线。船底只要离河底还有一席厚的水，就能照常行走。行船时需特别注意

艄公掌舵照

转弯处，那里地貌有一个尖，尖里水浅，尖外水深。船只最怕跑到了尖里，这里的旋涡会把船只旋撞在大石或硬壁上，轻的撞伤，重的撞漏。看水还要注意浪花。"大水只要翻花起，船只赶紧掉头走。"意思是水中只要突然翻起浪花，后面必然跟着旋涡。船只进了漩涡，只能一圈一圈跟着转，如不及时撤出，就有翻船的危险，空船时更可怕。旋涡旋转一会儿后，中心会突然冒起一根水柱，直冲空中，船工称之为"起干"，艄公见了赶快躲避，一旦"干"落到船舱，会把小船打沉。

艄公掌船主要靠施令。一条船约装两万多斤货，从茅津渡上行航道宽，水大，好走。而有乱石的地方，航道一般都窄，船只到了这里，得像蛇钻草

丛一样，需要的是灵活，否则不是碰在礁上，就是撞到石壁上。这时非得槽工出手不可。艄公喊："东槽！"东边槽工就死命扳水。艄公喊："西三板！"西边槽工就赶紧扳上三板。在转弯处，艄公会喊"东面埋一槽"或是"西边埋半槽"。埋槽就是把槽板插入河中反扳，逼着船只调头。越是好艄公，口令就越准确。艄公和槽工、锚工要密切配合，稍有差池，船只就有可能出事。有的地段，激流冲着船只翻卷而下，将船带向坚硬的石壁，这时就靠槽工用篙头来支撑了。

纤夫拉纤照

船上最苦的活儿是拉纤。茅津的纤绳叫"弹"，是一根根连接起来的竹板。约三指宽、一指厚，每片60厘米长，两头钻窟窿，用绳子穿在一起，拴在总缆上。不用时一折叠，背起来就走了。有时也用绳子。拉纤时一人撑船，四人拉纤。走在头里的纤夫叫头纤，第二个叫二纤，第三个叫三纤，最后的叫末纤。纤夫胸前均斜挎一片木板，木板上系着两个扣子，上面是死扣，下面是活扣，活扣紧要时能解开。纤夫的右手时刻不离扣绳，一旦船只后退，就把扣子拉开，免得自己被拉下河去。有的纤夫只用左肩背纤绳，一有危险便脱肩而去。纤夫一般不穿鞋，夏天往往光着身子，赤身裸体出入上下河道，皮肤被晒得黝黑光亮，犹如古罗马斗士青铜雕像。有时从河边的村子走过，遇到女人颇为尴尬。特别是遇到大姑娘小媳妇时，会害羞得蹲下身子。女人偶尔骂几句，他们权当没听见。从三门峡以东往上拉纤，最怕上石台阶，因为坡陡阻力大，需要几船的人合在一处，一条一条往上拉。有时拉到紧要处，人和船拔河似的僵在那里，需要另外的人来帮忙。这时哪怕是一个妇人，也会使船只上移。拉船最苦的是春季流凌时，河滩上有些地方还留有冰碴，纤夫赤脚踩在冰上，感到一种透心的凉。三门峡以东的峡谷多数无路，拉船时只能走栈道。为了减轻劳动量，他们在栈道上钻下一些牛鼻孔，把绳子穿进孔中，拉着绳子往上拽。时间长了，绳子在石壁上磨出了半圆形的绳沟。有些河段是齐刷刷的

古栈道纤绳磨痕

绝壁，人无立足之处，船工们就让船只紧靠石壁，用篙头顶住石壁往上撑，有的靠甩锚往上拉。因为拉纤难，清代川陕总督博济、陕西巡抚鄂海、山西巡抚噶礼、河南巡府徐潮特赴三门峡一带察看，勘后向康熙皇帝奏报："从卧虎滩下挽舟上行，船方水流，又无舵篷，自辰至申，仅曳行半里，复用有篷舵空船从卧虎滩下乘风牵挽逆流而上，方能从人门经过。又以船载粮三十石，用夫三十余名，从下挽行而上，自巳至未，亦从人门过去。流急滩多，水涨则无纤路，今挽空船行十有七日，始得二百六十里，重载更加濡滞。"可见上行之难。

行船有苦也有甜，船工最喜欢的，是遇到满河东风。这时全帆升起，船工除一人把舵、一人拿篙外，全都在舱里休息。

船工的社会地位不高，但他们一到河里，就自高自大起来。有一首歌唱道："一个葫芦两个瓢，天下黄河任我舀。要问我是哪一个，皇帝老儿他知道。"高傲得连皇帝也不看在眼里。

还有那首名歌 "人说那，黄河九十九道弯……"

从这些歌里，你能品尝到船工甜少苦多、顺少难多的人生际遇。然而生活就这样圈定了他们的人生。与洪荒蛮横的大自然斗，总是要付出一定的艰苦和牺牲的。

小船依然向东去 ～

在黄河里行船，犹如在龙穴里觅生，得时时赔着小心。一朝不慎，便会折戟沉沙，命归黄泉。

出事地点大都在三门峡以东的"五关"。那里河流湍急，石峰林立，峰回路转，险关重重。穿行此间的船只，"十有四五"会被石壁暗礁击沉，因此，提起"五关"，人人都胆战心惊。

但茅津船工对此已经见怪不怪。建渡三千多年来，尽管"五关"频频出事，但茅津船工依然穿行其间。不同的就是不断吸取教训，将技术运用得更加娴熟。

茅津船工跑得最多的是秦汉以后的漕运线路。其时，从东南一带上来的船只，大都拥挤在晾尸滩一带，望五关而腿软，不敢越雷池一步。只得将指挥权交出，由茅津艄公代劳。

这代驾可不简单。河槽里急流汹涌，礁石嶙峋，弯道甚多，船行艰难。船只在大石间忽而左转，忽而右行。满身黧黑的艄公深凝眉头，咬紧牙关，

▲三门峡原貌

双眼圆睁，紧要时叱声粗鲁，急行时连续扳舵。纤夫斜挎一副纤板，一根线儿不带，站成一行，俯身在栈道之上，沉重的拉力将脊椎挤得咯咯作响。

　　上行五关中，三门峡是最险的一关。三门峡相传是大禹治水时所凿，明代都穆在《游名山记》里说："三门者，中曰神门，南曰鬼门，北曰人门。其始特一巨石，而平如砥。想昔河水泛滥，禹遂凿之为三。水行其间，声如激雷。而鬼门尤险恶，舟筏一入，鲜（少）有得脱。"面对喷射而来的飞瀑，漕船需要巨大的牵引能力。故所有船只一到卧虎滩，就把船只靠岸，几船人合在一起，牵仵缆绳往上拉。三个隘口中只能选择人门，另两门离岸太远，纤绳根本使不上劲儿。即使能使上劲，巨大的牵引力也需要太多的纤夫。而人门之上栈道相连，阶阶向上，总起来有800多米，下有300多个木墩支撑。栈道的崖壁上，嵌着一条长长的铁链，这是护纤的设置。纤夫拉纤时，一手扶着铁链，一手护着纤板，使尽力气往上拉。这时的艄公也非常小心，竭力保持船只稳定，因为一旦撞在边石上，不仅会船碎粮沉，还会将崖上的纤夫拉下来殉葬。故而唐代李繁在《邺侯家传》中这样记述三门峡漕运情景："自集津上至三门，皆一纲船夫（350人）并牵一船，仍和雇相近数百人挽之。河流如激箭，又三门常有波浪，每日不能进一二百船，触一暗石，即船碎如末，流入旋涡，更不复见。上三门篙工，谓之'门匠'，悉平陆人为之，执一标指麾，以风水之声，人语不相闻。陕人云'自古无门匠墓'，言皆沉死也：故三门之下，河中有山，名米堆、谷堆。所以漕运艰阻。"《新唐书·食货志》说"岁漕经砥柱，覆者几半"。

上行难，下行更难。

上行的难是因为动力不足，但速度慢却减少了撞石的危险。下行则恰恰相反，河水以万钧之力推着船只前进，一不小心，船只不是跌在巨石上，就是碰在崖壁上，瞬间便折戟沉沙，灰飞烟灭。

五关的第一关是"三门峡"。船走到这里，选隘口很重要。古来艄公大都选"神门"和"人门"。"神门"虽落差大，水流急，前面还横着一个砥柱，但水流肥厚，不致一下磕到船底。人门水流较缓，却是石牙横排，水流浅薄，一旦掌握不好，很容易撞在岩石上。鬼门狭窄异常，且有乱石林立，从来没人敢过。好艄公大都选择走"神门"。离门不远处，艄公先让缆工把绳索从桅杆上拉下，紧紧拴在"二尺"上。船工除一人拿篙准备撑持外，其余人都躬身蹲下，双手抓紧绳索。船从隘口一跃而下，子弹般地拍在门下的急流上。在船底与急流接触的一刹那，一声闷响从船底发起，猛烈的撞击能把人簸出小船。要不是两手紧抓

三门峡下游遗留的古栈道

绳索，人会从船舱中被高高弹起，落在湍急的河水里。茅津船工卫老二就经历了这样一次，在猛烈的震荡下，他的整个身子在绳子上转了一圈，可见力量之大。这时船如果碰在石头上，百分之百会碎片横空，人喂鱼鳖。走人门的大都是一般艄公。然走此门也大意不得，较浅的水流往往吃不住船只的猛撞，一旦磕在石头上，崭新的木船马上会四分五裂，满船的货物便会甩向不远的米粮山。

过了三门峡，下一关就是"磨石坡"。这里的特点是坡度大，水流急，河里分布大小不等的石头，有些石头直露水面，有些石头潜藏在河中。在此行船，需把好方向，多扔锚头，最大可能减缓船

晋豫峡谷中的磨石坡一带

速，一般艄公过这一关问题不大，但也有艄公不小心将船毁在这里的。

"磨石坡"一过，河道弯曲增多，湍急的水流一会儿偏向左岸，撞在高挺的石峰上，一会儿反转过来，冲向右岸的悬崖。几番折腾后，一个颇大的急弯出现在眼前。此刻，河水以万钧之力撞向左岸的石壁，这就是著名的"鹰嘴"。有经验的艄公过关时都提前让船工把船上的货物倒向右边，人也集中到右边，最大可能地减轻左面的压力，防止船只加速撞向石壁。此时所有船工人人手持一把船篙，将铁质的篙头指向左岸石壁。在船只扑向"鹰嘴"的刹那间，将篙头狠撑在坚硬的石壁上，避免船只与石壁发生剧烈碰撞。艄公这时猛扳船舵，让船只提前转向。如果这时一声脆响，那么不是篙头被齐刷刷撑断，就是船撞在坚硬的石壁上。但只要船身不挨石壁，就算撞坏再多的篙头也没事。如果船身撞击了石壁，当即会船碎人落，葬身急流。茅津艄公在此出事最多。光清代就出了两回事故。一

晋豫峡谷中的鹰嘴地形

次是冯家弟兄驾着自家的船往山东一带贩棉花，到这里不知是遇到了强风，还是船只重量没调整好，一下子撞在石壁上，亲弟兄死了三个，冯家人从此恐惧东行。一次是王家往山东贩棉。"排"出的两只"花船"先放一个。为保险起见，雇用了两个艄公、八个船夫。谁知第一船就在鹰嘴出了事，船被撞成了碎片，十二个船工全部落水。除四名船工游出来外，其余八人全部死亡。

第四关是"乱石滩"。船到了这里，只见河里乱石点点，满滩水花。石在水中立，水在石中窜。主流被挤在南边的石壁下。好在这里河道弯度不大，水流分散，只要船只不离主流，槽工紧撑篙杆，闯关还是有把握的。

最后一关是"疙疤窝"。这里的河槽形成一

晋豫峡谷中的乱石滩

个较大的坑，坑内布满顽石，有高有低，犹如人脸上的疙瘩。进了这个窝，得选准主流，一有偏差，便会被水里的石头撞沉。周家两兄弟周耀文、周耀武就是驾驶自家的"花船"在这里出事的，家属在晾尸滩找了好久，也未找到他们的尸体。

茅津船工把船只撞石叫做"打"，意思是船被石头打破了。因为经常发生这样的事，船工们都已经麻木了。他们说：总不能怕"打"，就终止

▲三门峡东部的疙疤窝

行船啊。

在茅津渡，你往往会看到这两种不同的场面：一边是远行的船夫未回，忧心的家属们鹄立水边，怅望着遥远的河道；一边是新船建成、推船下水的热闹情景。困难和挫折就是这样同聚在黄河滩上，显示着"铁码头"的风度，昭示着"黄河依然东流去"的性格。

晚清以来的五代船工 ～

　　茅津渡自通航以来，涌现出了无数的通河老艄。他们有的善于识水，有的善于处理危难险关，有的对沿岸滩涂熟悉。他们以自己的切身经验，传承了一代又一代船工，保证了茅津渡的繁荣和发展。

　　平陆明清史上，没有留下茅津船工的记载。只有唐代《邺侯家传》里有对他们的记述，间接证明了茅津船工的盖世技术和勇猛精神。

　　今天能追溯的，只有清末以来五代船工的基本情况。

卫家宅居旧址

　　第一代船公活跃在清代晚期。出名的艄公有卫克祥、冯志庆、王栋臣、岳成祥、李林、王中奎、刘二喜等。其时，晋商驼道还处于兴旺时期，源源不断的物流迫使艄公们有更多的行船实践。在上一辈老艄的言传身教下，他们从小就背着葫芦在水中游泳、在船上跑差，槽工、缆头、锚工、副艄样样摸遍，最后成长为一个无工不熟、缺啥能啥的全把式。这一代老艄看水视线都在千米以外，哪里是什么水他们一看就知道。他们的游泳技术，早已超过了求生阶段，上升为表演艺术了。水中拱洞、水上车轮、水上休息已玩得炉火纯青。让人恐惧的下三门对他们来说也不是什么难事。下山东是这辈老艄的光辉历史，也是成就他们美名的表演场所。

这辈老艄中的翘楚，要数长相周正、身材颀长的卫克祥。卫家祖辈为艄，他从小就在行船的环境中长大。多年的风雨摔打，铸就了他结实的身板。年纪轻轻就已是合格的通河老艄了。他的特点是选人严，看不上眼的绝不让上船，犯了忌劈头就是一顿大骂。但他对自个儿也严。往山东放"花船"，前三天他就和老婆分床另睡，在庙上烧香毕恭毕敬。下三门喜欢走神门，因为神门虽险，但水流深，"花船"在猛然跃下时，不会被河底的石头戳穿。在穿越东部五关时，他能及时调剂船上的棉包，避免船只撞崖。由于每次都能安全归来，人们都称他为"船老大"。

第二代船工辉煌的时期约在清末民初。有名的艄公为叶随成、杨喜喜、

三门峡前的大禹庙遗址

李青海、刘翔福、王炳法、薛子奇、岳常娃、岳占午、周武东、周武西、王延海、卫敬文、杨万胜、刘鸿发、刘正南、冯金钜、贾占奎、相和喜、贾升云、马鸿盛、戴富民、卫百锁、卫百万、周学林等。这代船工能人多，水性好。虽然晋商逐步衰落，发往北部边境的货物逐步减少，但整个社会的货物运输仍旧繁忙，渡口上的船只常年保持在十七八条，尤其是从茅津发往山东的"花船"依然很多。二代老艄像一代一样，从小练就过硬的水上功夫，行船技术、河上规矩都很谙熟，整体水平与一代老艄不相上下。由于商品意识增强，一些老艄干脆自己"排船"自己经营，多次出入于黄河中下游，用丰厚的回报滋养家庭。

二代老艄中的"大哥大"要数叶随成和杨喜喜。二人的看水、掌舵技术都十分了得。搭眼一望，就知水的深浅，能看准十几米远的浪花底下是旋涡还是鱼。驾船过三门更是拿手好戏，在哪里跃船、在哪里转舵早已烂熟于心。二人最得意的是他们的水上功夫。他们经常在水上打车轮玩耍，潜水时只在河心露一下头，再见时已在对岸。一次二人在船上玩耍，叶将杨猛地推在水里，杨突然从水中跃起，抓住叶的脚一下将他拖入河中。叶在河中蹿出，一把把杨按到水下，杨又跃起，将叶按入水下。接着二人在水里耍开了杂技，比赛打车轮，比赛潜泳，比赛仰泳，看得人们目瞪口呆。

二代船工中，还有一个特殊的"三剑客"组合。他们一个是薛子奇，一个是周克林，另一个是刘天堂。他们都是水中高手，也是一个巧妙组合，一个能看，一个能捕，一个善烹。一次"三剑客"往风陵渡行船，走到太阳渡附近，前方突然一个浪起，掌舵的薛子奇大叫："三丈，七斤二两。"周克林纵身一跃，一个捞头下去，一条鲤鱼便套在捞中，

黄河行船图

回船一称，果然是七斤二两。刘天堂马上破肚挖肠，放进锅里烹制。不一会儿，满船便飘起鱼香。

三代船工活跃在民国后期。出名的老艄有冀海彦、冀海顺、刘兴、刘俊英、刘居秀、刘金、史俊德、梁新喜、侯孟娃、高生娃、卫亮娃、卫改亮、史成发、李三保、李项锁、王新章、刘文管、姚建元、岳知娃、刘武六、张六六、武青云、王怀选等。他们生活在军阀混战、抗日战争、解放战争时期，战火纷飞，货运量减少。"花船"早已收摊，盐船时停时开，只有客船依旧通行。战争虽然激烈，但国民党当局对船工还算客气，抓兵不抓船工，于是各家都把自家的子弟往船上送，一时船上人满为患。但日本兵不管这些，打骂杀戮无论你是谁。每逢战火一开，船工们能躲就躲，能跑就跑。丢船事小，保命事大。幸运的是，这代船工死在战火中的并不多。一次，卫改亮在河边行走，被日本鬼子抓住了。日本鬼子硬说他是中国兵，让他交出自己的枪，不然"死了死了的"。卫灵机一动，说枪扔在河里。鬼子便让他到河里去捞枪，又怕他在河里逃走，就用一根绳绑住他的右肩。卫下到河里，借口绳子够不着，一再让鬼子放绳，待鬼子将手中的绳索放到尽头时，卫猛地一拉，绳子从鬼子手中脱出，卫带着绳子一下钻到水底，用另一只手将绳子解脱，一个扎子窜到了河心，露头换了一口气，又从水底窜到了对岸。鬼子见他换气赶紧开枪，他已潜到了对岸。娴熟的游泳技术救了他一条命。

这代船工最值得炫耀的，是参加了1947年8月欢送陈谢大军渡河行动。他们先是被集中训练，提高抢滩技术。为察看对岸情况，他们曾和侦察兵趁夜悄悄渡过黄河，深入敌占区进行布点接头。七月七日（农历）夜，他们几人驾一条船，冒着枪林弹雨，连续不停地护送大军。为表彰茅津船工，孙定国司令员亲手把一面"晋豫桥梁"的锦旗赠给了他们。

第四代船工活跃在中华人民共和国成立初期。代表人物有牛先有、王希贤、卫章记、陈明科、冀明娃、法堂合、冀占文、冀小黑、周开智、王森元、王二省、王定华、杨退娃、杨磨环、朱义娃等。他们经历了国民经济恢复和发展时期，参与了互助组、高级社，最后过渡到人民公社。期间，由于社会制度改变，他们的私人船只变为村有，身份也由自由劳动者变为人民公社社员。他们中一部分成为航运公司职工，一部分脱离船运事业成为农业战线新兵。20世纪60年代，在老船工的极力争取下，茅津村航运权得到恢复，部分老船工又成了集体船上的船员。自1960年三门峡水利枢纽工程建成后，这里的船只基本在库区航行，河道比较稳定，"打船"事故基本绝迹，船工生活也较安逸。由于不再经历艰难险阻，船工的水里功夫已不如以前。但他们顺应时代变化，学会了机械驾驶，应付了日益增多的车货运输，成为熟练的驳船船工。

他们中的代表人物，要数王希贤和卫章计。王希贤曾在1960年2月2日夜，打破"黄河自古不夜渡"的旧规，冒险将船撑过黄河，让司药员赴三门峡药店寻找特效药，一时名闻遐迩。

卫章计船舶船员适任证书

卫章计则是个典型的跨代人物，他既掌舵过传统的小木船，又驾驭过现代渡轮。他们卫家祖辈五代为船工，第一代为曾祖父卫志祥，第二代是祖父卫长东，第三代是父亲卫随有，第四代便是他，他的儿子卫俊杰为第五代。他从小就在船上玩，学得了一手高超的水上功夫，仰泳、拱洞十分熟练。最多时在水下可憋气三分钟。茅津渡建成钢驳船后，他在船上负责维修机械。他一生最得意的是参加了十几次黄河救援行动。第一次救援行动发生在1973年，是盘南村一只船在潼关运粮时因装得太多，船舱进了水，县里要求他们立即前去抢救。他和其他船工迅速将船开到潼关，将180袋粮食卸到大船上，圆满完成了抢救任务。第二次发生在1989年9月12日，运城运输公司一辆大客车被撞进黄河，几十名落水旅客生命垂危。他当时正在船上修升降机，听到渡口混乱，知道出了大事。出来一看，客车已插进河中，只剩下了一截尾巴，于是马上开始救人。见一个旅客在大船不远处，他急忙将救生圈扔过去，正好套在那人的头上。他一用力，将其拉到船边，使旅客脱离了危险。在打捞沉溺客车时，他几次潜入急流，将绳索套在客车的前包梁上，使大客车顺利吊出。第三次是曹川三亩坪渡汽车插河事件。他协助市县有关部门，采用绞盘形式，把车子固定在原位，待第二年落水时将车子弄出。第四次是黄河流冰。茅津艄公高生娃因在船上看船，被冰凌围住推向下游，他和大家一起用爆破方法，把木船绞了上来。第五次是2004年9月23日，临猗吴王渡发生特大沉船事故，65人被卷入河中。他作为市抢救指挥部的顾问，在抢救指挥船上住了十几天，出主意，想办法，看水流，指位置，顺利完成了抢救任务。此后，凡是市内的涉水救急事件，都邀请他去参与。除此之外，他还在渡口附近抢救了多起自溺、游泳失手事件，多次受到嘉奖。

第五代船工生活在改革开放后。代表人物有杨宏伟、杨再伟、卫俊杰、杨凯等。这时的航运条件已发生了根本变化，船只由木质机械动力变为钢驳液压动力，渡运载重汽车轻而易举，年渡运达数万辆，茅津渡再度成为南北运输的一个重要港口。1993年三门峡黄河公路大桥建成后，渡口虽然失去了运输功能，但他们利用大型钢驳船优势，积极承揽旅游、抢险战备等业务，主动参与渡口开发，为茅津渡的转型发展做出了贡献。

正是有了一批批技术高超、品德高尚、前赴后继、生生不已的顶尖船工，茅津渡才有资格被称为"千年铁码头"。

穿云裂岸的黄河号子 ～

你晓得天下黄河几十几道湾哎？

几十几道湾上有几十几只船哎？

几十几只船上有几十几根杆哎？

几十几个艄公哟嗬来把船儿扳？

我晓得天下黄河九十九道湾哎！

九十九道湾上有九十九只船哎！

九十九只船上有九十九根杆哎！

九十九个艄公哟嗬来把船儿扳。

    这是陕西佳县螅镇荷叶坪村船工李思命吼出的《黄河船夫曲》。它一经传唱，立即风靡黄河两岸。1942年被延安鲁艺学生整理，发表在《陕甘宁老根据地民歌选》上。此后久唱不衰，成为黄河文化乃至中华文化的经典节目和代表性歌曲。

茅津船工在长期的行船中，为了凝聚力量、统一步调，也创作了属于自己的船工号子。

茅津船工号子大致有以下几种：

1. "下水号"。用于船只"排"好下水时。领号者站在高处指挥，上百人背靠大船，两手抠住船底，听号用劲往前挪。头两声只应"呵"不用力，第三声随"呵"一起向前抬。整个号子简洁有力，气势雄伟，节奏鲜明，富有声威。如：

噢——呵呵！噢——呵呵！

小小木船噢——呵呵！走西省噢——呵呵！

艄公好比噢——呵呵！土朝廷噢——呵呵！

一手握着噢——呵呵！大帅印呐——呵呵！

一手挡着噢——呵呵！阎王门噢——呵呵！！

20世纪70年代，茅津、王崖、新湖三村合建一艘大船要下水，三个村的小伙子都被集中到船边，由艄公卫章计指挥，百十人听号一起用力，硬是将几吨重的大船从一里之外运到了河边，所用的号子就是它。

2. 起船号。起船号是船只装好货后，开船时使用的。此时船工各自就位，待艄公一声令下后，打号者长呼一声，众人齐声应答，撑篙扳棹，拾缆起锚，离岸起航。这种号高亢、粗犷、嘹亮、悠扬，有礼别码头之意。如：

西风流水吆——急太太，

拉不动小舟吆——打横嗨。

弓起那脊梁吆——紧拽拽，

汗水顺屁股吆——流下来。

黄河行船照（本图来自中国水利报《"中流砥柱"二三事》）

一条飞龙吆——出昆仑，

摇头摆尾吆——过三门。

吼声震裂吆——邙山头，

惊涛骇浪吆——把船行。

3."行船调"。用于摆渡时。为减少河流冲击，船过河心时需要不断丢锚，锚钩抠住河底拉住船头使船只转向，用惯性让船横越河面。如此反复使用，使船直达对岸。行船号先是清澈嘹亮、悠扬婉转，后转入轻捷迅速、爽朗醋畅，以激起人的欢快情绪。如："喂哟喂！喂哟嗨。噢号号。喂呀嗬嗬往前划，喂哟嗬，喂哟嗬，喂呀嗨，喂哟嗨，喂呀嗨……"如水太急过不去，就放下船前水板，挡住激流让船走。

4."叫风号"。船工往上游行船，全靠扔锚或拉纤，体力消耗很大。这时船工们就开始叫风，希望通过声音震动，把河槽的风招来。词儿是

"呜—呜—呜"，声调一声比一声高，节奏一声比一声长。众人和鸣，则会产生一种强大的共鸣，带动自然风来。

《黄河船夫曲》剧照

5．"起帆号"。帆是船上的重要设施，它能加大受风面积，引船自然上行。大帆须用长杆撑挂，杆子顶部设一个滑轮，能把布篷吊上放下。起帆号有三类：一类为起航时使用大篷来制造气氛，抒发情怀。号子为"嗨、嗨、嗨！嗨！"，随节奏拉一下起一下。如大风骤起，需马上使用风帆，所用的号叫抢帆号，号子为"嗨、嗨、嗨！"节奏快捷雄健，一鼓作气，果断利索。还有一种是应急使用的号，节奏明快，声调简单，刚劲有力。如："东风起来了，起来了，喂喂吼，喂喂吼！起来了，喂喂吼，喂喂吼！大将军八面威风，二将军开路先锋，喂吼喂吼喂喂吼……"

6．"拉纤号"。当船只逆行或遇到顶头风时，需要船工用放在船上的软竹片向前牵引。为了统一步调，协调姿势，拉纤过程中往往边唱曲子，边弯腰前拉，叫法为"哎—吆，哎—吆，哎—吆……"以振奋精神，减轻疲劳。

7．"跑风号"。当上行船遇到顺风时，船上只有艄公一人掌舵，槽头护帮，其他人上船休息。遇到风偏需要调整角度时，副手在旁招呼船员推帆，号子为"呼儿—哗哗！呼儿—哗哗！呼儿—哗哗！"在唱和下完成风帆调整。

8．"扳槽号"。当船只前进速度减慢或停顿时，槽工要用力扳动槽板，增加船的推力。有时船只遇到小河或浅滩不便下去拉船时，船工就使用丈许长、下端装有铁尖、上端安一截短横木的篙来撑。撑篙时船工手持长篙，分列船舷两边，号声一响，大家同时下篙，篙下稳妥后，伏下身子肩托篙管用力撑。撑到船尾，号声一转，急速拔篙跑到船头，趁船惯性未停再次下篙。如此反复，速度逐渐转快。撑篙技术性强，动作整齐威武。撑篙号高昂清亮，豪迈粗犷，节奏富于变化，紧慢缓冲交替，颇有气势。如：

喂呀喂，嗬嗷号嗨！嗷嗬嗬号，嗷嗬嗬号，嗷嗬嗷号 喂……

往后倒把，嗷嗬嗷号！嗷嗷嗷号！嗷嗷嗬啦嗷号！喂呀喂，嗷嗬嗷号！

嗷号嗷号……

9．"背船号"。背船号是船搁浅时使用的。打号者一声长啸，众人接号一起躬身用背往上托船，要求稳健用力，不能晃动，似霸王举鼎、一鼓作气。号声沉稳持重，坚毅有力，具有排山倒海气势。如："吆嘿 吆嘿 吆嘿……"

黄河中游谷深峡险、水流湍急。船工们在这些河段穿行，必须有同舟共济之心、力挽狂澜之胆。这时的号子几乎不用歌词，全是"嗨、嗨"之声。以质朴的语言、粗犷的声调、高亢的激情，展现了黄河儿女在恶劣环境中不屈不挠的性格和乐观向上的精神风貌，唱出他们对黄河的热爱和对战胜自然的坚强信心。

还有一些是反映社会生活的，供号子引领者随机使用：

> 有一个老汉本姓唐，
> 三个女儿甲一方。
> 姑娘的心性比天高，
> 谁知心强命不强。
> 大女儿嫁个光秃子，
> 二女儿嫁个秃子光。
> 只有那三女婿人样好，

摘下那帽子赛月亮。

……

在较平缓的河道上航行或劳动时间较长时，船工们就会唱一些笑话和故事来解除疲劳，活跃气氛。如：

提起我那大嫂，

三天不吃肚里饱。

一天正事她不干，

光棍窝里胡毬转。

刘三姐她梳头不会梳，

梳了个狮子滚绣球……

各种不同的调子，协调了人们的动作，凝聚了人们的力量，使船工们在用力干活的一刹那，气息随号声一起释放，达到顺利前行的目的。

第三章 津上文脉

在五个世纪的艰苦开拓中，晋商吆着自己庞大的驼队，将北地的盐、铁、皮毛以及沿路「大漠孤烟直」「风吹草低见牛羊」的壮丽景色和长城雄姿、五台山的壮丽带给南方。

在江南，他们在把精美的丝绸、茶叶、陶瓷搭上驼背时，也把斯地的"小桥流水人家""枫桥夜泊"及葱绿的茶山传给北人……

≈ 撷英咀华的文化际会

繁华的交通重镇，必然是荟萃南北的文化舞台。

茅津渡与其他地方的不同之处，在于它是开放性的、融合性的码头。涉面东达齐鲁，西至秦陇，南及湖广，北到幽燕，一切的物象都带着文化背景在这里汇聚、碰撞，一切人文精神和社会意识都在这里相互融合。

它的入口在"晋商驼道"。

"晋商驼道"北至蒙古草原和俄罗斯，南到江浙、湖广地区。在五个世纪的艰苦开拓中，晋商吆着自己庞大的驼队，将北地的盐、铁、皮毛以及沿路"大漠孤烟直""风吹草低见牛羊"的壮丽景色和长城雄姿、五台山的壮丽带给南方。在江南，他们在把精美的丝绸、茶叶、陶瓷搭上驼背时，也把斯地的"小桥流水人家""枫桥夜泊"及葱绿的茶山传给北人。在东西地域的交流中，齐鲁大地的忠厚义气和陕西汉子的倔强刚烈也在产生和鸣共振、进行精神渗透。

最重要的是，精明的晋商在进行南北交流时，也把自己的经营理念、商

剧团交流演出

业理论以及勇于进取、积极开拓、诚实守信、谨慎缜密、注重家风的晋商精神传向各地。它独创的票号结算，对传统的硬币交易是一次颠覆性的冲击，促进了现代结算方式的产生。它独特的建筑风格，对各地建筑施以深刻影响。散在全国的500多家山陕会馆，更把晋地戏剧、音乐传向当地。号称戏剧鼻祖的蒲剧，就是在晋商的推介下，沿着晋商驼道一路北上，在京畿地区衍生了风格独秉的"京梆子"，在河北、天津一带融成了独成一体的"卫棒子"和"直隶梆子"，后来二者合成了北部名剧"河北梆子"。向东，它融成了风趣别致的山东梆子。向西，它凝就了高亢阳刚的秦腔。在山西内部，它北进东出，融成了高亢悠扬的"北路梆子""中路梆子"和"上党梆子"。清代，蒲剧沿着晋商足迹南下，在中原大地改造了豫剧，在安徽形成了徽剧。在湖北，它融成了新的"西皮"，并与当地二黄结合，衍成了著名的"皮黄腔"。皮黄南传后与广东地方腔调结合，混合出了雅致的粤剧。在蒲剧的南拓北进中，河东地区的根祖文化、德孝文化、仁和文化扎根各地，开花结果。

在将北地文化传入南地的同时，晋商驼队也把徽商、潮商、洞庭商帮、广东商帮、宁波商帮的重"儒"求仕、冒险开拓、吃苦耐劳、灵活机动、谨慎细密的特点搭上驼背，

民国时期的舞台演出

运向北方各地。使之相互学习，相互借鉴。

　　沿着这条宽畅的文化通道，各地先后形成了新的马帮文化、会馆文化、商贸文化、古堡文化、边塞文化、草原文化、宗教文化，等等，他们通过商品交流相互渗透，通过商业活动相互影响。在长期的影响交流中，中华文化的发展日趋同一，炎黄子孙的世界观逐步趋同，独特的中国精神在交流中传承发展。

　　作为一方舞台，茅津渡在长期的交融中，择优拔萃，兼容并蓄，借以发展自己的产业。他们从雄心万丈的官僚身上，看到了科举的重要，产生了宁愿住旧院，吃粗粮，也要建起自己的学校，供自己孩子读书的意识。他们从崇义诚信的经商观念中，找到了生意的妙诀，从而瞄准桂花城一带的尚酒之风，把自己的白酒打入该城。他们从南腔北调的交融中，找到了自己的艺术追求，从容办起了自己的剧团，让茅津腔在中华合唱中大显身手。他们在同各地客商的接触中，学到了对方宽容共处、轻利重义、自强不息的精神，建立了自己的特色商行，把本地的优质产品打向全国各地。他们还借鉴北地古堡的形制，建立了自己的津上城堡。还学习英国商人的创新精神，上海商人的精细意识……在润物无声的影响中，他们的观念在不断更新，他们的经营作风在不断改变，他们中的一些人勇敢走出内地，在外面寻求更大的发展空间。

　　一方大舞台，辉煌贯古今。各地物流的蜂拥，造就了茅津渡的繁华。四方文化的汇聚，写就了茅津渡的风流。风生水起的茅津渡，就是在这样一种优裕的机遇中快步发展，就是在这样一种优良的环境下迅速崛起的。

庠序秋闱的高光时刻 ❧

　　茅津渡虽然是"泥腿子"的天下，但这里是中华文明的源头，最早沐浴文明的曙光，尊文重教的习惯很早就产生。春秋时，孔子"有教无类"、兴办私学的言行，推动了各地私塾的兴起。作为"先茅之县"（即茅津）统领的先茅和他的继任者胥臣，办学兴教绝不含糊。清代出版的《平陆县志》记载了明代知县李韫秀的楹联："虞邑古人文，说之良，奚之智，奇之忠，生斯地也，宁让前贤擅美；黉宫今盛际，夏曰校，殷曰序，周曰庠，登此堂兮，直追三代尤隆。"充分说明平陆有着悠久的教育历史。

　　汉代以后，新建的大阳县城从虞国古城迁到了这里，茅津人从此有了更好的读书条件。在汉代官学、太学纷纷发展，魏晋南北朝私学、家学相继出笼，隋唐学府已设立玄学、律学、算学、书学、医学的情况下，大阳县城的教育设施应该一应俱全。光绪版《平陆县志》记述了本邑各代学校的设置："汉武帝始设弟子员（即生员）以此取士。唐制上县四十人，中县三十五人，下县二十五人。宋无定员，崇宁二年，以费绌减之照现籍三分而汰一。

▲大阳城旧址

元有太学生、小学生、乐生。洪武初令县学二十人，日给廪膳。宣德三年复设曾广生员数亦如之。正统十二年，令额外选军民子弟入学为附学生。国初仍明制，康熙十九年定大中小学，平为中学岁科，每次额进文童十二名，岁试进武童十二名，二年一贡，有覃恩正贡作恩贡次贡作正贡，二十五年奉旨十二年各学选拔一人，三十九年停止。雍正五年奉上谕嗣后六年选拔一次，国子监届期提请候旨。乾隆七年奉上谕选拔定为十二年一举，著为例。"

茅津渡地处县城，有着近水楼台之利，族人子女进庠学、义学读书将没有问题。在读官学的同时，村民受浙商重教求仕风气的影响，有钱人家开始办起自己的私塾。据茅津村民回忆，明代以后，芝麻沟的王家就办有自己的私学，先后培养了王国祚、王永祚等一批人才，并收纳外族子弟入学。另外，贾家也办有本族学堂。明太子中允孙绍祖所写《赠监察御史刘公墓志铭》，就提到刘翀曾被送到私塾上学的情景："自其知句读，即使就外傅。学归则课日业，无使暇豫。"他的母亲王氏"克执妇道，妊梦彩虺，游跃于泉，生子翀，孺人知其非常也。八岁迁入小学，亲为训课。种有伯兄瀚为庠廪生，以复处士役，孺人数指以示曰：'有子读书，宁藉犹子复役

芝麻沟遗址

耶！'处士偶商于外，孺人即迁试入庠，于是益力学，有亢宗之志矣"（见《敕封太孺人王氏墓志铭》）。在他们的合力教育下，刘翀"弘治甲子领山西乡荐，正德辛未，登进士第，授行人，进监察御史，为名谏臣"。而刘翀堂伯也重视儿子上学，"父奇其资，为延师。读书颖悟异常，年十七补邑庠廪生"（见兵部尚书许论《乡贤虞坂刘公墓表》）。

在这里，你可以看到，每一个身负盐包的装卸工，家里都有一个求学的书生。每一个把舵的船工背后，都有一个背着书包的学子。茅津人从科考制度一开始起，就用自己的执着，冲刺着未来的希望，也用自己的汗水，浇灌着文化的幼苗。

千年的努力，千年的铺垫，终于迎来了科举求仕的高光时刻。

明清之际，茅津村涌现了惊艳四方的三大文人集群。第一个是刘氏家族。刘翀明弘治甲子入乡试，正德辛未中进士，被擢为四川道监察御史。长子刘谦由廪生入监；次

清代学堂

子刘䜣嘉靖十三年贡，任博野县丞；三子刘价隆庆四年贡；子誙、諹皆为县学生。曾孙刘尔苏万历四十年岁贡，任济南府通判。刘翀的哥哥刘瀚为正德元年贡，任大兴县丞，后升济南府通判。长子刘菜，做了德府的"引礼舍人"；次子刘衡授德藩引礼，乡里推服为藩职；孙刘遇，中隆庆庚午中科经魁；孙刘守嘉靖四十三年贡，任辉县训导，《平陆县志》上说其"修髯伟貌，沉醇六籍，屡困棘闱，应乡贡，入京师，与当代名公结社吟咏，咸雅重之。及授辉县司训，署获嘉县事。兴学重农，礼贤

下士，辨冤狱，节里甲，政绩超卓，有古循良风。以勤劳卒于官。节推李来代署，检厥行李，止图书数卷而已。大府张亲为备棺殓之。"被誉为一代廉官。族人刘延弼嘉靖二十一年（1542）岁贡，任河涧训导，升郃阳教谕，后升郑府教授。刘瀚、刘翀均入祀乡贤。

第二个是冀氏家族。该族崇尚孔孟，善于教化。从明代起，科考喜报接连不断。先是族人冀尚志嘉靖十七年（1538）贡，任延安、清涧两县训导，后升王府教授。他的儿子冀元亨、冀元兆、冀元善苦学不辍，有两个做了拔贡，一个为

冀翰林院遗址

岁贡。族人冀永清为拔贡，任潞安教授。清代时，冀家出了个"三杰"：冀文锦雍正十三年（1735）中乙卯科进士，被授翰林院庶吉士，改授新城、修仁知县；弟弟冀儒锦乾隆二十七年（1762）中壬午科举人；族人冀甲坤乾隆四十七年（1782）中举。清同治年间，该族冀官铭、冀官宝乡试秀才。

第三个是经商起家的王氏家族。该族虽然以从商见长，但时刻不忘培育后代，哪怕是倾家荡产，也要供出自己的优秀子弟。多年努力终成硕果。先是王璟于"成化十年贡，任巡抚检校"，后有王璋"弘治九年岁贡，任平庆吏目"。接着是王浩于嘉靖三十二年（1553）贡，任城武训导，被乡里推服为义勇。最可赞的是，族人王国祚万历丙午乡试成功，跃登天启壬戌进士，官至户部主事；兄弟王永祚书学不成，改学剑术，官至都督金事，总兵云南。族人土应全为例贡，任祥符县土簿。王氏家族荣耀一时。

除三大家族外，其他家族也分别培养出了自己的文人。蔡家供出了蔡寿，为"永乐年间贡，任德顺府通判"。周家推出了周诵，"万历三十一年岁贡，未仕"。张家的张寿，"成化六年岁贡，任汤阴县丞"。杨家除经商外，重文办塾，后人杨隆"嘉靖十五年岁贡，任偃师训导"。族人杨俊璋

光绪二十年（1894）在桂花城打擂中获取武举身份，杨炳璋打擂后中了武秀才。族人杨焕璋、杨铖璋光绪年中了乡试秀才，在家乡教书育人，培养了更多的人才。

大批文人的诞生，使茅津渡一度出现了冠盖盈街的场面。每逢秋闱时节，总有锵锵的锣声带着大红喜报震响大街小巷，引来大群讨封的人。而春闱过后的放榜时节，总有学子背着褡裢到外求学。茅津人最爱议论的，是谁家子弟被外放做了官，与皇帝经常打交道。他们最爱看的，是负有功名的官僚回村的威武仪仗。那时节，学子身上的青衫，成了茅津渡最靓丽的服饰。学子口中吐出的斯文，成了乡亲们衡量学问的天平。丰硕的科考成果，盖过了一向骄纵的船舶业，茅津渡一时成为黄河流域科举最成功、文人最集中、诗文最飞扬的地方。

民国时期的女子学校

在科举成功的基础上，茅津人又在文化的延伸上狠抓一把。由驻守茅津的县丞王云汉带头，积极捐款，筹办义学，终于在道光二十六年（1846）建成了一所义学，教育内容为识字写字、读书、作文、学算等，并学习伦理教化。课本为《三字经》《百家姓》《千字文》《千家诗》等。校舍虽然简陋，教师薪资虽薄，但解决了穷家子弟入学难的问题。民国12年（1923），茅津村又承袭文风，引领风尚，成立了一所女子学校，专收本地女子入学，消除了茅津村女子不识字、受人欺负的现象。新中国成立后，茅津村先后兴办了茅津小学、茅津完小等，把该渡诗帆并盛的好传统发扬光大，培养了一大批新时代的优秀学子。

❧ 多元的设施及活动

大批文人的涌现，必然推动文化设施的建设，使渡口文化活动呈现出多样化发展局面。

明清时期，茅津渡的文化设施主要有：

一、四个舞台。一个是大禹庙舞台，坐西面东，台高约1.60米，面阔

大禹庙舞台原址

4.47米，进深4.41米。木质台面。四角立雕花木柱，下置鼓形青石柱础。正面置两根木柱辅撑台面，柱头出台。台前广场宽大。必要时，村人可在对面搭一临时舞台，请两个戏班，唱"对台戏"。

另一个在关帝庙，坐南面北，舞台与庙恰巧相对。戏台与门房合为一体，台面较高，观众进庙时从台下穿过。舞台为硬山顶，木质台面，四面立柱雕花漆面。咸丰年初，因建西南城墙，墙基遂从戏台上方通过，戏台顶部就是城墙。

再一个是代王庙舞台。坐南面北，与庙相对。为舞台、门房一体设计。较高的木质台面，下面是进出通道。舞台四周为木柱，无雕花图案，屋顶为一坡硬山顶。是茅津船工经常看戏的地方。

第四个在祖师庙内。设计巧妙，做工精细。台高1.6米，面阔6米左右，进深5米。木质地板，立柱、木梁皆为雕花图案。立柱下有石础支撑。一坡硬山顶。正面两根撑柱辅助台面，柱头出台。多为文人看戏场所。

四个舞台除每年举办庙会唱戏外，还分别是外地戏班的演唱场所。一年有六七十场演出。

清代的义学

二、四所学校。一所是后沟王家所办的私塾。除教育本家子弟外，还招收本村学生。茅津渡人才迭出与该校有很大关系。二是义学。为县丞王云汉所办。王继承父亲王玉未竟事业，积极募捐社会资金，兴办了茅津义学。道光二十六年（1846）该校落成，专门招收贫苦子弟，消除贫富差别。三是民国3年（1914）成立的茅津高等小学堂，即第三高等小学堂。教授新课程，实施现代教育，为国家培养人才。还有一座是成立于民国12年（1923）的女子学校。

三、两个文化馆。 一个是民国时期的村办文化馆。里面设读书室、排练场、娱乐间等，供村人进行活动。另一个是三省会馆。内部设有文化交流场所，张挂书画作品，一面洽谈生意，一面举行文人聚会，增加文化气息。

四、两个戏班。 清道光年间，刘家后人成立了一个私人戏班。演员为当地艺人和聘请来的外地艺人。演出剧种为蒲剧。剧目有《西厢记》《窦娥冤》《表花》《苏三起解》《三娘教子》《打神告庙》《杀狗》《麟骨床》等。足迹东达

清代的戏班

垣曲，西至陕西，北至临汾，南到豫西。每逢茅津庙会，该班就调回来演出。但刘家自古恪守子弟不准唱戏的戒律，刘家后人因触犯家规，遂被逐出家族，戏班后来也宣布解散。

民国期间，茅津又成立了一个戏班，班主叫高明有，班名为"同竹戏班"。演出剧种为蒲剧，艺人共二十余人。名角有陕西省延安府唱头套红的蒋忠义、蒋东东，本县枣园村的王海清，芮城的李靖等。服装二十多箱，在黄河金三角一带巡回演出。除演出流行剧目外，还能演难度较大的"南八本"，即《普陀山》《法门寺》《摘星楼》《阴阳树》《水落帐》《麟骨床》《十五贯》《火攻计》。该班正月初五先在村里开唱，唱到正月二十三"金牛对"一贴，就启程外出巡演，直唱到腊月十五才回村再唱，腊月二十八集贸大会结束后收场。因戏班驰名，巡演到河南三门峡时，一个外号麒麟的地痞要强行入股，且为干股，高明有心里不悦，麒麟便借机将戏箱拦下，迫使戏班主与其对簿公堂。虽然官司打赢了，但箱内的好服装却被人掉了包。回村不久，该戏班也就散了。

除这两个专业团体外，茅津人还自发成立了自己的业余剧团。演员都是

村里的票友。剧目为当地秀才所编。每逢节日庙会，业余剧团就被拉出来演唱。

文化活动约有以下几种形式：一是填词赋诗，解读经典；二是看戏听曲，品书论画；三是听唱赏景，编写口曲。

渡口人才很多，文人雅士们常常聚在一起，填词作诗，交流互赏，唱和打趣。他们中既有常驻渡口的县丞、巡检，也有告老还乡的官员、乡绅及路过的名流等，相聚后时而外出赏景，赋诗填词，时而聚在一起把酒买醉。如唐代大诗人王维，因家居不远的蒲州，曾专门来茅津游赏黄河、品读晚霞，写下了《登河北城楼作》一诗："井邑傅岩上，客亭云雾间。高城眺落日，极浦映苍山。岸火孤舟宿，渔家夕鸟还。寂寥天地暮，心与广川闲。"那时大阳县城就在茅津边上，所写的景致就是茅津周边的风景。

魏野草堂旧址

北宋大才子魏野，原为四川人，因羡慕北国景致，遂迁居陕州东郊，在此植竹栽树，凿土引泉。他把自己的草堂特意建在黄河边的一个高丘上，每日看着一河黄水滚滚东流，心情无比舒畅。繁华的茅津渡当然就在他的视野内，看得久了，自己竟跑过黄河，同这里的文人墨客浪吃海喝、放浪形骸，作诗《茅津渡》一首："数点归鸦啼远树，人行欲尽夕阳路。暮霭还生竹坞村，西风乍起茅津渡。"确实，魏野太爱平陆了。以至于他死后，还要把自己葬在平陆，大文豪司马光特为他写了墓志铭。

明代进士、官至通议大夫、礼部左侍郎兼翰林学士的薛瑄对茅津渡也情有独钟。凭着家在河东的方便，他数次来到茅津渡，留下两首满腹感慨的律诗。一首为《渡茅津》："舟人催棹渡茅津，南上重岗感慨频。昨日犹为故里客，今朝又作异乡人。风霜凄冷关河晓，草木凋残岁月新。却愧傅岩栋筑老，不应如我久征尘。"另一首为《陕州抵沙涧渡（茅津渡）》："重岗高下近弘农，北首乡关喜气浓。三晋云山秋色裹，两河烟树夕阳中。弃儒谁识当年客，操筑应无旧日翁。远岸急风吹大舫，令人却忆济川功。"真是南去亦感怀，北归亦溢情，把诗当做了贴心的移情工具。

而明代在平陆为官的王翰，更是借教育之便，多次到"七贤八景"故地凭吊先贤，借诗赋情。在八景中，他更钟爱于茅津，因而频繁往来茅津，与一些文友观景赋诗，不亦乐乎。一首是《茅津晚渡》："峡束春涛万丈深，唤船人立石岩阴。棹声欸乃连山应，旗影悠扬隔水深。宿雨乍收山积翠，夕阳倒射浪浮金。南来北去人空老，浩浩东流无古今。"另一首为《简茅津渡梁巡检二首》："曾向吴山训子衿，岂期贫病苦相侵。一身卒岁无衣褐，十口逢灾罄橐金。载酒久无来问字，绝弦今一少知音。贤侯与我虽非旧，倾盖相知意更深。"

明朝弘治十八年（1505）进士、曾出任河东巡盐使、筹建了正学书院的都察院监察御史张士隆，任职期间特意来到茅津，留下了气度不凡的《渡茅津》一诗："路远回岩花柳青，秦兵曾此渡茅津。青骢来到穷荒日，多少风光不属人。"

文人们还经常聚在一起谈论儒学，交流心得。茅津村读国子监的贡生不下几十个，对"四书五经"烂熟于心，在经历了官场博弈后，更对儒学经典有深入的体会，这时他们剥伪见真，有感而发。《平陆县志》曾载刘翀与刘瀚退官后，不问政治，在家专研儒学，解经于后，撰有自己的著述。驻茅津的巡检陆以耕，曾在他的巡检大厅墙壁上书写了明志感言，抒发自己的为政情怀，其文章《茅津丞亭题名记》被收录在《平陆县志》上。

中等阶层的人，如常驻三省会馆的各地客商、行会会长、大老板、家族长等，更注重在一起交流信息，谈诗填词。他们常邀志趣相投的友人聚在一起，以三省会馆内戏院为平台，一起品酒赏戏。所观剧目为《窦娥冤》《长生殿》《苏三起解》《西厢记》等，有时还喜爱"酸"戏，如《藏舟》《游

▲平陆高调演出场面

西湖》《柜中缘》《宋江杀妻》等。因唱词暴露，淫秽不堪，妇女一般不许入内，只有卖凉粉的可以进去送餐。故茅津人打趣说："会馆是全酸，庙院是半酸，只有祖师庙不酸。"

渡上的小工商业者、船工、村人们，更喜欢看大戏、听说书。茅津渡有戏台的庙宇共四个。关帝庙前的舞台每隔一年要唱一次对台戏。祖师庙、代王庙、三省会馆里的舞台逢会必演，每次演三天五场。另外，巡演的各地剧团也在这里扎台。渡口一年要演戏60多场，蒲剧、豫剧、秦腔、曲剧、线腔、坠子都有。居民的文化生活颇为丰富。

高调是平陆当地独有的剧种，又名"四弦书"。它起源于明清时期，兴盛于清代晚期。2012年被山西省定为非物质文化遗产项目。音乐呈板腔体，有慢板、二性、紧二性、乱板、催板、介板、流水和流板等。乐队较简陋，素有"不唱连本大段，单唱筐筐针线"之喻。演出的剧目有《争嫁妆》《杨八姐游春》《祝英台下山》《打蛮船》《十劝人》等。口词通俗，十分适合老百姓的口味。凡求神还愿的村人，多喜欢点这样的班子进村说唱。

在文人的影响下，茅津渡民谣颇为流行。凡镇上有趣的事，都能变成一段民谣。如形容眉户剧好听，就编："能听眉户哎哎哎，不吃羊肉扎蒜苔。"形容蒲剧演员好，就编："往前站，十三旦；往后退，玻璃翠。"叙述春季吃饭，就编："正月里大吃二喝，二月里稀稀和和，三月里捏捏过过，四月里菜菜合合。"讽刺唱戏人下贱，就说："头戴乌纱是纱的，腰缠蟒带是假的，脚蹬朝靴是伢（nia）的。"形容懒婆娘正月不干活，就编："正月不是干活天，锣鼓打得我心不安。初六前干活是败家，七秃八瞎九梨花，初十做活没指甲，十一瘸，十二跛，十三干活出蝌蚪。十四五干活没爹嬷，游十六，摆十八，过了十九心放下。"说懒婆娘过二月："二月八，吃疙瘩。立着乏，站着乏，吃了疙瘩就不乏。过了二月八，懒婆娘都在河里爬。你婶大，你别怕，还有三天清明下（ha）。过了清明下（ha），驴脸吊着纺棉花。"形容小脚婆娘："疙瘩脚，菜杆脚，前头杀羊刀，后头猪肉包，还有指天骂地的挖丧脚。"讽刺脚上拴红缨："中华民国真时兴，时兴得鞋上钉红缨。小脚穿上齐而争，大脚穿上前头翘、后头松，好像卖凉粉的小马灯。"形容茅津村各巷人气硬不硬："东巷最大，西巷不怕。后沟提酒，下街说话。"形容船上起火："手拿乾坤一条船，船上有水船外干。一口唱大戏，一口咬的船桅杆。唱的是诸葛亮火攻计，光烧货，不烧船。"这类口曲，虽然不入大雅之堂，但活跃了群众生活，驱散了人们的烦恼。

名扬一方的文中豪雄 ～

明清以来，茅津渡闻名周边的文杰有八个。

八个人中竟有六个是兄弟关系。

第一对是刘瀚、刘翀。刘瀚为兄，刘翀为弟。两人相差六七岁。据《平陆县志》载，刘瀚自小"天性纯笃"，在学堂"力学甘苦，早负才名，卒为儒望"。"读书颖悟异常，年十七补邑庠廪生。"后拜杨见山为师，埋头攻读，苦学不辍，使得文思涌进，为文畅达。终在弘治甲子年入贡，进入太学。毕业后先任大兴县丞，继任济南府通判。时任兵部尚书的许论在《墓表》中赞刘瀚："大兴京邑，豪猾多梗，君承委勘劾之，独秉正不阿。中贵家有强种民田，不输税者，论之如律。民王姓者，久诬贼狱，君廉其冤，即为平反。乾清宫成，工部以君预有劳绩，上闻，蒙赐金币。乙酉升济南府通判。时革并交臻，马数脧减，君厘弊明法，期年，马复蕃息。当道竞奖其贤，委令审齐河等十县徭役，及司收泰山香币，所在称其廉平。岁大旱，巡抚王知君忠实，令代祷于泰山，即获雨，民为立石以美其事。长清县民殴死人妻，反赂邻诬其夫，弗得明。君以情诘之，遂伏辜。"

弟弟刘翀"生而弘毅不群，笃学有大志，以名节自砥砺"（见《平陆县志》），"初知句读时"，父亲"便迁就外傅，归则课其日业，不使暇豫"。母亲是大户人家出身，"纯雅柔顺，克执妇道"，鼓励他好好读书。一番刻苦攻读，终在弘治甲子年"领山西乡荐，正德辛未登进士第，授行人，进监察御史，为名谏臣"。在大理寺实习时，遇到豪强蛮横，所见者纷纷避让，他不为所屈，秉公执法。任四川道监察御史后，皇帝特令他到山东一带"肃戎"，他赴任后采取群防群治措施，不断压缩戎人活动空间，迫

清末时期的南昌城

使戎人返回原地，一时"声振泰山东海之墟"。正德十四年（1519），他随明武宗到外地狩猎，途中恰逢宁王朱宸濠在南昌集众"十万"叛乱，并率舟师蔽江东下，略九江，破南康，出江西，攻安庆，威胁南京。

刘翀几次建议武宗回京处理平叛事宜。武宗返回京城，急令各地驻军回京勤王，并自封"奉天征讨威武大将军镇国公"，率官兵南下亲征，及时平息了叛乱。1521年嘉靖登基不久，甘肃发生了士兵叛乱，皇上责刘翀前去处理。刘翀一到甘肃，便广贴檄文，稳定秩序，迅速弄清了事变原因，缉回凶手予以镇压，顺利平息了叛乱。亚郎李公对人说："河西之变，非柱史，其孰能弭之。"对朝廷执政弊端，刘翀总结为十二条上奏，大多为皇上采纳。乙酉年，京畿道为皇上设御前讲席讲经论史，刘翀伴立皇帝身边，直言止色，令人钦服。回乡息政期间，看到乡亲们长年到河里担水，于是带头打了一眼井，督促带动村人一下子打了几十眼井，解决了全村的吃水灌溉问题，受到当地乡民的赞誉。

两人政绩突出，文化上也是大才。他们自小研读经典，不仅对儒家思

想烂熟于心，而且文论精当，观点新奇，文笔优美。为官时无论奏章、公函都堪称上乘，告老还乡后在家研读经典，执掌教育后，带动了一村的重文风气。他们一生诗词文章俱多，但没有保存下来。由于德才俱佳、为仁乡里，两人均被推举进"乡贤祠"。

《平陆县志》记载的王永祚

第二对为王国祚、王永祚兄弟。两人自小都在家族兴办的私塾里读书。经过累年苦读，两人无论在儒学、经典，还是政论上都烂熟于心，对"八股文"更是熟稔通达，为文迅捷。兄王国祚在万历丙午乡试中胜出，荣登天启壬戌年进士，被选为户部主事。他的政绩在《诰封户部广东清吏司主事王国祚阶为承德郎妻毛氏为安人》中可以看出："雅韵超尘，清机入实。南宫高隽，德声流于五云；北冀新硎，惠风传夫半竹。行以饮冰之操，适逢握炭之奸。两稔翳云，一朝披日，疏入始悉其茹蘖章下，随谕以升革，暂补尹封，随迁计署。而尔弘才应倅，敏手拨烦，参丰约以济穷，颇称转筋之捷，核盈虚而佐急，殊昭聚米之奇。鼠雀弊清，呼讵闻夫庚癸；貔貅色壮，气庶伸于甲兵。"被封户部广东清吏司主事。死后被推举为乡贤。

弟弟王永祚，号虎山。生而相貌奇异，膂力绝伦，倜傥有大志。在科举路上屡考不顺，随弃文习武，从士兵一直升到都督佥事，后总兵云南，军权在握。他打仗爱使用火器，并因此连连取胜，立下丰功伟绩，威镇滇粤一带。但不幸罹病死在军中，后人将他的遗体运回故里，葬于茅津村北。

王氏兄弟从小苦读，不仅熟悉儒家经典每一章节，而且对"八股文"的破题、承题、起讲、入手、起股、中股等甚是精通。排比、对偶使用精确，"四书"内容充填合规，应付官场行文不是问题。至于文人作诗填词，也不是什么问题。永祚虽然是武职，但有儒学基础，是典型的文武全才。

第三对是冀家兄弟冀文锦、冀儒锦。兄弟俩从小就进了私塾，在那里苦读儒典，习练八股。他们幸运的是，祖父冀尚志精通儒典，学渊深厚。嘉靖十七年（1538）贡，曾任过延安、清涧两县训导，后升为王府教授。父辈元亨、元善亦为贡生，有扎实的儒学功底。家传加上苦读，终于结出了丰硕成果。雍

《平陆县志》上记载的冀文锦

正十三年（1735），冀文锦考中乙卯科进士。乾隆二十七年（1762），冀儒锦中了壬午科举人。冀文锦由于才识超群，文辞精美，被选入翰林院做了庶吉士，负责为皇帝起草诏书，还能为皇上讲解经典，是皇帝的近臣。可见他的诗文绝非一般，是文人中的大咖。后来改授新城、修仁知县。冀儒锦虽没有做官，但以他的文采，在地方为教是绰绰有余的。两人一生有大量诗文出世，可惜没有保存下来。

如果说上面三兄弟是在科举路上一举成名的，那么，下面两位则是在发展本地文化中逐步扬名的。

他们一个叫刘毓秀，清末人。从小发奋读书，立志攻坚科考，将"四书五经"背得滚瓜烂熟，初试成功后，被选到了北京国子监读书。然此后却命运不济，连进五次考场，次次榜上无名。心想自己没当官的命，于是放弃了科考，回到家乡混日子，空寂中学会了抽大烟。一日，他正在家吞云吐雾，突然一个头戴官帽、身穿补服的官员进了院，抬头一看，原是自己的一个同窗，如今是太原府的一个县令，因有事路过茅津，特来看看他。一番叙旧后，同窗告诉刘毓秀，如果过得不如意，就到太原找他，他可在那里为刘毓秀谋一个职位。刘毓秀送走同学后，立即进行了戒烟，期望恢复以往状态。准备得差不多后，就背着行李出发了。为防止中途烟瘾发作，临走时在行李

中藏了些大烟。谁知走到太原附近时，被稽查队查了出来，强行关进了戒毒所。这一来耽误了几个月。等赶到府下时，同窗刚刚得急病去世。这一下刘毓秀彻底灰了心，从此不问世事，每天除了吟诗作画外，就是放浪形骸，尽家业游玩。

然"天生我材必有用"，一肚子才气总要喷发，刘毓秀满腹才学找不到出口，就集中在吟诗编剧上。他的字写得风流倜傥，见功见美。于是茅津街上的牌匾都成了他的笔墨。茅津庙会的进场、出场、行进锣鼓，都由他来编谱，至今仍在使用。

清末的茅津渡，还有一个落难秀才，叫王文海。也是才华横溢，从小读得一肚子儒学，可惜科举不顺，最终没能名列榜上，只好在渡口做生意，边谋生边为他的才华找出路。找来找去，终于和刘毓秀成了知音。二人除每日插科打诨外，又合伙编起了剧本。两人各有特长，刘毓秀好编情节，王文海擅长诗词。二人合作得融洽和美、天衣无缝。合编的戏剧不仅构思奇特、出奇制胜，而且唱词精美、语言活泼。很多戏班都在用他们的剧本，而本村的同竹戏班用得更多。一年春季，村里一位妇女到关帝庙求子，献上猪头磕了头说："关老爷，你赏我一个儿子。"后来那妇女果然生下了一个儿子。孩子长到十二岁时，她带着儿子到关帝庙还愿，这时的孩子已能看戏，于是她问儿子："你说唱什么戏？"孩子说："就唱关公战秦琼吧。"那位妇女就对同竹班主说："就唱这个关公战秦琼。"班主一听愣了，两位将军一个在三国，一个在唐朝，怎么能打得上架。但孩子已点了，无论如何都要完成。班主无奈找到刘、王二人，让他们想办法连夜编出剧本，次日就要排练，否则会耽误上演日期。二人只得答应了。一夜苦战后，人们看到的是这样的剧情：一位贵妇人到关公面前求子，关公不留神答应了。但神祇间有分工，送子的事由娘娘负责。于是关公只得到王母娘娘跟前要子。可王母娘娘大门口有秦琼、敬德把着，两位神仙是个倔脾气，谁的面子也不给。于是关公乘他们瞌睡的当儿，悄悄溜了进去。哪知他刚进院，就被秦琼发现了，于是一个要进，一个要拦，争执中二人打了起来。这一打就惊动了王母娘娘，王母娘娘问为何要诉诸武力，秦琼说关公要进庙求子。王母娘娘说给他一个不就行了么。如此关公拿回了一个指标，将其给了妇人。此剧在茅津渡演出后，一时轰动了黄河两岸。人们说见过关公战吕布，从没有见过关公战秦琼。单说这奇妙的构思，就不是一般人能想得出来的。

二人不但剧本编得好，他们的戏剧唱词也生动新鲜。如他们编的《三和打灶君》唱词就很有特色。三和年轻在外做生意，媳妇在家倍感寂寞，早上进灶房整理墙上的灶爷像时，便发泄起无聊来："打打打，躲躲躲，打得你鼻子掇眼窝，打得你心慌、嘴张，一年四季不安康。打烂不过纸一张，值钱不过是几方，腊月不吃祭灶糖。"还有《小叔子说嫂》："提起我二嫂，倒叫人心老。游东家，串西家，谁家日把招架她。"还有描写妻子独自守家的："我男人不在家，我在家中好凄凉。你看我的裤带，大疙瘩套小疙瘩，疙瘩里头套疙瘩。"

他们合编的《十二月史》更有趣：

正月里，正月正，宣统大王坐北京。人民不服闹起革命，才把宣统爷赶出京城。

二月里，龙抬头，袁世凯出来讲自由。男人们头上把发去，女人们大脚游九州。

三月里，三月三，黎元洪总督戒洋烟。人民都把烟瘾断，时兴了料子金丹加纸烟。

四月里，麦梢黄，石友三倒坐在凤阳。抵制日本把中国卖，许多银元都被运往东洋。

五月里，坐端阳，南京府出了个冯国璋。五族共和把权掌，五权分离定朝纲。

六月里，是暑天，南京出来个孙中山。青天白日制天下，三民主义平中原。

七月里，七月七，东北出个将军叫张作霖。抵制日本定下千条计，那料将军一命毙。

八月里，八月八，阎锡山大票闹中华。许多银元不见面，百姓们加倍把税纳。

九月里，九重阳，杨军长镇守在晋阳，定计谋，设巧计，中正害他一命亡。

十月里，艳阳照，民国混乱乱糟糟。飞机大炮同时起，日本打进卢沟桥，全国人民好心焦。

十一月里是寒天，阎百川下夜打苏皖。故里三晋做大王，春秋一梦入云烟。

十二月里整一年，日军进了山海关。前方人在刀尖立，后方人也不安然。飞机绕，大炮撂，人人向阎王挂了号。日本人正开庆功宴，天上落下了原子弹。飞机军舰都失效，四大岛也丢掉了。天皇正和哭号啕。

茅津渡的文中杰雄可不止上述这八人。凡那些属于岁贡、恩贡、拔贡、选贡的，都是文化上的强者。由于种种原因，他们的名字在历史演化中被沉淀了。但现有资料足以表明，茅津的文化集群是雄壮的、威武的，他们上能堪国家大任，下能负州县繁事，为国分忧，为民谋利，播撒能量，领拔风骚。

丰富多彩的民间艺术

在几千年的发展中，茅津渡的民间艺术承袭久远，品类繁多，经世不衰，代有更新。它大致分为五种。

第一个是茅津锣鼓。茅津锣鼓起源很早。据民间传说，大禹在茅津渡会见黄河沿岸各部落首领时，已经在使用。而后大禹化身为熊，在三门峡一带凿山开石时，已把鼓高挂在东岸的崖壁上。

茅津锣鼓的曲谱史书没有记载，但民间普遍流行《青龙过江》《八仙过海》《百鸟朝凤》《丹凤朝阳》等。作为码头，茅津渡当然使用《青龙过江》谱最为合适。具体谱曲为：咚咚咚，咣—个咚光—咚光，咚光—咚光。咚光咚，光咚光，咚光咚光咚咚光。当咕噜光，当咕噜光，当咕噜光光—个光。咕噜龙咚—咚咚，光林光林光林光。咕噜龙咚—咚咚，光林光林光林光。—咚咚，光林光，—咚咚，光林光。咚咚光，咚咚光，咚光咚光咚咚光。咕噜龙咚—咚咚，光林光林光林光。咕噜龙咚—咚咚，光林光林光林光。—咚咚，光林光，—咚咚，光林光。咚咚光，咚咚光，咚光咚光咚咚

锣鼓队表演场面

光。当光，叮光，咚光，—咚光林光。当咕噜光，当咕噜光，当咕噜光光—个光。咕噜隆咚—咚咚，光林光林光林光。

明清时期，茅津渡建了三十多座庙宇，这些庙每年均举办一次庙会。频繁的庙会催发茅津人编创了自己的鼓谱，即《进庙曲》《出庙曲》《行进曲》。打时，少则几十个人，多则一百多人。鼓、锣、钹、镲、云锣等根据情况配备。一般情况下鼓四面，锣二十多面，钹、镲七八面，云鼓一面。《进庙曲》《出庙曲》鼓谱为：咣咣（鼓槌敲着鼓边）求——求求求求 求儿（空）求，求求求求，求儿求，求儿求，求儿求，求儿求求噔，求求噔，儿求求噔，求求噔……

《路清》谱为：求求恰，求求恰，求恰求恰求恰恰，恰恰求，恰恰求，恰求恰求恰求求。求儿恰，求儿恰，求儿恰恰求儿恰，求恰求恰求恰恰，噔噔噔，噔噔噔，噔噔噔噔噔噔噔。恰求恰求恰求求，噔噔噔噔噔噔噔，求儿恰，噔儿噔，求儿恰，噔儿噔，求恰噔，求恰噔，求噔儿噔，噔噔。求恰噔，恰求噔，求噔儿噔，噔噔……

《花路清》谱为：咣！求儿求求恰，咣！求儿求求恰，咣！求恰儿求恰，咣！求恰儿求恰，求儿求恰，求恰求恰，求恰噔，求恰噔，求恰噔噔噔。咣！求儿恰恰求，咣！求儿恰恰求。咣！恰求恰求，咣！恰求恰求。

咣！恰求恰求……

《道情》谱为：求求恰，求求恰，求恰求恰求恰恰，喤喤喤，喤喤喤，喤喤喤喤喤喤。恰恰求，恰恰求，恰恰求恰求求，喤喤喤，喤喤喤，喤喤喤喤喤喤。求恰求恰求恰恰，喤喤喤喤喤喤，恰求恰求恰求求，喤喤喤喤喤喤喤……

《紧道情》谱为：求儿求儿求求，喤儿喤儿喤喤。求儿求儿求求，喤儿喤儿喤喤。求求求儿求求求求，喤喤喤儿喤喤喤喤喤喤。求儿求，喤儿喤，求儿求，喤儿喤，求求喤，求求喤，求喤儿喤喤喤求求喤求求，喤求喤儿喤……

第二个是社火。茅津村最喜欢排练的社火节目是高跷、旱船、耍龙、打花棍、放河灯、河蚌舞等。每逢春节、元宵节时，村人就提前排练，届时进行表演。

高跷，即腿上绑着两根长三到六尺木质长杆，上面固定一横木，供人立在上面表演的社火节目。走高跷的人化妆成各类人物，有的是戏剧形象，有的是神话人物，衣装一般宽大拖曳，走起路来妖娆多姿、潇洒美丽。有的还能跳起劈叉，拐来拐去。

茅津渡作为渡口，对龙的崇拜十分自然。耍龙是一种集体舞蹈，一盘

踩高跷

龙通常需要几十个人舞动。一人执火球，引逗火龙腾跃起舞，龙尾随龙头摆动，做各种舞姿。

旱船为竹架船形，架上饰以花花绿绿的彩绸锦围，一人扮作船女，打扮得粉嫩可人，坐在船内向外示美，一人扮老艄公，掌棹在船外运动，一老一小衬映着船工生活。新中国成立后，茅津人将旱船发展成旱龙舟，参加的人

跑旱船

数大大增多，船内加上了大鼓，边擂鼓边行进，两排人动作整齐划一，体现力量之美、群体之美。

花棍为集体表演，参加表演者人人手持一根竹棍，竹棍上缠着鲜艳彩带，装饰十分华美，边走边按节拍变换队形，进场后或聚或散，或快或慢，或蹲或站，一时彩绸飞舞，颜色变幻，花团锦簇，美不胜收。

放河灯是茅津人古代留下的传统，为一种汉族民间祭祀及宗教活动，表述对逝去亲人的悼念、对活着的人的祝福，也用于普度水中的落水鬼和其他孤魂野鬼。常在七月十五进行。操作过程是在木铣板上放若干灯盏或蜡烛，夜间放在河中，任其漂流。现在元宵节晚上作为一种红火节目出现。届时满河河灯顺水漂流，光点如天上星星，寄托着人们对未来的祝福。

茅津人最喜欢的社火是耍河蚌，因为河蚌茅津人能经常碰到，且常作为餐料而食用。在捕捉河蚌中，人们常常要运用一定的智慧和计谋，因此耍河

河蚌舞

蚌表现起来贴近实际，很有趣味。出场表演者共二人，河蚌由少女扮演，要显出机灵多智，美丽多姿，富有观赏性。老渔翁则要显出历经沧桑、老谋深算的样子。他发现了河蚌，要捉河蚌，河蚌则洄游环绕，使尽伎俩，多次戏耍渔翁。二者一进一退，进退有序，伎俩相对，台步协调，构成十分有趣的生活场景。

第三为民间剪纸。主要为单色剪。纸张颜色有红、绿、褐、黑、金等，用于窗花装饰和刺绣的底样。经过不同方式折叠剪制而成。较常见的图案有表示喜庆事宜的"双喜临门""春燕剪溜""天女散花""嫦娥奔月""狮子滚绣球""玉兔""二龙戏珠""松鹤同寿""梅兰竹菊""龙凤呈祥"，等等。构图新

剪 纸

颖，纹饰清晰，色彩艳丽，别出心裁。种类有窗花、顶棚花、枕头花等。也有用剪刀剪影的，即通过人物轮廓表现人物和物象的形状。纸一般用黑色或重色纸，在表现人物侧影时，一般是边看对象边剪。剪影很适合表现透光效

果，是一种很有特色的剪纸类型。

茅津剪纸最多用在窗户上。这里农家窗户多是木格窗，有竖格、方格或带有几何形花格，上面糊一层洁白的薄纸，逢年过节更换窗纸并贴上新窗花，以示除旧迎新。窗花的形式有装饰窗格四角的角花，也有折枝团花，还有自由的各式花样，如动物、花草、人物，还有连续成套的戏文或传说故事，适应不同形状的窗格。

第四是民间刺绣。系妇女农闲为之。主要图案有花草虫鱼、动物植物、自然山水等。有"龙凤呈祥""鲤鱼跳龙门"，有绣字"四季平安""恭喜发财"等；还有象征浓情蜜意的"鱼戏莲""蝶恋花"，寓意富贵的"牡丹凤凰"和具有特殊寓意的"猴子吃梨"等。绣线有各种颜色。刺绣作品用的最多的是置办嫁妆和孩子满月时的礼物。

近年来，由于人们不事纺织、浆染、缝纫，女孩们把艺术才能大部分集中在纳鞋垫上。所使用手法有：1.剪纸贴花绣法。即将要绣的图案剪成剪纸，然后贴在鞋垫上，用平针绣法覆盖完成。这种绣法使鞋垫显得较为古朴，略带有立体感。2.平针绣法。将选好的图案勾画在鞋垫上，然后用平针直接刺绣。熟练的人不用勾画草稿便直接刺绣。3.挑花绣。即先将鞋底画上经纬格子，然后按照格子布针，要求不能错位。

纳鞋垫是很费工夫的，一般一双鞋垫要一个星期才能完成。茅津村鞋垫花样很多，有自创的，有上街买的，好的花样传得很快。线的种类有好几种，有的雅气，有的鲜艳，根据个人的喜好挑选。选好线后就一针一针地开始制作。一针针，一线线，红的花、绿的叶绣好了，再配上艺术字，一件艺术作品就完成了。深刻表达着对亲人的爱，对老人的祝福，对子女的期望以及对美好生活的向往。绣鞋垫也是表达爱情的一种方式，如果女子有心仪之人，便会亲手刺绣鞋垫，送

手绣鞋垫

给对方。女子到了待嫁年龄，也会刺绣各种精美的鞋垫，作为自己的嫁妆，不仅证明自己心灵手巧，而且希望通过鞋垫为未来带来好运。

第五是竹编、草编、灯笼、香囊、玩具等。竹编、草编主要品种是筐、篓、蒲篮、蒸馍用的箅子、草圈及坐垫、草帽、玩具等。香囊一般出现在端午节前后，有动物、葫芦、绣球、荷包等造型。内装香草、朱砂等，驱虫去臭，芳香扑鼻。灯笼制作常见有"宫廷灯""龙灯""方形灯""圆柱灯""八角灯""彩车"等，配以山光水色、戏曲人物、花鸟虫鱼、瓜果蔬菜等图案或诗词谜语。玩具制作主要有布老虎、沙包、毽子、木马、拨浪鼓、老虎枕头、虎头布鞋、泥娃娃等。

编结也是表现人们意象的一种形式。编结的材料既有丝、棉、竹、藤、草、棕、麦秆等，也有羊毛线、兔毛线、棉纱线、麻线、腈纶、维纶、涤纶、尼龙等。编结既有用棒针编结的，也有用钩针编结的。编结制成品有大衣、套衫、开襟衫、背心、连衣裙、短裙、台布、床罩、枕套、灯罩、窗帘、靠垫、茶垫、帽子、手套、披肩、围腰、围巾、袜子、软鞋、手袋等，适用于卧室、书房、餐厅、会客室、会议室等场合。

多样的民间艺术和着文化教育的完美结构，构成了茅津渡经济文化共同发展的格局，促使一切创造社会财富的源泉充分涌流，一切生产要素的活力竞相迸发，大大提振了茅津渡的精神文明，促进了茅津渡的经济发展。

第四章 晨钟暮鼓

茅津渡的三四十座庙宇中，最精致的要数祖师庙。双檐歇山式屋顶，屋脊上五脊六兽。木式拐角楼梯，栏框中为镂刻花草造型。檐下挂着风铃，不断发出清脆的铃声。门窗均为花格构成。楹柱上刻有工整对联。整个建筑精美大气，庄严沉稳。

所供祖师爷为真武大帝，是太上老君第八十二次幻化而来……

庙宇背后的神奇故事

茅津渡不仅是一个商业要镇、文化大镇和军事重镇，而且是一个有名的庙宇中心。煌煌34座庙宇，分布在小城内外。

像其他地方一样，茅津渡所建的每一座庙宇，都有自己的希求和愿望。供奉的神祇有些与其他地方相同，有些不一样。但每个庙宇修建的背后，都有着一个奇妙的故事。

先说与其他庙宇不同的地方。

文昌阁各地敬的都是文昌君，而茅津人却敬的是诸葛亮。原因是茅津人最厌恶东南雨，东南雨大多是从河南飘过来的暴雨，不仅毁田毁林，而且倒房塌屋。故而村里流行着一句话："东虹（jiang）锣鼓西虹（jiang）雨，南方起虹（jiang）下暴雨。"为防止东南雨过来，村人在文昌阁敬奉了诸葛亮，求他在保佑儒生科举顺利的同时，阻止东南雨过来。

魁星庙本来敬的是主管科举的魁星，即二十八宿里的"天豕星"。但茅津人敬的却是唐代宰相魏徵。原因是当年帮助李世民父子争夺天下时，魏

大同魁星楼

徵曾带兵驻过茅津。魏徵为人淳朴，平易近人，在村里认义父，收义子，拥庙起坟，好事不断，走时还带了一帮年轻人，将其编入御林军。村人感念他的功劳，就将他的塑像送进魁星庙，佑护茅津考生科场顺利，一举成名。

财神庙其他地方敬的是月财神赵公明、文财神刘海蟾和武财神关公。这里却敬的是比干。原因是比干没心，给人送了财会忘记，昨天送了，今天还会送。

与别处不同的是，茅津渡还建了一座瘟神庙。起因是渡口经常会漂下一些溺亡的尸体，特别是盛夏季节，尸体腐烂变质，往往造成大面积传染。为防疫情扩散，人们在这里修建了瘟神庙。瘟神又称五瘟使者，是古代民间传说中的司瘟疫神，具体为春瘟张元伯、夏瘟刘元达、秋瘟赵公明、冬瘟钟仕贵、中央瘟史文业。他们虽能播撒瘟疫，但庙里还供奉着一个长着四只眼睛的四目神，它是光明的化身，专门驱除疾病，佑护人间安全，抵销瘟神对人的侵害。

防瘟治病需要药物，为此，瘟神庙附近建了一座华爷庙，供奉东汉末年"外科鼻祖"华佗。庙宇占地面积近1亩，土木结构，坐北朝南，面阔3间，进深6米，两边有走廊连接。是茅津渡一

北京瘟神庙

座大庙。

让人深感意外的是，这里还建有一座洛神庙。洛神，传说为伏羲女儿，人称宓妃，又名洛嫔。因渡洛河溺死，被封为洛河女神。茅津渡之所以设此庙，可能与一个传说有关。即宓妃掉入洛河淹死后，天帝封她为管洛水的神仙。一天，管黄河的水神河伯到中原一带玩耍，见洛神长得美丽，就想娶她为妻。为达到目的，河伯特意托天帝去说媒。在天帝的撮合下，两人终成眷属。但河伯每次去会见洛神时，总带着一帮随从。这些随从蛮横霸

洛阳洛神庙

道，兴风作浪，致使河堤溃决，淹没大片村庄田地。洛神看了很是心疼，多次劝河伯约束部下，但河伯就是不改，于是二人在感情上产生了隔阂。就在这时，一个名叫后羿的男子闯入了洛神的生活。洛神喜欢后羿的为人，与他渐渐产生了爱情。但二人的暧昧关系被河伯发现了，于是河伯用尽计谋，想捉奸他们。一次河伯变成一条白龙，到洛水兴风作浪，生气的后羿拿出弓箭猛地一射，一下子射瞎了河伯的左眼。河伯心里不服，就跑到天帝那里去告状，天帝非但没有惩罚后羿和洛神，反而斥责河伯自讨苦吃，罪有应得。经过此次折腾，河伯幡然醒悟，觉得对不起洛神，从此与她断绝关系，各自管好自己的辖地。人们在茅津渡修建洛神庙，可能是希望二神能够尽释前嫌、造福人类吧。

茅津渡还有一个奇处，即其他地方为了多出文人，一般都是建一座文

昌阁或魁星楼。但茅津渡除修建这两座庙外，还建了一座夫子庙、一座老子庙。他们把掌管文运功名保一方文风昌盛的孔夫子、道家先祖老子、文昌帝君、魁星、朱衣神、孚佑帝君（吕祖师）和文衡帝君（关帝君）都敬了起来，使文神共聚，儒道两全，合伙打造茅津渡文坛，使之文人蜂拥，文事昌盛。

这里的清真寺也很奇特，它是平陆县建立的第一座清真寺。平陆回民是从河南一带迁入，进来的第一站就是茅津渡。他们在此生活了相当长时间后，才迁至现在的爻里等村。

这里不仅建庙奇特，还有很多的建庙故事。

先说村东的武道士庙。

传说李闯王起义后，曾率领农民军打过黄河，在茅津渡驻守了一段时间。但不幸的是，士兵在这里患上了伤寒。你传我，我传他，一下子病死了800余人，带队的军官只好将他们埋在村东的空地上。清康熙年间茅津城扩建，这些尸首被挖了出来。经请示县府，郝县令决定由县府出资，驻茅津的县丞郝文宝写祭，在大禹庙十八亩庙地中，建一座一丈八尺高的祭台，为每个尸体裹五尺红布，沿土台摆一圈埋葬。此事处理不久，茅津镇开始发生小鬼闹城事件。夜半时分，半尺高的小鬼集合在一起，在村里到处游转，闹得人惶惶不安。地保乡约商量后，着人从华山请来一位名叫武周的道士，在镇上设坛念经，施展法术，一时全城安定了下来。但不久小鬼又开始闹城，地保再去华山时，武周已经谢世。于是村人商议，决定捐款修建个武道士庙，借道士的威气来镇邪恶。武道士庙建得颇为大气，

武道士庙旧址

三间正殿，歇山式屋顶，上面配放五脊六兽，檐下两侧设两个斗，门上钉子为白铜钉，煞是威武好看。有风刮来，檐前的两口风钟随之摇摆，传来叮叮当当的响声。庙里的武道士为站像，高一丈余，后立四个武士，手拿钹、镲、磬等。该庙建起后，小鬼闹城事件再也没有发生，但总有"乖张"的事情出现，于是男子回家不敢太晚，女人无事不从这里过，连流浪汉晚上也不在这里歇足。

镇北的花爷庙牵着一段长工变神的故事。说的是茅津以西的蒿店村有个叫李花河的人，家贫来茅津渡打工。但他在哪家干活，哪家就发财，人们纷纷称奇。后来李老汉死了，村里人就盖了个"花爷庙"，希望能借此发财。

花爷庙旧址

城南的三神庙也有一段相关故事。传说黄河对岸的会兴山上，有个狼修炼成了精，每天从渡口过来，在三神庙摇身变成人，然后混进城夜晚吃人。村人发现后紧追，但追到三神庙时，发现狼不见了。狼在此又变成人过了河。为防止狼以后再来，人们在这里敬起了刘、关、张，让三位神看住狼，不让它再混进城来。

天王庙的故事更有意思。乾隆初年，薛氏家主与王氏家主结下了孽冤，双方都有害对方之心，各请阴阳先生为其作法。王家请的是尚先生，薛家请的也是尚先生。尚先生听了很是为难，同为乡里乡亲，伤了谁家都不好。于是想了个法子，责令两家在上街东口合建了一个砖洞，高丈五，宽一丈，上面加盖天王庙一座。天王塑像为前后两面脸，东脸看王家，西脸看薛家，监督两家弃恶从善。由于两家都心怀叵测，从此两家的日子都不好过。先是王家发得快、垮得快。后是薛家迭遭坎坷，败运连连。两家重找尚先生看，尚

厦门天王庙

先生说得补一补风水，于是在庙里加了一个玉皇大帝像。但不久玉皇大帝捎话，他一个人在庙里感到寂寞，想见王母娘娘。两家又在附近合建了一座王母娘娘庙，面向玉皇大帝。但玉皇大帝又托梦，说王母娘娘庙建得太远，地上不好行走，得走天路。于是两家又在两庙中间加建了一座柴王庙，里面供奉的是建桥大师李春，让他筑一座天桥，供两位仙家通过，并加建了一座月王庙，让月老在中间牵线。一个故事牵盖了四座庙宇。

供奉真武大帝的祖师庙建庙故事更为传奇。传说筹建此庙时，所有的材料都准备好了，就差一根顶梁柱还没备下，人们急得什么似的，但主建工程的鲁班徒弟说：不要忙了，我明天将木料运来。第二天，人们一大早就等在庙场周围，准备抬木头，但等来等去就是不见鲁班徒弟的影子。恰在这时，河里流下了一根木料，人们捞起一量，不大不小正合适，这才知道是鲁班在帮忙。承建这项工程的鲁班弟子走时留下一句话："以后修葺此庙，胜我者缺斗三根，不如我者余斗无数。"后来匠人修庙，果然剩下一大堆木料用不到梁上。

大禹庙同样连着一个传奇故事。相传大禹治水时，曾在茅津渡召集沿河部落长，研究开凿三门之事。在开凿过程中，大禹化身为熊在崖下辛苦开凿，娘娘每日经茅津去送饭。后来人们为纪念大禹和娘娘，在此建了一座大禹庙。但庙里的主神不是大禹，而是他的贤妻白玉娘娘。据庙碑记，该庙建于五代十国后梁时期，占地60亩，坐北面南，主殿十间，供奉大禹坐像及娘娘像。大禹像高5米，两边站神各高3米。庙内有精致碑刻数幢。最具特色的

大禹庙旧址

是该庙有一个"三柏担五间"景观。即三棵柏树长在五间大殿里，树冠伸出房顶之外，高16米，引为两岸奇观。庙前有戏台、广场，每遇庙会，两岸民众纷纷前来祭拜游览。茅津船工每次出船前，也先到大禹庙烧香磕头，然后开船远行。

土帝庙也带着一段奇事。土帝爷本来只管土地，但这里还管求子、看病。更神奇的是，每逢庙会，香坛中总盘着一条筷子般粗的白蛇，不吃不动，神情坦然。三天庙会结束，它就不见了。香案边的签筒十分灵验，有个年轻人听说这里签灵，想试一下准不准，就抽了一支，展开一看，只见上面写：无故抽签，罚油二斤。从此对土帝庙崇拜万分。

代王庙也有一段不凡经历。代王是巡河大王，主管河里的安全事宜，身边总是跟着几个随从，其中一个是河南上村尚家九个儿子中的一个。后来他修炼成仙，就给代王当随从，故这里代王庙代王身后的随从中，就有一个是他。

其他庙和各地一样，土地庙敬的是福德正神张福德；山神庙敬的是各类山神；龙王庙敬的是四海龙王（即东海龙王、南海龙王、西海龙王、北海龙王），龙王娘娘和日、月星君，雷公，电母等风神雨伯；财神庙敬的是文财神赵公明和武财神关老爷；火神庙敬的是火神；观音庙敬的分别是观音娘娘、白衣娘娘。三官庙敬的是天官、地官、水官，即唐尧、虞舜和大禹。三

洛阳祖师庙

皇庙奉祀的是伏羲、神农、黄帝……

茅津渡的34个庙宇中，最精致的要数祖师庙。双檐歇山式屋顶，飞檐翘角，屋脊上五脊六兽。木式拐角楼梯，栏框中为镂刻花草造型。檐下挂着风铃，不断发出清脆的铃声。门窗均为花格构成。楹柱上刻有工整对联。整个建筑精美大气，庄严沉稳。所供祖师爷为真武大帝，是太上老君第82次幻化而来。长相弘毅，身长一百多尺，披头散发，仙风道骨，脚下踩着神龟，侍从为一龟一蛇，还有负责做文书的金童玉女。塑像威武高大，气色不凡。尤其是他手持的一柄剑闪闪发光，蕴机无限。

唐代所建的关帝庙也堪称精美。有正殿一座，献殿一座，廊房若干，山门一座，戏台一个。灰瓦红墙，雕梁画栋，飞檐翘角，气势恢宏。关公像高三米多，身披重盔，长髯飘飘。两侧的关平、周仓亦显得粗犷矫健，彪悍勇猛。旁有后土祠一座。前有舞台，庄严肃穆，金碧辉煌。

观音庙虽然规模不大，但精致万分。歇山式屋顶，楹柱门窗皆雕刻花卉虫兽，经彩漆油过，五颜六色，闪光锃亮。庙里的娘娘像约两米高，两眼有神，垂珠厚大，慈眉善目，神采奕奕……

结构奇特莫过于大王庙。它立于渡口边上，中殿较低，偏殿较高，顶上

栾川大王庙

为精巧的歇山顶翘角，把庙宇装扮得像一条大船。而院里矗立的旗杆，酷似船上的桅杆。两旁建有耳房。殿前有宽大戏台，做工精细，雕栏玉砌。院里设有连水石，常年四季水滴不断。外加两颗大柏树，显得屋殿如绣，绿裹水绕。它不像一座庙宇，更像是一个绿苑。

……

不愧是有名大镇，连庙宇都建得如此洒脱，如此有档次、有水平。一个路过的军官，因为对茅津人有恩，就建个庙来祭祀；一个打工的，因给茅津人增加了财富，就赐予了神祇地位；一个道士成功做了一场法事，就当做村里的护安大使……这一切，反映了茅津人不计出身、唯能是举、知恩图报的观念，反映了茅津人的大智慧和大胸怀。

茅津的庙宇建设，也充分反映了茅津人能够吸收各地优秀文化的秉性，他们能采各地优点为我所用，择四方特长为我所纳。所建庙宇不管形制上，还是内容上，都汇聚了南北特点，融合了各地文化，成为人们建设茅津、战胜艰难险阻的精神支柱。

难怪茅津人提起他们的每一座庙宇，都那么如数家珍，娓娓道来。他们参加的每一次祭祀，都那么认真耐心，恭敬有加。维修庙宇又是那么齐心协力、一丝不苟。茅津人与他们的庙宇紧紧联系在一起，既是庙宇的敬仰者，也是庙宇的维护者和传承者。

三十四座庙宇，像一个个威武神祇，站立在渡口四周，给茅津村平添了一层庄严感。它精妙的建筑，奇特的结构，高大的塑像，神奇的魅力，给整个城池增添了一种美感、一种靓丽、一种高拔、一种气势，引导人们修行向善，和谐幸福。茅津镇就在这样的人神相处中，共荣共进，同创文明，携手迈向未来。

庄严快乐的宗教节日 ❧

如果说庙宇是神人共度的场所，那么，庙会则是使这个场所更加庄严、更加宏大、更加持久的群众性活动。它一面借助神的力量解决困扰人们的重大问题，一面使生活更富有神秘感和想象力，起到联通天地、融合神人、承袭传统的作用。

茅津渡每年都要举办若干个庙会。《平陆县志》上记载：正月十三为夫子庙会，十四、十五为花灯会，二月十九为观音庙会，三月三为娘娘庙会，四月初八是关帝庙会，五月廿五是代王庙会，六月廿四送瘟神，七月初一放河灯，八月初八是祖师庙会，九月初九为登高节、魁星庙会，十月初一为华和庙会，十月初十为大禹庙会，冬月廿

庙会场面

一是文昌庙会，腊月十九是土地庙会，腊月十五、廿三、大年三十前各有节前庙会。

举办的形式有官办、民办两种。官办即由当地政府筹办，主祭和副祭为县乡官员。民办由茅津村承办，主祭、副祭为地保、乡约等。

庙会的主要活动有三项，一是大型祭祀仪式，二是锣鼓红火表演，三是戏剧演出。

祭祀仪式

祭祀仪式大都设在主殿前。香炉中插着密密的香烛，浓浓的青烟缥缥缈缈。献官分初献官、亚献官、终献官。位置在南，面向神位。如场地南北窄，或者不敢直面，则立于东侧。执事为引赞，为每次献爵的献官设一位，捧爵者为每坛位设一位，捧帛者为每坛位设一位，还有读祝、司洗（献官洗完供巾）、司樽、乐生、舞生等。参礼者一律立于南侧，男在东侧，女在西侧，随众官具礼。

所献祭品既有白馍、麻花、粮食五谷及时令水果，也有马、牛、羊、鸡、豕肉，还有玉帛、饰品等。

仪式开始，先由初献官、亚献官、终献官等走上位置。献官、执事行四拜礼，盥洗，就位。执事焚香。

接着是迎神、奏乐，一时乐声骤起，鼓声激荡，气氛热烈。在震耳的鼓乐声中，所有献官、执事恭恭敬敬四拜诸神。

接下来是奠帛、行初献礼和奏乐。悠扬的乐声中，一个个装扮得体的姑娘端着一盘盘早已准备好的祭品，步态轻盈迈上台阶，将各式祭品摆在殿前的长桌上。

再下来是亚献。由亚献官献爵如上，但不献帛。

接着是终献。由终献官献爵如上。

最后是饮福受胙、撤馔、辞神。执事象征性地移一下酒爵。乐声再起，所有祭祀者拜四拜。

祭祀仪式结束后，红火表演开始。

红火节目有高跷、旱船、打花棍、高台、耍龙、狮子舞、河蚌舞等。锣鼓担任主要角色。茅津锣鼓起源很早，经多年演练，已臻于完美，阵容整齐，演技上乘。全队分四社，为东巷社、西巷社、上街社、下街社。一个社有4面鼓、12面锣、8幅镲钹，合起来是16面鼓，48个锣，32副镲钹，加上指挥等，足有

舞狮子

上百人的队伍。鼓曲分进庙曲、出庙曲、行进曲等。指挥者一声哨响，四社依次进庙。锣鼓有架有挎，个个运足力气，调理气息，猛敲劲拍，演示花招，犹如龙腾虎跃，也如鹰隼翻飞。行进处人群闪避，槌花乱舞。驻足时鼓声震天，锣镲荡心。退场时如舟漂流，激荡人心。

庙会上戏曲演出

戏剧是庙会的高潮。茅津渡的庙会，演出者大都是黄河两岸有名的剧团，既有蒲剧、眉户、线腔、坠子，也有秦腔、豫剧、曲剧。每次演出一般三天，多的四五天，每天两场，由就近的舞台、戏院承担。由于茅津渡商户多，人口密，台下人总是满满当当。戏迷们最爱去两个地方，一是在大禹庙追看《呼延庆打擂》系列，从呼延家族因遭太师庞吉陷害灭门、三百余口埋成巨大的"肉丘坟"、只逃出呼延守用、呼延守

信两兄弟看起，直到呼延守用之子呼延庆和呼延平、呼延明，在结拜兄弟孟强、焦玉、岳鹏、杨文广和朋友袁智、李能的帮助下，以及包拯、寇准、杨家将等爱国忠臣的支持下，与奸党展开曲折、激烈、长期的斗争，最后终于击败庞家势力，将庞吉处死，被封为忠孝王结束。四天庙会八集正好唱完。

另一个是关帝庙。演出地点在封闭型、有座椅的戏院内，该舞台四周挂着一圈油灯。当《大上吊》演出时，女恶鬼吕翠英溜出地府，见生死牌上写着妹妹吕翠莲的名字，便悄悄将吕翠莲改成了李翠莲，这时所有的灯均被捻灭，只留一缕蓝光显示阴间环境。当演到李翠莲在家礼佛，一个僧人来化缘，她因为家里刚好没有银子，就把头上的一个簪子给了和尚。和尚拿了簪子后，就去当铺将簪子典当出去。而恰巧当铺就是李翠莲丈夫刘全所开，从而引起疑心，辱骂并打了李翠莲，李翠莲哭哭啼啼，被鬼勾引上吊情节时，所有灯全部点亮。后来，当李翠莲被阎王发现拿错了人，将吕翠英打入十八层地狱，让李翠莲借皇上李世民妹妹李玉英还魂时，灯光又转为蓝光。舞台明暗转换，演员时人时鬼，具有强烈的感染力。

放河灯场面

庙会办得很有趣味的，一是瘟神庙会。每年阴历五月二十五长飞河（发大水）时，在四社锣鼓的送行下，人们将事先扎好的纸质船绑到小轿上，船里坐着五个纸扎瘟神，五位瘟神长得都很富态，身披长袍，头戴冠冕，一如书中所云"一人执勺了并罐了，人执皮裘并剑，一人执扇，一人执锤，一人执火壶"，他们在天为五鬼，在地为五瘟。所拿器物均与降瘟执疫有关。小轿由几个年轻小伙抬着，颤悠悠地抬到二十多里外的太阳渡。在那里，也有一座瘟神庙。简短的接神礼后，人们抬着瘟神返回茅津。迎神时，四社锣鼓进庙，打得天翻地覆。瘟神被放进庙里供桌后面。六月二十四日下午，全镇举办声势浩大的送瘟神仪式。纸扎的瘟神被放进一只扎好的小船，抬到渡口边，日头将落时放进河中，让其顺水漂流。当晚，全镇举行放河灯活动。人人手持一张木锨，锨上放一个点亮了的河灯，将其放入河中，待稳定后猛地一抽，河灯就会漂到河面，顺水而流。其时上千个河灯漂流河面，闪闪发光，犹如一条明亮的星河，引为茅津渡一大景观。

二是娘娘庙会，即观音菩萨庙会。农历二月十九为娘娘生日，人们像举办其他庙会一样，在大娘娘庙、二娘娘庙、三娘娘庙举行祭祀仪式。三月初三是娘娘省亲日，这天人们敲锣打鼓，由几个小伙子抬着方桌，桌上放着娘娘塑像和各家送来的棉花棒，一直抬到娘家太阳渡，由该村人接驾安置。三月十二日为娘娘回门日，这天一大早，人们便动身前往太阳渡，把娘娘接上，抬回茅津渡。其时各家送来的棉花棒已被太阳渡妇女纺成线穗，娘娘落

娘娘庙塑像

座后，各家妇女将纺成的线穗拿回，合成一根根细绳，染红，然后送到娘娘像前的花盆上，供人们求子时拿走。

三是大禹庙会。大禹庙前有宽大的活动场地。举办庙会时，每两年在东面搭一个临时舞台，请两个戏班唱对台戏。哪家戏唱得好，观众就往哪家台下跑。各戏班都拿出看家本领，一上台手随情动，眼含七情，未左先右，步法灵活，读字准确，切韵合度。"云里翻"如悟空腾空，"毯子功"如老虎捕食，"月亮门"弧线成圈，"亮相"时如柱立天，不由得观众不拍手。

几千年来，茅津人以坚定的信仰，炽热的心灵，超人的执着，不竭的动力，进行着年复一年的神人共庆。盛大的庙会，有力地淳化了人们的心灵，活跃了这里的生活气氛，增进了人们之间的团结，激发了人们热爱茅津、建设茅津的热情。

盛大的祈雨仪式　～

茅津镇虽地处黄河岸边，但河在低处，镇在高处，两者相差三四十米，任河水再大，也解决不了土地的灌溉问题。历史上茅津渡发生的旱灾数不胜数，单明清以来，就有较严重的旱灾8起，特别是清光绪三年（1877）的大旱，光茅津村就饿死2000多人。依靠老天吃饭，人们只能把一切期望都寄托在龙王身上，在渡口边建了一座规规整整的龙王庙。意思很清楚，就是期望龙王爷近水楼台，多给茅津村下些雨。

龙王即传说中掌管降雨的神。它栖于海洋和大江大水中，象征着祥瑞，能够行云布雨、消灾降福。哪里久旱不雨，庄稼受灾，哪里人民便到龙王庙进行隆重祭祀，祈求普降甘霖，夺取丰年。如龙王爷还没有显灵，就把它的神像抬出来，放在烈日下暴晒，直到天降大雨为止。

茅津渡的祈雨形式史书没有记载。但其相邻的沙涧村编写的《沙涧村史》中披露了该村盛大的祈雨仪式：每逢天气大旱，村里便组织祈雨活动。"十大渠"（灌溉管理机构）每渠出若干人，由两个渠头组成祈雨队伍，到

农村祈雨场面

三十余里外的柳铁沟祈雨。祈雨当日早上，参加人员先到关帝庙集中，由渠头备办迎神器具，放在神像前开光。完后开始出行。祈雨人员头戴柳条帽，四名先锋手执柳木棍在前开路，遇到挡路的喊其避让；四名护卫负责清邪除逆，见有戴草帽的人喊其卸下，不听的就打掉草帽；四人敲锣助威镇邪；四个属猪的人带上淘泉用具，到祈雨地点进行淘泉；四个属龙的人赤着脚，一人背着雨瓶（用油布包七层绑实）用伞遮严，两个人拿着打妖藤，一个人拿着捆仙绳；四个属虎的手执柳棍，护着前后左右；另有后卫八名各执柳木棍断后，防止截雨。凡路过的村庄，只准烧香祈祷，不准借机惹事。祈雨回来的当晚，各村锣鼓都要集中预试。一切准备完毕后，次日黎明接雨队伍便敲锣放炮出发，场面甚是盛大。五村锣鼓带护卫共二百多人，头戴柳条帽，敲锣打鼓，燃放鞭炮，浩浩荡荡向柳铁沟进发。关帝庙内，渠头在庙院内用石灰围成八卦潭，迎接大雨来临。接雨队伍一般只接到中村或尧店附近。每过一村边，都有数十人头戴柳帽，跪在路旁，烧香祷告。接雨的队伍常常返到南、北桥村时，就开始下雨了。许多人在桥坡一带滑倒在地上，弄得浑身是泥。祈雨每次都很灵验，个别的下雨推后几天。雨落后要唱贺雨戏，这时五村锣鼓进庙，打得惊天动地，不管有雨没雨都要继续打，一村挨一村，一套接一套，按预先安排的顺序打完。

姜　滩

　　如此规模的祈雨形式，说明了渡口人对祈雨一事的重视，也反映了他们对龙王爷的崇拜。祈雨成功的原因很清楚：久雨必晴，久旱必雨。另外，大规模的敲锣打鼓震动了空气，引起天地间的一番变化。

　　几千年来，茅津人就是以这样的形式利用着自然，开辟着自己的发展道路。

　　自日军在战争中毁了大部分庙宇后，茅津渡多年无力恢复。20世纪60年代，县上在茅津渡建立了电灌站并打了几口深井，吃水浇地问题基本得到解决，也没有人再要求修建龙王庙了。

拴在神祇前的子民 ～

人生艰难，百事不爽。在古人看来，有些事非人力可为，尤其遇上自然灾害等，就需要祈求神祇来解决。

茅津渡有四类人对神祇最虔诚。

第一类是想生育的人。茅津渡地处交通要道，历史上经历了大大小小的灾难和战争，只光绪三年（1877）的大旱就导致死亡2000多人。但茅津渡依然兴旺发达，生生不已，一个重要原因，就是茅津渡始终人口繁盛，家族兴旺。这里的人似乎对生儿育女有一种特殊要求。一个村建四座娘娘庙就是证明。他们对主管生育的娘娘心怀赤诚，每有欲求，便在观音像前三跪九叩，一边诉说愿望，一边打量着眼前的花盘。花盘里有两种花，一种是白花，一种是红花。白

重修的娘娘庙

花象征着女孩，红花象征着男孩。花盘上搭着一卷细细的红绳，这是本村妇女用观音娘娘回门时所带的棉花穗制成的。祈求后白花摇动，则预示着将生女孩。红花摇动，则预示要生男孩。有一句顺口溜形容妇女求神时的状况："头顶香盘手端蜡，进了庙门先跪下。庙台上坐的是泥菩萨，怀里抱的是泥娃娃，腿中间吊的是泥巴巴，亲一口嘴里凉煞煞。"知道了娘娘赐子的性别后，然后取下一根红绳带回家，等孩子落了草（即出生），再将其挂在小孩脖子上，一岁满加一圈红布，直到十二岁生日还愿时，在神像前剪开，放到供桌上。原来许的是什么愿，这时就还什么愿。

清末时期，茅津渡要数刘薛两家的女人对进庙最为痴迷。刘老大娶下的四个女人，虽然都是国色天香，但一个胎都没有坐下。而薛家老二更出奇。他一连娶了六个美人，个个都是"雪白母鸡不下蛋"，弄得他心绪烦乱，经营无心。两个男人都把一腔怒气撒在女人身上，逼得她们只好频繁地往娘娘庙里跑，求娘娘给她们赐下后代。

求子的同时，两家主人还不甘心，又各娶了一个女人。薛家娶下的新娘一进屋，就连怀连生，把七个白白胖胖的小子摆在炕上，喜得薛家老二满脸是喜。而刘家老大不找黄花闺女，专找坐过胎、有了后的二手媳妇。婚后一试，才知道是自己有问题，随后经过调治，使自己有了传人。

第二类是船工。船夫出行，求的是一路平安，故而每出远门前，都要来到河神庙，乖乖匍匐在神祇脚下三跪九叩。为显示对河神的尊敬，他们每次祭拜都洗沐干净，穿着整齐，有的甚至三天前就与女人分床另住。恭敬地磕了头后，才安心地上船出行。

第三类是那些苦心求学的书生。他们每日沉浸在"四书五经"之中，面壁多年，只为科考顺利，一举夺魁。在神祇前，他们同样表现得毕恭毕敬，诚惶诚恐，求魁星、文昌星钦笔一点，使他们鱼跃龙门，光宗耀祖。那些不能到魁星楼、文昌阁求拜的，就在自家院里设一祭坛，摆些礼品，向神默念自己的祭文："维某年某月某时，学子某谨以果蔬若干、肉品一盘、净水

儒生拜神

三杯敬献于文昌帝君、九天司命真君、扶文启运魁斗星君座前，祈文昌高照，文星武星照临，佑弟子灵气降神，文华清秀。神识通明，智慧聪灵，心光自然，进修德业。"

第四类为商人阶层。商人的本性是求富，但这里的商人各有自己的求富对象。大多数商人敬的是赵公明。而三省会馆里敬的是关老爷。因为晋商南运的主要货物是潞盐，潞盐在解州境内，是关老爷的家乡。敬关老爷不仅能发财，还能佑护商户的安全。卫家商铺敬的是比干，因为比干没心，能源源不断地为你送财。一些富户敬的是长工李花河，希望所有长工都像李花河一样，能够助主人发财。还有一些商户敬的是两个神。如花行老板不但敬财神，还要敬火神，因为棉花易起火，不敬火神失了火就发不了财。

更稀奇的是，黄河也成了敬奉对象。

那是清末时期，被派驻茅津渡的巡抚山西都御史吴性，面对捻军窜入茅津渡对岸及清帝坚决不许捻军过河的死令，心急如焚，在加强防守的同时，特拟了《祭黄河文》以感动大河："维年月日，巡抚山西都御史吴牲，奉旨移镇防河，谨以牲礼昭告于大河之神曰：惟神之加惠我晋人者至矣。浩浩长河，寇之遁也恒于斯，寇之不复来也，亦恒于斯。俾我残黎获有宁宇。神之加惠我晋人者至矣。今封豕长蛇，纵横于秦陇楚豫之间，实逼处此，比与我争此界也。何其敢侮神之威灵而逆我颜行。夫晋席神之庇，以有宁宇。然危苦实甚，疮痍者未起，流离者未复，山谷之啸聚者未靖，蜚鸿满野，道殣相望，纵天未悔祸，其肯令此寇倏往倏来，如我子遗何。且微独晋也，燕赵齐鲁，凡疆域之唇齿接者，承平日久，民不复兵，秦以晋为壑，晋以燕赵齐鲁为壑，聊图燃眉，究何底极。圣天子眷焉怀顾，怒焉深维。下诏罪己，避殿减膳，以忧百姓。为臣子者，当此主忧之日，曷敢一刻即安于心。牲受兹谕命，食不下咽，寝不帖席，督率文武将吏，设防于此。即损肤发，何敢有爱。但念以饥疲之弱卒，御彼猖獗之狂寇；以数营之孤旅，布千里之长河。永夜思维为忧方大，不得不于神有厚望焉。且神之威灵彰彰也，倘其妙运功化，旋转阴阳，使贼匹马不敢越渡。而又阴鼓王师之锐，使得制其死命，驱而歼之滨涯，以壮京观。从此危疆得免重蹯，接壤无忧震邻。使千层之巨浪，贤于百万雄兵；一望之湍波，饶当万里长城。伟矣神功，又岂不与覆载并巍烈哉！乃牲犹有厚望于神者，天道好生，何久未厌乱，无亦萌生蠢蚩，罪孽深重，仰干震怒，用示惩创乎！神其代为请命，恭挽天河之水，洗尽兵革之气，砥彼狂流，奠之安澜，圣天子西顾之忧用以稍纾。此亦维皇之所必许者矣。其波及者，文武诸将吏，得殚防御之劳，无蹈溺职之罪，是又神之明赐也。牲躬荐明馨，披沥昭告，神其鉴之。"

其心诚诚，其情切切。他的赤诚最终感动了黄河。捻军终究没有攻下茅津渡，他为此深喘了一口气。

茅津渡的庙宇从修建那一天起，就从没有寂寞过。它像一个尊贵长者，心安理得地接受着人们的朝拜。在人们崇拜它的同时，它也给人们提供着精神上的慰藉和满足。

众伽蓝的毁灭和重建 ❧

1939年6月6日，日军兵分九路，向中条山地区猖狂进攻。这次攻击的重点就是茅津渡。从清晨起，一波一波的飞机划破晨空，乌鸦般地俯冲着黄河岸边的繁华小城，向这些融着历史沉香、闪烁着岁月包浆的精美建筑投下一颗颗罪恶的炸弹。猛烈爆起的弹片，将茅津人民三千多年积累的财富和安

日军侵占后的茅津废墟

茅津土帝庙

稳环境一起撕碎，变成了一堆堆碎砖烂瓦。飞机过后，又是大炮的肆虐，一颗颗威力巨大的炮弹在天空划着黑线，坠落在千疮百孔的街巷中，把那些已炸的残留和未炸的建筑物再次抛起，在空中搅汇后落下。一场雷霆般的摧残后，茅津渡鳞次栉比的街巷变成了一片废墟，熙熙攘攘、热闹喧哗的景象变成了一片沉寂。

34座庙宇在狂轰滥炸下也未能幸免。不管是价值连城、精美万分的祖师庙，还是精妙入微的魁星楼、威武的关老爷神像、端庄秀雅的王母娘娘塑像等，都在猛烈的轰炸中化为灰烬。巨大的爆炸，也撕碎了缠绕在庙宇之上的崇拜和痴迷，使渡口显得空前的荒凉和凄惨。

为保卫茅津，遏止敌军进攻，抗日军队在此开展了一场惨烈的保卫战。战斗以胜利的结局阻止了日军的脚步，保护了对中华民族至关重要的港口、铁路，但茅津渡也为此付出了惨重的代价。

开始于1978年的改革开放使神州大地发生了前所未有的变化。一排排崭新的楼宇从大地上崛起，一条条宽阔大道铺设在碧山绿水之间，一个个工业园区、住宅小区、商业新区如雨后春笋般涌出，在如此巨大的变化下，茅津人开始思念曾经拥有的庙宇。

文化是中国人民的精神血脉，是涵养中国精神的重要根基。作为传统文化的一部分，庙宇文化应该得到重视和恢复。

在这样的大背景下，茅津人拉开了重建庙宇的序幕。

建庙活动首先从娘娘庙开始。

茅津人认为，生育问题关系茅津渡的兴旺发达。茅津渡之所以在历次大灾中迅速恢复，得益于人口的红利。观音庙虽然带有迷信色彩，但起着稳定人心的作用。同时，观音菩萨还负责着对人的教化，"种植善根，培植福报，教化众人，积德行善。"于是，2018年住在原观音庙附近的张女士发起了重建观音庙的倡议。此议得到了茅津群众的大力支持，很快捐资1.9万元。张女士当即决定，不足的5万元由自己负担。在规划了观音庙形制后，工程很快动土。仅半年时间，就建成观音庙一座：高4米许，宽3.3米，硬山顶，黄色琉璃瓦屋顶。脊上卧两条龙，两边各有鸱吻，门前立两根楹柱，墙木均漆红色。看起来色彩鲜艳，小巧玲珑，精美秀气。观音像端庄大气，和蔼慈祥。每逢初一、十五，人们纷纷上香敬献，祈求生育顺利，家庭和美。

土帝庙也是如此，民间人士任冬玲牵头重建并出资，群众大力支持，很快建成土帝庙一座：硬山顶，两坡房。里面立着土帝爷像，每逢初一、十五，人们上香祭拜，祈求平安。

其他庙宇，如三皇庙、夫子庙、娘娘庙、土地庙、三神庙、魁星楼、大禹庙、龙王庙、送子观音庙等，按原建制一时难以恢复。人们就采取权宜之计，在村边一堵大墙上绘制庙形，像前加设香炉，权当临时庙宇。俟条件成熟后，再逐步加以恢复。

如今，在茅津人眼中，庙宇不单代表着一种信奉，也是一种精神映像，是对不了解事物的一种探求。作为一个开放、包容、创新的社会，应该敞开胸怀，广纳万象，允许不同意识的存在，允许不同的精神追求。起码，庙宇在劝人向善、引人和谐、反思己过、普施大爱方面还是有积极意义的。

新修的庙宇墙

第五章 滨河小城

五大牌坊、八大建筑和四大石碑，像一副坚硬骨骼，把茅津城这座水边城市稳稳地支了起来。也如一处高大地标，鲜明地昭示了茅津渡的政治地位，同时把茅津渡几千年来的文化底蕴、经济实力、民风民俗、宗教信仰通过这个窗口艺术性地展示出来……

五大牌坊、八大建筑和四大石碑，像一副坚硬骨骼……

～ 明丽富饶的夹岸之乡

在黄河流域，大多数渡口都建有自己的村庄，作为船工的休憩之地。

茅津渡就是这样。

茅津渡何时建村并无记载。但据同在黄河岸畔、距离不到两公里的盘南文化遗址显示，至少在新石器时期，这里已出现了人类。茅津渡地处河涧夹角，南面有黄河东流，东面有沙涧水南流，背靠广塬，地肥水美，正是古人类择居的好去处。因此，把这里说成黄河流域最早的一批聚落，并不为过。

随着人类社会的发展，这里的聚落逐步演变为原始村庄，并在农业的发展中不断扩大土地，使村落的要素更加明显。商代时期，当船只被发明并出现在黄河流域后，茅津渡成为黄河流域的第一批渡口，渡口附近的村也因此成为黄河流域最早的村。

春秋之际，姜戎、陆浑戎部落来到此地。他们见这里气候温和、土地肥沃，就在这里住了下来。因不同于汉人的生活习惯，他们选居在村北吕家崖一带。后来秦穆公率军打击茅津戎，这些戎人被迁到了河南伊川一带。

▲茅津夜景

汉代以后，随着大阳县城的南迁，茅津渡边出现了一个鳞次栉比、街巷纵横的滨河小城。这个小巧的城市一出现，就打破了茅草沟一带的荒凉景象，使茅津村一下子成为靠近闹市的郊区，也成了一个名副其实的县级"皇港"。茅津渡从此鸟枪换炮、冠冕加身。"虞坂茅津路"的巨大物流，不断提升着它的规模；南来北往的人流，不断冲高它的人气；在愈来愈频繁的南北交流中，茅津村貌发生了奇迹般的变化。一条宽阔的商业大街赫然形成，它北连县城，南接港口，两边排列着五花八门的商铺、货栈、饭店、酒楼等。更多的盐仓、花行、货场纷纷挤进，促进了渡口的繁荣和富裕。茅津人择地而居，聚居在渡边的土地和沟汉中，形成了一条条热闹的巷道。还有一些居民，就地打成了靠崖窑洞，罗列在巷边的土坡上。从此，茅津人的概念里，多了个港口的意识。他们的生活习惯里，有了整体和合作的概念。茅津渡逐渐成为一个既有城市骨架，又有农村内涵的城乡组合体。

　　然而，不管村巷如何变化，街肆如何更新，渡口一直是村子的灵魂。清澈缠绵的沙涧水，一直为渡口提供着绵延不断的支持，岸畔环绕的桃林，为茅津渡提供着鲜艳和丰富。绕弯而过的黄河水，则又为它敞开着运输的胸怀，这一切都决定了茅津渡的稳定和繁荣，也奠定了茅津村的靓丽和惊艳。

　　有关茅津渡的历史演变，史书没有记载，但北魏地理学家郦道元将地貌写进了他的作品《水经注》中："陕城北对茅城，故名茅亭，茅戎邑也，津亦取名。"乾隆时编著的《平陆县志》如是记载："茅津渡，在县东二十里，先为沙涧渡，后更名为沙涧茅津渡。"并在《村堡附》中指出："茅津堡子，在县东二十里茅津镇西，黄河北岸，形胜天成，为秦豫咽喉。"上述记载，都证明茅津村自古以来就与渡口相接的事实。

▲茅津渡鸟瞰

145

由村到镇的三级台阶 ❧

明代初期，随着晋商的快速崛起，通过茅津渡的货物量大大增加，各地客商觅机而来，在渡口建行设铺，圈占货场，原有的狭小码头，已远远满足不了运输业的发展需要，更不要说逐渐扩大的商品市场。另外，以英商为代表的外商也瞄准了这里的市场，形势迫使茅津渡迅速扩大规模，建设一座较大的水边城市。

茅津人看到了这种变化，他们随机应变，巧借动力，进行了由村改镇的三级连跳。

引领第一跳的，是刘氏家族的刘翀。

此时的刘翀，在京城里风头正劲。他在中了进士不久，就被任命为四川道监察御史，每日里与皇帝论政说律，随驾猎狩。见过了高楼大厦，住惯了华堂丽屋。在回乡探亲的当儿，见昔日的小院已狭小低矮、破败不堪，于是产生了修宅建院的念头。此念一萌，他便站在渡上观察，选定了渡口之上的平地。此处修宅建院一能衬托渡口的繁荣，二来可以早眺黄河、晚赏红霞。

说干就干，于是他叫人丈量土地、确定方位，请了上百名木匠瓦匠，轰轰烈烈地干了起来。

官高财大，自家田地，保证了工程进展一路顺利。一年后，刘家大宅在茅津渡口挺立起来。数座雕梁画栋、高雅大气的四合院连在一起，形成了一条靓丽豪美的大街。

传统四合院

叠楼翘檐的式样，惊动了茅津村里的乡亲。人们看着新建起来的刘家府宅，一面由衷佩服，一面盘算如何依样画葫芦，建起自己的新宅。茅津村由此掀起了一轮无声无息的建宅竞争。此时，在这里崛起的九大家族差不多都是腰缠万贯，足以支撑建设府院的巨大开支，茅津渡上的居民新村就在这样的气氛下一蹴而就。

新城建造虽然体现了家族聚居思想，但建宅秩序并不混乱，一切都按刘翀的规划进行，权威在这里显出它的重要作用。街道一律三丈宽，前排为描眉画眼的门面，四个方向形成四条宽阔大街。超前的规划，使茅津村一开建，就具备了城市的雏形。待一家家宅院建成后，人们一看，还真是城市格局，于是兴高采烈地一面评价民宅的风格，一面为各街各巷起了名字：上街、下街、东街、西街，刘家巷、王家巷、冀家巷……

在中国古代，建设有模有样的城堡是一般村落发展的最终目的。茅津村在街市建制初成、被县府确定为东部唯一的行政镇后，开始了它的第二次跳跃。

这次跳跃，还是由刘翀领导。不过，此时的刘翀已退休回家，除每日检点子孙学习成绩、偶尔到外地看看同窗外，并无多少事情可做。他主动提出了建设茅津城的设想，并愿意承担建设费用。

这次基建的指导思想，就是在现有的街道之外，建起一圈高大的城墙，

茅津小东门

并在城墙上开设东南西北四个城门，使现有街道与各城门垂直连接，形成一个"井"字形的城市布局。

这一期工程的难点在筹集资金、协调土地。为促使工程早日开工，刘翀迅速筹齐了资金，随即带着乡约地保丈量土地、画线定基，一场规模巨大的城镇升级在茅津渡轰然展开。

由于茅津村地势平坦，起墙工程需要大量黄土，而城墙外还要开挖一道宽阔的护城壕，所以工程量巨大，花费也很惊人。施工中还要不断协调土地，解决难题，因而工程干干停停，进展缓慢，刘翀为此殚精竭虑，沈腰潘鬓。

好在这里属于新城，历史遗留问题较少，县府与驻渡机构也很支持，刘翀名望又高，因此工程尽管进展艰难，但还是按照他的规划胜利完工。

在茅津城庆贺竣工的那一天，县府所有的官员都来了，甚至州府的官员也赶来庆贺。人们惊奇的是，茅津渡竟凭刘翀一人之力，在黄河岸畔撑起了一座新城。他们更佩服的是刘翀退而不老、雄心万丈，竟在暮年干了这样一件大事。

新城的规格县志并未详记。但已形成了更多的街巷，在原有的上街、下街、东街、西街外，新加了东巷、西巷、冀家巷、柳

茅津东街街巷

家巷、任家巷等，外围辟有薛家庄、芝麻沟、拐沟、后沟、后头沟、西堡、西崖、南头沟、井头崖、向家崖、南崖等。按家族划分，刘姓基本聚居于上

街一带，冀姓聚居于冀家巷内，介姓居住在东巷，薛姓住在薛家滹沱，蔡姓住在蔡家巷，王姓居于后沟，周姓、卫姓在下街一带，柳姓在柳家窑洞，任姓居任家巷等。

清乾隆版《平陆县志》记述了这次城市建设："茅津堡子，在县东二十里茅津镇西，黄河北岸，形胜天成，为秦豫咽喉。前明邑侍御刘翀所建，国朝设游击衙门驻扎防守。"城墙的大小清代重修时记载为：高四丈二尺，宽三丈八尺，夯土建筑。

清初，茅津人对堡子进行了较大规模的修建。康熙十七年（1678）开始修建东南墙，一直到康熙三十八年（1699）才勉强完工。城墙仍高四丈二尺，宽三丈八

茅津北城门

尺。因资全短缺，曾停工数年。西城墙修建于乾隆年。道光末年天地会反叛时，加紧建造了北城墙。工程由村长杨元负责。由于大权在握，原规划杨家宅院在城外，杨元私自更改了城墙基线，把杨家宅院圈在城中。城西北为新起，富户贺氏无力更改图纸，城墙就从贺家院中通过，将贺家院截成了两个，从此人们称"城里贺家""城外贺家"。咸丰年建设西南城墙时，因无法更改线路，城墙遂从龙王庙、关帝戏台上通过，戏台顶部就是城墙。咸丰末年，茅津城墙修葺全面完工，共八个城门六个城楼。后因义和团反叛，遂封了正北、正南两门。

城堡的建成，大大提高了茅津渡的政治地位，也直接拉动了水陆运输业的发展。它使更多的商家驻进茅津，更多的贸易在此成交。也促使县府做出决策，由巡检值班改为县丞驻扎，直接处理东部事务。绿营兵也将兵营扎进茅津，进行重点防务。茅津渡的新一轮城建直接拉动了茅津经济的发展，而经济发展又带来人口的大量增加。

如此一来，茅津镇原有的街巷又跟不上蓬勃发展的大好形势了，茅津村不得不进行第三次跳跃。

这次跳跃由同治年间岁贡陈凌霞等人提出。陈凌霞本为茅津人，有着强烈的故土意识。几十年的寒窗苦读，使他具备了一种超人的思维。他看到茅津渡的发展必须依赖市区扩张的大势，于是联系一帮文友，向知县华镇提出了建议。为赢得华知县支持，他拟定了一个冠冕堂皇的理由：河南省匪患严重，茅津渡为三晋的前沿，防范任务十分繁重，急需在茅津城建设更坚固的寨子，阻击土匪的进犯。联名折子递上后，知县华镇深知折子的分量，当即把折子的内容禀奏给道台李庆翱，李道台阅后表示坚决支持，随即向各方发出倡议，号召社会广泛捐资，共同建寨。古虞官弁绅民听到后积极响应，踊跃捐款捐物，短时间就集资300缗（古代一千文为一缗）。资金落实后，华知县责令驻守茅津的县丞陆以耕具体负责，加快施工。陆接受任务后，重新对寨子进行了规划，决定对北城墙加裱砖面，城池面积继续扩大，向东延

茅津旧城扩展的部分，今建起的楼房

伸200米左右，向南延至南头沟顶。按图纸放线后，立即组织人马施工。由于县丞挂帅，一切困难都好克服。在广大商户和村民积极支持下，工程两年后终于顺利完工。新城墙高大威武，坚固耐实。四个城门上危楼高耸，飞檐翘角。朱红的城门在阳光下闪着亮光，高大的狮子沉稳雄壮。四面合围的城墙，犹如在楼宇高挺的城寨上加了一袭新装，使之更加光鲜，更加靓丽，更加气势不凡。茅津渡摇身一变，成了挺立河阳大地、威震黄河两岸的一个精美城市。

为此，清光绪版《平陆县志》特意记述了它的修建过程及规模："茅津寨，即茅津镇，前为堡，详前志。岁久倾圮，同治七年因豫匪不靖，岁贡陈凌霞等公禀筑寨，知县华锁详请兴修。本道李庆翱倡捐钱三百缗，邑之官弁绅民协力输资移会，县丞陆以耕广其基址改堡为寨。东西广二里余，南北袤一里，周五里，除高崖仅添雉堞外，计筑土垣二百余丈，高二丈，下宽二丈，上丈二，池因地势深宽不一。寨门六，东南曰'揆文'，南曰'阜熏'，西曰'奋武'，北曰'星拱'，西北门无额，正东门前名'永固'，后圮另议改建，旋因大祲未果。"

连续的三级跳，终于使茅津渡凤凰涅槃、化蛹成蝶，跻身于河畔美城之列，使它能够轻松应付各类商务，容纳了400多家商铺，进驻了各种政府管理机构和成建制的军队，建立了辐射周边的集市。康熙版《平陆县志》记载："茅津，月十二集。"光绪版《平陆县志》记述："茅津会，三月初五日，四月初五日，五月二十五日，六月二十四日，七月三十日，十二月十五日。"商贸范围达黄河两岸几百公里。

街巷崖道的四次大修 ～

　　城市要保持坚固持久，必须不断维修加固，这是城池存在和发展的前提。茅津渡同样如此。

　　据《平陆县志》记载，茅津城自清代以来，先后进行了四次较大规模的维修。

　　第一次在道光二十六年（1846）。因镇东道路在多年雪雨侵啮、行潦冲刷下，沦为"偪仄窘步，车不容轨，行者病焉"的地步，严重影响南北货物的运输和行者的安全。驻在茅津渡办公的县丞王玉遂与当地乡绅商量，决心把这条道路拓宽填实，整修一新。但一算工程耗费太大，资金一时难以筹集。正在谋划如何集资时，碰上省府调职，他被调到外地去了。继任的县丞是王玉的儿子王云汉。他一来弄清情况后就勘察地形，制定方案，积极筹划修路事宜。他的行动得到了县府的大力支持，在知县刘凤琢的提议下，县府里官人"共捐廉俸，以倡输将"。经过近一年的"筑台削凭，任劳任怨"，"高挹悬崖，多补阙而直漏，俯临邃谷，已实壑而崇墉"，终于将过去坎坷

茅津镇东道路遗址

不平、狭窄临谷的道路变成了宽畅平坦的大道，"从此康衢鼓舞，载道讴歌"。这件事深深感动了特用盐运同、前贵州都匀府独山州知州、历任贵州布政使司经历山西万泉县典史、山阴人沈承恩，他将此事行诸笔端，写下了《县丞王云汉重建牌坊并修官道记》，被收入康熙版《平陆县志》。

第二次大修是道光二十八年（1848）秋。修整的是大禹庙北面的官道。

按茅津地形，大禹庙地处城北，身后便是城墙。城墙外紧邻一条城壕，壕外便是由北而来的官道。官道的北面，是该村的后沟，壁陡沟深，沟里住着部分居民。由于夏季暴雨冲刷，这里多处道路坍塌，人畜很难行走。茅津村乡约王秉强、绅士陈凌霞专程来到县府，向知县余正西［道光二十七年（1847）任平陆知县］请示，就大禹庙官路予以勘修。余知县当即表示支持，并亲到崩坏处查看，探实毁坏官道十余丈，"均当行水冲要所在，非用石块灰觔砌筑不足以资捍御"。随即饬令管理建筑的房督与工匠一起匡算，工程需资甚大，"非千金不办"，只好向上级奏明情况，并传谕两岸绅士民众踊跃捐款。河南会兴镇和驻镇上的运商率先响应，公捐制钱五百千。各村镇铺户乡民陆续捐制钱一百四十余千。工程款筹齐后，主持茅津公务的王县丞就近督令有威望的绅士专司其事。为拓宽道路，特地购买了路旁一些民

茅津北城墙残留部分

居。为防止土崖再次崩塌，在此筑了一道长墙加以护佑。"遂使险巇之途顿化康逵，前之车不容轨者，今可长驱并驾而无复窘步覆辙之虑。"工程前后历时共七个月。

为纪念这项惠民工程，知县余正西撰写了《重修大禹庙官道记》。他在文里提到：茅津"市廛鳞次，商贾云集，系二尹分驻之所，称一邑巨镇。盖地当水陆之冲，值入省通衢，自虞坂以下，依山凿径，绵延百余里扼关陕咽喉。由晋入豫省者道所必经，故皇华冠盖之络绎，仕宦商旅之辐辏，纷至沓来，不胜纪计。而三省赉商，辇运盐觔，尤当孔道。惟地势险阻，涧壑幽深，出其途者恒以逼仄湫隘为忧。余下车伊始，即拟稍为开拓，猥以诸务倥偬，未尝遽及，戊申秋，适乡约王秉强、绅士陈凌霞等以该镇大禹庙官路北边，逼近深沟，入夏以来被暴雨冲塌……当饬该房督同工匠估计，亲诣验勘其崩坏之处……"展现了一腔为民办事的惠民情怀。

第三次是在咸丰五年（1855）六月。茅津镇东有一条向西的临崖之路，经多年冲刷，道路"崩溃已过十数丈"，附近居民总怕塌崖危及自己的住地，而行路之人则怕掉进深沟。咸丰五年（1855）六月中旬，天降大雨，水流如注，这里又成了水乡泽国。时任县丞潘琅于是请示"父台"后，果断召

茅津镇东临崖道路遗址

集乡保、绅耆等各方人士，表明："保障虽关一方，康衢实系四达。"号召往来商旅慷慨捐资，同时号召各村庄捐款捐物，"以襄盛举"，终于征齐了所需资金并择机开工。经过四年多的艰苦奋战，工程胜利完工。"告竣于戊午之岁，钱共计两千缗；兴工于乙卯之秋，畚锸相持四五载。""从此有基勿坏，坠者举而废者修，伫看履险若夷，衢为歌而巷为舞。遂荡平于王路，遐迩咸乐坦途；垂久远于贞珉，始终用详盛事。"此事记载于光绪版《平陆县志》内，篇名为《重修茅津管道水口记》。

第四次在光绪六年（1880）。那时的茅津街内，有一段十分狭窄的小道，"车不变轨，马难并辔"。而离渡口数十丈处有一陡坡，两崖夹拱，崎岖难走，一遇雪雨天气，这里路滑基塌，车马难行，行旅为此怨声载道。过去年成好时，当地富商绅士"犹时时修治以利行人"，而光绪三年（1877）这里遭受大旱，"商贾星散，民各糊口不赡"，哪能顾及修路治渡？知县刘鸿逵到任后，主持茅津事务的县丞陆以耕多次赴县与刘知县进行商谈，刘考虑到这时民生艰难，不忍再行摊派，此事就被暂时搁置了下来。然恰逢江浙协赈局候选道金苕人观察（清称道员为观察）来晋助赈，知道实情后当即慷慨解囊，一举捐制钱三百五十缗，基本捐够了工程款项。于是刘知县与陆以

茅津渡口陡坡遗址

耕当即谋划，责令当地乡绅陈仲玉、吴宝仁寻找工匠，购买材料，迅速上马。两个县官多次莅临工地，巡查进度，监督质量，保证工程顺利进行。工程历经三个月后，终于胜利"告竣"。据《平陆县志》记载，竣工后的道路"料实工坚，陂者平，窄者宽，昔为险境，今成坦途。于是挽盐车者、载杂货者、牵马牛者、任负载者以及官商士民遨游于晋豫间，无不欣欣然而乐由荡平之路焉！"县丞陆以耕、知县刘鸿逵为此深感欣慰，"幸是工之成，而乐金观察济世之志已遂，且愿后之君子相维于不坠也"。此事详情见光绪版《平陆县志》刘鸿逵所撰《修茅津坡路记》。

四次较大规模的维修，使得茅津渡道路宽畅，血脉贯通，四方物流源源涌进，八方货物齐聚码头，成为功能齐全、商贸两盛、货运畅通的重要交通枢纽和经济重镇。

五大牌坊和八大建筑

茅津渡虽然楼宇群起，大院连片，但真正装脸撑门面的，还是带着特殊记号的五大牌坊和八大建筑。

五大牌坊

一、"茅津古渡"坊

该坊建于清光绪二十六年（1900），为县丞王云汉所立。王系前任县丞王玉的儿子。王玉在茅津任职期间"勤政爱民，循声卓著"，他儿子续任后，"克继父志，创建学舍"。除建学外，他还为提升茅津渡品位呕心沥血，亲自选形择制，集募资金，在渡口北矗立了"茅津古渡"石牌坊，"以整风俗利人物为己任，实德实政餍饫人心"（光绪版《平陆县志》沈承恩《县丞王云汉重建牌坊并修官道记》）。

　　该坊高约12米，宽约10米。青白石卯榫而成，三间六柱庑殿顶。脊饰龙吻，飞檐翘角，上雕云龙戏珠、蔓草奇兽及双狮滚球。折柱、花板上浮雕祥云。做工细巧，刻技精湛。堪为山西南大门第一景观。

　　此坊一下子抬高了茅津渡的地位，使古老、厚重的茅津文化跃然于世。它提升了茅津人的自信，激励了茅津人的意志，打出了茅津渡的品牌。为此，光绪版《平陆县志》对王玉、王云汉父子做了介绍："王玉，历城人，光绪八年任，勤政爱民，循声卓著，拟建茅津渡义学，未果而去。""王云汉，王玉子。光绪二十六年任。克继父志，创建学舍，惠爱士民，今尤颂之。"并在《艺文》中附《县丞王云汉重建牌坊并修官道记》，表扬他建坊引起的风尚变化："由是弹丸冲要，焕然改观，文物声名，蔚然特起。"

重建的茅津古渡牌坊

二、少尹坊

　　立于茅津镇上街东部。康熙版《平陆县志》曰："少尹坊，在县东茅津镇。明正德时，为大兴县县丞刘瀚立。"

　　少尹是古代地方官制，唐开元年间开始设立，为州府的副职。那时州的长官为刺史，府的长官为府尹。少尹是府尹的副手，从四品。前身又称治中、司马、赞治、县丞。战时，少尹又兼称行军。刘瀚为州里副职，因此称为少尹。

少尹坊的形制县志没有记述。但据村民回忆，全坊用青白石卯榫而成，三间六柱庑殿顶，高10余米，面阔10余米，上部浮雕云龙戏珠、蔓草奇兽和双狮滚球，梁枋上雕刻旋子彩画。折柱、花板上浮雕祥云。斗拱、椽飞、瓦垄、吻兽、云墩、雀替均为石料雕制，做工细巧，刻技精湛，造型美观，线条柔美。立坊者可能为县府。因刘瀚为皇帝大臣，担任国家重要职务，当地人引以为傲，故立此坊旌表刘瀚，昭示后人。

功德牌坊

三、绣衣坊

立于茅津渡上街西部。康熙版《平陆县志·坊表》曰："绣衣坊，在县东茅津镇，为御史刘翀立。"

绣衣，表示受君主恩宠，亦称"直指使者""绣衣御史"。汉武帝天汉二年（前99），武帝指使光禄大夫范昆及曾任九卿的张德等身着绣衣，持节及虎符，用军兴之法发兵镇压农民起义，因有此号。平陆县府之所以为监察御史刘翀立此坊，是旌表刘翀随明武宗出猎时，适逢江西宸濠反叛，他力劝

湖南省汝城县绣衣坊

武宗回銮，迅速平息叛乱之事。

因表彰大臣平叛有功，当时全国曾设立了两个"绣衣坊"。一个在茅津镇，为监察御史刘翀所立。一个在湖南省汝城县范家村，为表彰巡按湖广监察御史范辂反对朱宸濠谋反而建，可见两坊为朝廷所为。

志书没有记载茅津镇绣衣访的规格，但同时建在湖南的绣衣坊可作参考。该坊为全石结构，分主楼、次楼、边楼，三门四柱，每楼檐下有斗拱，通高686厘米，面阔650厘米，中门高238厘米，宽291厘米，两侧门高193厘米，宽165厘米。中门门楣上方横额内自右至左阴刻双勾"绣衣坊"三个正楷大字，横额右上部阴刻上款"巡按湖广监察御史毛伯温，整饬郴桂兵备副使汪玉，郴州知州沈焰同、鲁玘、判官姚佐为邑人监察御史范辂立"，中门上、下桁分别镂刻"双凤朝阳""双狮滚球"浮雕。背面同一位置分别浮雕"三凤朝阳""双麒麟滚球"。左门楣正面浮雕凤鸟、白鹭、荷花，背面浮雕双猴摘桃图案。右门楣正面浮雕老鹰、山羊，背面浮雕山鸪、麇鹿等图案。左右檐下灵窗镂雕孔雀牡丹、凤凰牡丹。中门两层飞檐，左、右各一层飞檐，次檐左、右檐高60厘米。顶檐和左、右两檐下各斗拱出两跳，中檐下斗拱出四跳。主楼正脊两端置螯鱼，左、右檐的左、右端只置一尾，共计六尾螯鱼。中门柱脚置石狮一对，左狮昂首含珠，右狮咧嘴嘶鸣。四柱前后均镶嵌护柱石一块，护柱石下部为石鼓，每鼓中部均浮雕异兽。整个石坊造型精美，结构科学，工艺精巧生动，为当地一大景观。刘翀同为监察御史，两坊又是同一时期所立，茅津渡的绣衣坊当与湖南的绣衣坊一致。

四、岂弟君子坊

建于茅津镇西街。乾隆《平陆县志》曰："岂弟君子坊，茅津镇人为国朝知县郭一裕立。"光绪版《平陆县志》收录沈承恩《重建牌坊并修官道记》，证实此坊为光绪二十六年（1900）县丞王云汉修建："奈湫隘嚣尘，民俗渐失淳朴。自前任璩亭父台莅任斯土，即以整风俗利人物为己任，实德实政餍饫人心，抚字十年，其修废举坠，不可枚数。更以阖镇藩篱未备，风气散而不收，先于镇之首尾建坊二座，一题曰'茅津古渡'志其名也。一题

外地功德牌坊

曰'岂弟君子'存其迹也。"

岂弟君子，也叫恺悌君子，指品德优良、平易近人的人。语出《诗经·大雅》"其桐其椅，其实离离，岂弟君子，莫不令仪"。此坊所颂的郭一裕为汉阳监生，雍正五年（1727）任平陆知县，五年后调安邑任巡抚。此坊表彰他品德高尚、为民谋利、平易近人的事迹。

该坊位于西街中部，为四柱三间庑殿顶石牌坊，脊饰龙吻，飞檐翘角，做工细巧，刻技精湛，立柱前后置抱鼓石并设戗杆支撑，上部雕着云龙戏珠、蔓草奇兽等图案，梁枋上雕刻彩画，折柱、花板上浮雕祥云，中门上、下桁分别镂刻名人题词，为当地少有的教化性牌坊。

五、德政坊

立于茅津镇东街。光绪版《平陆县志》载：茅津古渡"德政坊"，士民为县丞王玉立。

据《平陆县志》记载，王玉为山东济南府历城人，光绪八年（1882）任平陆县丞，在任时勤政爱民，声名远播。由于刘瀚在济南府做过通判，政声颇佳，世代相传。济南人王玉到平后，感念刘瀚在济南的作为，欲在这里筹集资金，建立一所让穷家子弟都能上起学的"义学"，解决当地贫苦家庭后代的读书问题。但筹建未成，被上级调到了外

外地德政坊

地。茅津人为纪念王玉的兴学之举，专为他建了"德政坊"。

该坊为木质牌坊，立于下街西部。坐西面东，四柱三间五楼结构，通高7米多，宽8米左右，脊饰龙吻，上下额枋间饰以镂雕花板，额枋等处分别雕

刻二龙戏珠、丹凤朝阳、狮子滚绣球、鲤鱼跳龙门等精美图案。当心字板上题刻"德政坊"三个大字，为平陆当地名人所书。

八大建筑

一、游击署

茅津游击署旧址

据乾隆版《平陆县志》记载："平垣营游击署，在茅津镇堡上，国朝顺治四年建。"

游击又称游击将军，是总兵（主管四至五营；800至3000兵员）管辖下的中阶武官。负责管理一营（200至600人）之军务，武职从三品。绿营的营一级可设置军衙，即游击署。康熙版《平陆县志》："平垣营额设游击一员，驻扎县东茅津镇。中军守备一员，分驻夏县。马步战兵八百名。顺治十八年后兵丁陆续裁减，实在经制官四员，马战兵四十名，兵丁战马四十匹，乾隆元年添设千总一员，随军驻扎。"管理范围东至垣曲，北至绛县，西至芮城、永济。

茅津游击署为一座独立大院，设在茅津堡西的一个岗上。前面为仪门，门前立石头狮子。设旗杆一柱，署门外有前庭广场。进门正面为处理军机政务的大殿，坐北朝南，飞檐翘角；门窗均为花格式，凝重精巧，威武雄壮。东西有若干厢房，是下属军官办公的地方。两院三厅四合院结构。占地面积约10000平方米，建筑面积约800平方米。为茅津镇重要建筑。

据《平陆县志》所记，清代以来，在茅津平垣营任过游击职务的有：肖应嘉、张美、邱如京、杨浩、崔天福、柴文炳、汤国明、陆元文、张武扬、王俊、邹文科、吕得胜、陈琪、温雄、康廷良、龚奇、改日新、李秀实、聂良、韩良弼、杨苓、马自能、石良臣、王学、李天培、李仁、弥勒保、章奏功、赵廷魁、白云汉、焦毓鹤、范建懋、那宁阿、张无怨、马占魁、范建衡、孟光爵、李行正、李坤、左位、丁济南、金玉汇、马天保、佛保、德麟、扎克当阿、李晖、苏林、谷景昌、宝龄等。这些人常驻茅津，把守险关，维护一方安定，为茅津渡繁荣发展做出了贡献。

二、千总署

朱仙镇千总署

　　建在茅津镇东北、离北城门不远处。《平陆县志》曰："平垣营千总署，在茅津镇东北，国朝乾隆三年建。"

　　千总，按清代绿营兵编制，营以下为汛，以千总、把总统领之，称"营千总"，为正六品武官，把总为七品武官。

　　茅津千总署是绿营兵千总办公的地方。因职务比游击低，故署衙比游击署略小。独立大院。中轴式格局。有主殿、厢房。门前设旗杆。主要负责茅津一带防务。

　　清代以来，在茅津平垣营担任过千总的武官有：何梁、孟柱国、田发、尹起云、王桂年、鲁保、刘通、单鹏、胡国安、刘乔、贠秉仁、冯万清、弓定国、张国镜、田喜、梁锡龄、贾榆等。他们在游击的领导下，积极防守茅津，及时平息战乱。

三、演武场

古代演武场

　　乾隆版《平陆县志》：茅津渡"演武场二：一在游击署西，修广六亩，中建厅事三楹。东隅将台一。操期每月一四七日演抬枪，二五八日打鸟枪，三六九日比射，逢十日合操；一在南寨门内，修广八亩，中建演武厅三间，东北隅将台一，东西炮台二，同治元年河东道刘子诚建"。

茅津演武场除院中建起厅事三楹、东隅将台外，旁侧还建造了主持练兵和教官休息、办公的设施，为成组的合院建筑；在合院附近或在大门外设立台基，台基上做旗杆台，以便竖杆挂旗。演武厅坐北朝南，红柱绿瓦，台高丈二，五丈见方。台下两旁插满了刀枪剑戟，堆叠着大鼓铜锣，彩旗飘飘，威风赫赫，一派肃杀。演武厅正南200米开外，有一影壁墙，青砖堆砌，六尺多厚，上书大大的一个"武"字，煞是沉稳好看。

四、三省会馆

三省会馆位于茅津镇东南部，是山西、陕西、河南三省商贾联谊、活动的场所。整个建筑坐北朝南，四合院架构布局。东西宽100多米，南北长150多米。建筑分前、后两进院落。前面为庙宇群，依次为财神庙、关公庙、火神庙。中部设一封闭式戏院。下有座椅，舞台豪华大气，设置齐全，台四周高挂蜡烛架，能有效调节照明。两侧建筑有木旗杆、东西马厩、钟楼、鼓楼等。商馆内置各式供桌、几案，案上摆放各类花瓶、供器、供物。木式花架或高或低或方或圆，鲜艳花瓶多彩多姿；乐器及各类"杂宝"一应俱全。既显示商人精明豁达的气质，又有深邃的文化内涵。

由于晋商迅速崛起，财大气粗，建设这座会馆时，集中了当地最好的工匠，挑选了当地最优质的建筑材料，设计之巧妙也为当地建筑少有。它集宫殿、庙宇、商馆于一炉，远看雄伟壮观、雍容华贵。近看精巧秀丽、典雅有致，是晋商留在出省口的一个精致艺术品。

五、巡检司

无锡市荡口巡检司

地处茅津镇北门内。乾隆版《平陆县志》曰："沙涧茅津渡巡检司，在县东二十里河岸北，明洪武中巡检严毅建。"

巡检司在元、明、清时为县衙下的基层组织（类似公安派出所）。清代在全国人口大增、县衙数量并不增多的情况下，次县级的巡检司在数量与功能上日渐增多。茅津巡检司的主要职能是稽查私盐、巡查河防、巡逻盘查、代征税收等。清代后期，由于中原一带起义不断，巡检司职能有限，于是这里新增了平垣营。巡检一职由县丞代替，减少了上传下达环节，使绿营兵与巡检各司其职。

茅津巡检司衙门为正厅三间、谯楼一间、鼓楼一间、后厅三间、巡检舍三间、弓兵房十多间。设巡检一员、司吏一员、弓兵几十名。县丞陆以耕在此任职时，因办理河防有功，被保以候补知县，同治九年（1870）升为知县。为鼓励继任者勤恳工作，不辱使命，特把来此任职者书刻于厅内的石碑上。他的《茅津丞亭题名记》曰：

茅津古为渡，控豫钥冀，要且冲焉。旧设巡检司盐车往来，河防急缓，实典实查。顾于秩微甚，无以资镇辑。嘉靖间巡抚伯公请于朝，更为丞，丞闲曹也，而是之责成，则与令等。凡有事得直达盐司及大府，大府有急符亦径下丞，丞之系于津如此其重也！南服迩不靖，中州数困蹂躏，长蛇画犇，黠鼠宵窜，津、南直陕汝防遏之重与讥查之密，盖兼迫焉。津故设平垣营游击守之，及其警也，防兵云臻雾屯纷纭杂沓，供亿县令事，而巡诘侦报筹布调辑之责乃交萃于丞，则其于职又綦难也。士君子读书入官，冲其意量，率务远大，丞簿未秩，则皆以为抱关击柝，罔足措施，又或感戚遭遇以自颓，放略其职而弗思举，余滋惧焉。比寇氛稍疏逖矣，狼烽在台，何感自驰，爰裒前莅斯土者姓名勒石厅壁，并书更置之由于职任之重，蕲谂后来实自责焉，而抚膺殊惴惴已！

据《平陆县志》记述，在茅津担任过巡检的有：惠敏、杨发先、谢廷莅、张明、唐明爝、范起鲸、孟铉、张维藩、王臣、薛元祐、徐士珽、马琏、蒋国仁、蔡启元、胡士强、宋肇元、胡士琮、范大椿、范大椿、李德、裴禹文、张觉民、张有恒、汤廷英等。

嘉庆四年（1799）后，巡检一职被裁，改由县丞管理稽查渡口船只，专司验盐引缉私。此后在茅津渡就任县丞的有：范伯棠、吴鲁田、徐如涵、王昌绪、李云衔、官鹏云、姚冕、范祈、李予思、俞化鹏、赵维培、陈兆庆、张鸿儒、陈荫、陈鸿逵、王玉、徐庆棻、周震廷、纪英选、魏炳、赵秉全、严骧、路奉垚、王云汉、苑春和、王珠耀、唐正居、崔世华、张树棠、潘琅、张塘、詹淇文、张树棠、沈以镛、蒋模、沈拱墀、陆以耕。

六、茅津炮台

西炮台旧址

清光绪版《平陆县志》载：茅津演武场有"东西炮台二，同治元年河东道刘子诚建"。

茅津炮台设于茅津城东北部，这里地势高昂，视野开阔，黄河上下游及陕州会兴渡一目了然。为平垣营下设的军事设施。炮台共分两处，一个在东，一个在西。架设江南制造局生产的大炮，口径大、射程远。辅助设施有望楼、药局、官厅和兵房（人员掩蔽室）、围墙等。炮台用花岗岩砌成，每个炮台长20多米，宽10多米，高约4米。可架设若干门大炮，成"一"字形配置。围墙高3米，望楼设在炮台前，药局建在炮台后不远处。两旁建有较隐蔽的房屋，是炮台士兵的居屋。炮台总面积约400平方米。在清末捻军北渡时，此炮台发挥了重要作用。由于火力强大，炮弹可打到隔岸的会兴渡上，捻军恐惧炮弹威力，退返陕州城内。

七、御史府

御史府是茅津人对监察御史刘翀宅院的称呼。刘宅为典型的四合二进院。金柱的大门，清水脊压顶。门板上刻有精致门联，门中间装有铜质门钹。门下为鼓形门墩，上刻精美花卉。门旁设有上马石和拴马桩。大门对照有一个影壁，由菱形青砖拼接而成，线条清晰，大气耐看。与大门同排的是倒坐房，歇山式屋顶，卯榫式结构，横梁上雕刻各类花卉图案，门窗均为组合格子组成。院中间有一座垂花门，门后为正房，也称中堂，两侧是卧室和书房，正房正中放一张八仙桌，两旁设两把椅子，墙上挂着一幅山水画、两副条幅。两旁有厢房。第二进院为正房后的后罩房，院落中有正南北十字形的甬道，两旁植有花草树木。建造精美，清爽宜人。令人羡慕的是，刘家四合院不止一座，而是相连的四五座，形成一排整齐的院落，组成巨大的建筑群，显得富丽堂皇，气压一方。

八、翰林院

特指曾为翰林大学士冀文锦的院落。地处茅津镇西南部。坐北面南，北为正房三间，硬山式屋顶，花格子门窗，室内中堂高阔，两面隔出居住小间。东西为两排厢房，房内铺装楼板，隔为上下两层。南面为书房、大门。书房为硬山顶，四开门，门上为精细的格子纹，下为漆木板。中间隔着两方雕花木板。四开门上方，是一长方形花格顶窗。四开门外部，附着一个挂门帘的木柱。楹柱上嵌着长方形花框。四开门两边，是上下两层格子木窗。门外有前廊。院子中间，隔着一道垂花门。后面为正房。正房后为二进院。大门外有一对方形石墩。墩上为方木组成的井字格，格中嵌着一方精致的木雕：为白底黑线的八卦图，中心是颜色不同的阴阳鱼，外围是乾、坤、震、艮、离、坎、兑、巽八个字符。石阶下立着石质拴马桩。整个院落布局合理，雕刻精美，图像生动，文气充盈，为当地有名的四合院。

此外，耸立在茅津街头的四幢"德政碑"，也堪为渡口一大景观。这四幢石碑，皆为颂扬地方官吏德政而建。光绪版《平陆县志》曰：茅津镇有"德政碑四，为知县李钟淑、张怀堃、余怀堂、游击谷景昌立"。

据《平陆县志》介绍："李钟淑，字平侯，号春圃，山东济宁贡生。乾隆四十一年知县事，吏治修谨，持大体不为深苛。四十七年创建义学，暇日集诸生讲说经义，士民德之，为树德政碑。"

"张怀堃，字笠舫，直隶广昌举人，咸丰十一年知县事，洁己爱民，宽猛相济。时山西通办民团，他邑惜苦兵费，堃寓兵于农，不费不扰而团成。捻匪犯陕，平有唇齿之忧，堃遍谕乡民防河，百姓如闻父召，莫不踊跃从公。自芮及垣二百余里，防御不懈，阖境赖以瓦全。贼扰陕州，难民隔河呼救，堃通游击谷景昌设法渡济，全活无算，豫人勒石颂德焉。后调安邑，迁凤台，祀本邑名宦祠。"

德政碑旧址

"余怀堂，平利进士，三年任（重任）。"

"谷景昌，直隶钜鹿县武进士，咸丰八年任游击，有胆略，畅晓戎机，屡著功绩。同治元年捻匪寇陕，率士卒防堵极严，贼杀掠迅迫，陕州难民隔河呼救，贼亦蜂拥将至，景昌无惧色，架炮舟击贼，渡民全活无数，豫民刻石颂德焉！五年捻匪复习窜，防御严密，贼不敢犯，以功升泽州营参将并赏戴花翎。六年出防吉州龙王岔，兵溃骂贼殉节，奉旨加总兵衔，世袭骑都尉，以恩骑尉罔替，祀昭忠祠。"

四人都为平陆经济发展和社会稳定做出了贡献。人们在他们离任后，纷纷集资为其立碑，表彰他们在当地立下的不朽业绩。四碑规格形制基本一致。碑高3米多，宽1米左右，碑面由名人书写。碑额为篆书。黑漆漆面，立于正街，宣示功绩，光照后人。

五大牌坊和八大建筑、四大石碑，像一处坚硬骨骼，把茅津城这座水边城市稳稳地支了起来。也如一处高大地标，鲜明地昭示了茅津渡的政治地位，同时把茅津渡几千年来的文化底蕴、经济实力、民风民俗、宗教信仰通过这个窗口艺术性地表现出来。它的影响将划破历史长空，在更遥远的未来熠熠生辉。

繁华小城的毁灭重建

1941年12月，当茅津船工卫启亮含泪离开渡口时，眼前的茅津城已是一片废墟。灰黄的浓烟从一个个土堆里缓缓升起，一群群乌鸦、麻雀在残壁上聒噪。寂静的寨子里，能听见黄河的怒吼。卫启亮对着废墟深深低头，告别了这个令人怀念的地方。

日军轰击后的废墟

抗战以来，日军为占领茅津，可谓费尽了心机。先是用密集的炸弹，将一方方鳞次栉比、美不胜收的四合院炸得粉碎；把一座座精心打制、金碧辉煌的庙宇撕成烂泥；将一幢幢形制凝重、美妙光艳的牌坊彻底抹平，又用密如飞蝗的子弹，把那些曾经受人尊敬的官员变成了到处躲藏的难民；把那些大腹便便的商人变成了一无所有的乞丐；把那些驰骋江湖的老艄变成了失去

家园的贫民……

断垣残壁的城池上，留下了一幅幅令人难忘的镜头：罪恶的炸弹落在介家，将介氏一家炸死了十三口；一枚炮弹穿过房梁，落在了正冒热气的浴华池澡堂里，将该店伙计4人炸死；一枚炸弹掉进居民仁兴泰的后院，将仁群的母亲、仁才娃的妻子等炸死；一枚炸弹落在朱家前院，将朱建发、朱永发、朱元元、朱改女、侯强女一家5人炸死；而落在任家巷里的炸弹，将刘家栓、刘岗娃、刘铁娃3人炸飞……一时满村人戴孝，家家户户悲泣。

日军占领茅津城后，在这里野蛮开辟无人区。一把把大火，烧尽了残留下来的一户户民房。炮火中幸存的庙宇被一个个拆解当了烧柴。大块石料被拉去盖了炮楼，运不走的索性一把大火烧掉。茅津渡一时烟尘满天，鸡飞狗跳。大火直烧了六天六夜方才熄灭。

在这片废墟上，日军建立了自己的阵地。村内外的向家崖、柳木沟和西堡沟，建起了三个可交叉射击的炮楼。弯曲的河面上，漂起了日军的钢驳船。原来存放潞盐的盐窖，变成了日军的战备仓

日军炮楼

库。空旷的地带，成了日军的练兵场。三天之内，一个繁荣富裕的古镇，变成了群魔乱舞的鬼城。据不完全统计，抗战期间，茅津镇被屠杀的居民达211人，其中被飞机炸死的76人，枪杀的97人，致死的13人，被抓失踪的25人；炸毁庙宇、商铺、机关、学校37处，炸、拆、烧毁民房25000间；宰杀大牲畜400头，家畜家禽25000头；损毁渡船6只，铜锣200面，鼓30面，钹钗32副，旗200面；骆驼运输队全被打散，价值不可估量。到1945年8月日军投降时，全镇连一根像样的木棍也找不到了。

茅津人几十个世纪的努力，几千年来的积攒，费尽心机建立起来的古城，就这样被残酷的战争所碾压，回到了蛮荒状态。

1947年，在经历了解放战争的炮火后，茅津渡重回人民怀抱。在兴高采烈地欢送大军渡河后，茅津人开始建设自己的家园。县委、县政府为恢复茅津市场，着力解决了原住户的房基问题，规定：

解放初的市场

（1）凡土改中分给贫雇农的土地，地基不变，当时院基未划清的，仍按原确定的地权划清。（2）凡地主、富农的耕地地基一律没收，所有权归县公有，土改中对雇贫占地基解决太差的，从中酌情补足。（3）凡属中农、非封建性成分的商人、地主，地基归本人所有。（4）凡成分不清的户，由县建委负责查清，暂查不清的户，地基由建委代管。（5）地主富农原代理人出卖之地基，查明属实者，1944年前按买卖关系对待，1944年起一律按划分的成分处理。（6）公共基地，除茅津学校占地、茅津村公所占地外，其余全归县所有。（7）敌人占领时期，因修汽车站所占基地，原则上不再补助；但确系住户的，酌情补助住房基地。

该政策的出台，为茅津渡重建美好家园奠定了基础。茅津人从此心无旁骛、齐心协力建设自己的家园。经过两年努力，茅津村群众基本建起了新的家园。

由于条件所限，这一轮建设存在许多先天不足。持续的战争耗尽了人民的心血，使得群众在并无积蓄的情况下建设家园。而最关键的是，它摧毁了茅津渡的物流和市场，导致茅津人再也不能凭着自己的商铺和生意来赚钱，

20世纪80年代的民居

来建设自己的住房。

　　然而，茅津人是坚强的、勇敢的，他们能够随遇而安、顺势而为。建不起四合院就盖简陋的土坯房。烂椽搭顶，土坯为墙，刨树做材料，拣石垒成墙，一座座房屋就在这样的情况下挺立在废墟上。

　　要说茅津村住宅变化最大的，还要数改革开放以后。一场声势浩大的思想解放运动，冲破了束缚在人们思想上的禁锢。在新制度和新体制下，茅津人发挥自身优势，一面恢复生产，投资各种事业和渡口服务，一面利用肥沃地力，发展自己的红枣、苹果等特色产业，以工促农，以旅游致富。短短几年内，全村经济面貌发生了根本性变化。人们根据自己的实力，先后盖起了结实敞亮、水泥灌顶的第一批砖房。几十年后，又掀起第二轮建房高潮。一批标准更高、面积更为宽绰、外观更加美观的别墅式院子出现在渡口之上。茅津村在旧城毁灭60年后，又一次出现了楼宇林立、鳞次栉比的景象。

　　这番建设与过去相比，多了些现代因素，多了些宽畅实用，但少了传统特色和艺术构成。更值得注意的是，它只是村的格局，少了城市显著功能。"城，郭也，都邑之地，筑此以资保障者也。""市，买卖之所也。"这些特征茅津村都不具备。

茅津村急需奋起直追。

茅津渡现代民居

第六章 乡里乡风

转眼到了腊月二十三，薛老大忙活了一天，晚上早早休息了。黎明时分，突然听到院里有『咕咚咕咚』的声音。起来一看，只见院里扔了一地的东西……

拿到灯下一看，共23个兰花小包裹，每个里面都有几件首饰、布料，还有十块大洋……

映像民风的三个故事

一

一个地方有一个地方的文化积淀，它深刻影响着当地的民风民性。

茅津渡地处"三河"之中，历史演绎复杂，文化积淀深厚，先贤英烈辈出，这些因素都影响着本地的民风。

茅津渡的民风从三件事情上可以看出。

第一件事，是清光绪十年（1884）河南戏班在茅津渡的遭遇。

那年冬天，河南一个戏班前往解州演出，途经茅津时遇到了一场少有的暴雪。一时大雪埋膝，闯山无门，23人的戏班只好在茅津渡停了下来。想住店但囊中羞涩，只好找到一个弃置的烧瓦窑，在那里暂且躲一躲。

该瓦窑是茅津人薛璟兆的，已有好几年没使用。这天薛璟兆和儿了薛满囤路过瓦窑，听到里面唧唧喳喳的说话声，于是产生了好奇，进去一看，不禁吓了一跳，瓦窑里竟坐着20多个人，都是缩手缩脚，神情沮丧。于是问："你们是……""我们是河南的戏班，联系好到解州唱戏，谁知遇上了大风雪，住店无钱，只好借大叔的瓦窑躲避一时。""哦……原来这样，唉，出

现存薛家祠堂

门就是不易。为今之计，我说一个办法，你们看行不行。我家的大场上，积着一摞棉花柴，你们就把它搬来烤火，家里还收了不少玉米，你们把它拉碎，用铁锅熬些汤，对付过这几天。"说毕，指了指放柴火的地方，对儿子满囤说："你去扛一袋玉米，把咱家的大铁锅拿来。出门人恓惶，谁都有个遭难的时候。"

满囤按照父亲的嘱咐，将家里的铁锅、玉米拿到瓦窑，又将戏班人引到街巷的石磨处，让戏班人拉碎玉米，对付着下锅。

薛璟兆父子所做的这些，完全是凭着一颗良心，并没有想到回报，也没有为此觉得高人三尺，反倒感到这些人说不定就是自己的贵人，对贵人不能有丝毫的马虎。

大雪下了三天，又消了三天，戏班人烧掉了薛家的一大摞棉花柴，吃掉了三四袋玉米。到第七天天气稍暖和后，他们才翻山而去。当然，走时表示万般感谢。

转眼到了腊月二十三，薛老大忙了一天，晚上早早休息了。黎明时，突然听到院里有"咕咚咕咚"的声音，不禁有些疑惑，起来一看，只见院里扔了一地的东西，拿到灯下一看，统共23个兰花小包裹，每个里面都有几件首饰、布料，还有十块大洋。于是想到那个戏班，心里涌过一股热浪。

第二件事发生在民国时期，是茅津人与西洋人之间的一场官司。

事情是这样的：英国商人与上海商人看中了茅津周边的鸡蛋市场，决意在茅津城建一座中等规模的打蛋厂。蛋黄就地制成蛋糕、点心等，蛋清作为工业原料，装桶运往俄罗斯、日本等国。但建厂期间，发现丢了一些木头。经查访，系茅津人王居寅所为。弄清情况后，西洋人便把他告到了官府，经缉捕房勘察，确系王居寅所为，于是作出以下决定：王居寅请戏班在茅津演

茅津城打蛋厂旧址（现茅津村委会）

三天，每次开场前，他要上台给全体居民作检查。王居寅知道自己犯了大错，于是勇敢承认错误，以身说法，每次开演前上台惭愧地说："我叫王居寅，偷了英国人的木料，请大家不要学我……"

第三件事发生在1966年年底。此时正值"文化大革命"期间，茅津村的造反派正在酝酿夺取党政大权。但一些年龄较大的人，则把造反目标放在争夺渡口的航运权。他们认为，茅津人祖祖辈辈吃的是摆渡饭，与渡口有着密不可分的关系。但"这块干馍"却在1958年被国营航运站拿去了。按当地土话，就是"自己养大的孩子被别人抱走了"。要说夺权，就要夺渡口的航运权。

于是，一些对渡口历史清楚的老人，便合拟了一份要求解决航运权问题的申请，郑重签上自己的名字。其后共凑盘缠，推举代表三人，赴京"告状"。

三个人就这样肩负重任出发了。由于事先谋划周密，到京后忙而不乱，很快就把材料送到有关人士手中。完事后坐着火车回了家。

谁想春节过后，一场突如其来的批斗会摆在眼前。造反派认为他们干扰了斗争大方向，趁机向国家发难，于是把策划事件的七个人全部拉到台上进行批斗。会后，又在新湖村召开规模更大的批斗会，让重点人物站会挨批斗，准备大会结束后"依法逮捕"。好在武装部政委朱喜旺及时赶到，才制止了这次事件。

这事虽然被造反派无限上纲，但结局却出人意料。平陆航运站不久得到通知：每月由茅津村、新湖村、王崖村各摆渡2天，其余时间由航运站出航。

茅津人终于以自己的勇气，争得了部分航运权。

上述三件事虽不能全面反映茅津人的民风，但起码映射了他们的善良、勇于认错、敢于斗争的精神风貌。

茅津的民风，含纳在平陆人民明礼重义、勤劳奋进、善良淳朴、忠诚老实的精神中，一如光绪

茅津村木船

版《山西通志·民俗考》所说的"民贫俗朴，不事商贾，力于农事，勤于纺绩，有古魏节约之风、节义之行"。也如乾隆版《平陆县志》对平陆人的定义："率皆俭朴，衣食器用不雕不饰，茅茨土阶之风，陶复陶穴之化犹存。" 1984年所编《平陆县志》对本邑民风则表述得更为准确："平陆民性淳朴，勤劳节俭，诚实正直，坦率善良。居家以耕读为本，稼穑为宝，勤俭持家，恪尽孝道，注重积蓄，省吃俭用，丰年防歉，备荒意识极强。重家教，讲村风，父兄生活虽苦，也多让子弟入学，以期成材。村庄不论大小，均重公共道德。待人实在，热诚礼貌，尽管平时节省，对客人绝不吝惜。与邻友相处，多能相让，以和为贵。办事谨慎，求稳怕乱，虽处逆境而多能强忍。注重名节，讲仁讲德，安分守己，自我克制，淳朴憨厚，从不以诈以力。多能脚踏实地，迎难而进，坚韧不拔，以期有成。"

茅津人既具平陆人所有的民风特点，也有自身的一些地方特色，如思维敏捷、机智灵活、敢于斗争、不怕困难。这些特点，是茅津渡强大的物流、优越的商业环境、形形色色的人流、险恶的船工生活所造成的。它带着码头特点，沉淀着历史文化，充斥着商品交流的因果，也是各地风俗互融的结果。这些民风，不仅与渡口互根共长，更鞭策茅津人面对时代发展，发扬开拓创新精神，直面矛盾，不怕困难，攻坚克难，达到胜利的彼岸。

〜 衣饰中暴露的码头记号

服饰，是一个地方精神面貌、审美意识和风俗习惯的外观体现。

茅津渡地处码头地带，在各种服饰的影响下，演化出既跟潮流又独到的服饰风格。它一方面随传统服饰大流，与当地服饰共进退，一方面体现实用好看的特点。

元代以前不说。明清时期，这里男人多穿青布直身的宽大长衣，头上戴四方平定巾，一般平民穿短衣，裹头巾。六瓣、八瓣布小帽开始流行。女子常在额上系兜子，名"遮眉勒"。内衣为小圆领，颈部加纽扣。衣身较长，外加云肩、比甲等。平日常穿的是短衫长裙，腰上系着绸带，裙子宽大，如百褶裙、凤尾裙、月华裙等。清代男装主要是长袍和马褂，袖端呈

清代服装

马蹄形。长袍外面的马褂身长不过膝，袖宽且短。衣服上的佩饰琐繁，男装以褂最为盛行，马褂作为外用。女装乾隆以后衣服渐肥渐短，袖口日宽，再加云肩，花样翻新。

民国服装

民国以来，平陆本地服饰有了记载。据1984年《平陆县志》所载：民国初年，尚有男人蓄发、女人缠足之旧习，经政府大力开展剪辫放足活动，至民国10年（1921）左右有了根本性改变。这时，男人服饰，农民常年短衣宽裤，冬棉夏单，秋黑夏白，皆以土布为之。冬季上身内着棉袄，外套马褂，下身着长腿棉裤。夏衣比较简单，有上身只穿肚兜或背心者，仍是长腿裤子。春秋着夹衣，染浅蓝、灰色或淡黑色，皆为自染。民国31至民国34年间颜料奇缺，价格昂贵，一斗麦只能换1斤煮黑，1两只能煮6尺布，还是灰色。有的用橡壳、石榴叶、泊池泥染棉布，尽管如此，仍然穿带色衣服。上年纪的人冬季多系腰带，紧身御寒。头戴遮耳棉帽或皮帽，脚穿布鞋。赶牲口的脚户或行路人戴风帽系缠腰，紧裹腿，穿布鞋。平民平时戴瓜皮黑色小帽，冬天戴火车头帽，老年人有的戴毡帽，小孩戴套头帽，还有的头绑白毛巾。也有人冬季戴耳套，少数有戴手套的。年节有穿袍拜年的。结婚时穿长袍，罩外褂，戴礼帽，插金花，披红绸，挂铜镜，穿靴子。妇女装束较男子讲究，衣服着色，虽盛夏亦甚少穿纯白者（丧事例外）。农家妇女服饰干净朴素，便于劳作。冬季戴套袖御寒。走亲戚，过节日，年轻妇女要稍事妆饰。新媳妇出嫁坐轿戴花

冠，穿裙子，拿手帕，穿花鞋，擦
脂粉，戴项圈、耳环。男孩头顶上
留发以护囟门，长到十四五岁剃成
光头。女孩留帽角（即短辫）1到3
个，稍大留满头，梳小辫1至2根，
再大绑1根辫子垂在背后，结婚时
把辫子盘到脑后，称为圆头，头上
裹头巾，裤腿绑带。小孩戴项圈、
系项绳。项绳红色辫制钱 1岁1个，
还有小锁、铃铛，手上戴镯子。男

垂髫小孩

孩一般到12岁就不戴了。女孩则项圈一直戴到出嫁，生了小孩就不戴了。男
女鞋的式样有圆口、方口、尖口、三片、汽眼等多种。小孩鞋有猫、猪、
狮、虎等式样。袜子是布做的。妇女织布花色品种成百种，丰富多彩，具有
较高的民间手工艺术审美价值。

洋布洋线代替了土织土纺后，这里的服饰发生了突变。皮鞋、洋袜、丝布、织贡呢时髦上市。裤子兴起了一阵窄裤腿，又兴起一阵宽裤腿，后为不窄不宽的裤腿，绑腿变敞腿。交通方便地区变化明显，东山地区新中国成立前变化不大。

新中国成立以来，当地服饰变化逐渐一致。20世纪60年代：以粗布、棉布为主，品种单一，色调单一，补丁衣服极为普遍。70年代：以棉布、化纤为主，布料色调单

民国时期的结婚照

一，以中山装为主。其中中山装比例占46.48%，工作服占 32.14%。颜色以蓝色和深绿色为主。80年代：服装颜色渐趋丰富，款式开始新颖，中山服已失去主导地位，西装大量出现，喇叭裤、牛仔服深受青年欢迎。皮鞋、皮夹克及呢子大衣普遍，面料以化纤、毛料为主，真皮服装出现并逐渐增多。90年代：服装款式新颖，色调齐全，纯棉、

20世纪80年代的服装

纯毛、真皮等高档面料普遍，但化纤服装仍然有很大市场。高档西服、休闲装、时尚服饰、牛仔服饰在市场上大量涌现。

2000 年后，款式新颖，样式独特，服饰具有个性化、自然化和环保化的特点。此外，汉服、唐装、宋装、清装等大量上市。过去，县东县西衣着悬殊，现已无大差别，而且越是过去土织土纺不发达的地方，越变得彻底迅速；而过去依靠土织土纺的地方，则保留传统，变化较慢。一些青年人、上班族衣着讲究，穿着时髦，城乡差别明显缩小。

发式变化也十分明显。清代时，男人也留辫子。民国10年（1921）左右，政府大力开展剪辫、放足活动，男子大多削为光头，但小男孩头顶前留角角，后面梳小辫子，到了"望十二"那年则剃光，这一风俗延续到新中国成立初期。女孩小时候头上留帽角 （即短辫）1至3 根，稍大留满头，梳小辫1至2 根，12岁以后梳成 1 根大辫垂在背后，结婚时把长辫子绾在脑后，用网络套起来，别上金银玉簪子，俗称圆头。新中国成立后发式趋向于时髦。青年男子留分头，女子在未出嫁前梳双辫子，垂在胸前，结婚时剪成剪发头，也有保留双辫子的。但不烫头。娶过儿媳，成为中年妇女后留较长的剪发头；老年妇女有握发、贴发各随其便。老年男人有留头的，也有剃为光头的。有留胡须的，也有七八十岁不留须的。过去男子都剃光头，现在绝大多

数青年都留了头，老年人也有留头发的。过去老人留胡须，现在留长胡须的很少。随着社会发展，也有些青年男子留长发、蓄小胡、穿牛仔裤、花布衣服。女子涂口红，穿超高尖跟鞋，佩戴钻戒、金戒、金耳环、金项链的人越来越多。

船工因经常过船，服饰以简单实用为主，颜色单一，以深蓝或黑色为主。按季节划分，夏日上身着一件白色小衫，不系扣，或干脆敞开胸，下身着一条长裤

船工穿戴

或穿着大裤衩。春秋则上穿一件夹袄，下身一件夹裤，下角挽起。冬日上着一件大棉袄，腰里系一根绳子，袄里有的是棉花絮，有的缝着一层羊皮，头上裹一条白毛巾，与黄河沿线其他地方的船工装扮基本一样。

隐在节气中的民俗 ～

俗话说"十里不同风，百里不通俗"。茅津渡的节气基本与当地一样。

春节贴对联

春节，即农历正月初一，也叫年下。人们按各自情况办年货、扫尘、祭灶、做豆腐、接玉皇、赶乱岁、贴年红、吃团圆饭、守岁、给压岁钱、拜岁、拜年、拜神祭祖、燃爆竹、烧烟花、祈福、逛庙会、赏花灯，等等。二十三祭灶后，开始进入过春节程序。先是彻底清扫屋院，随后开始买年货、买新衣服、割肉、做豆腐、蒸馍、炸油馍、张挂灯笼等。头天晚上贴对联请神，院里画囤，撒上粮食颗粒，表示五谷丰登。早早起来做饭，吃馄饨，内包硬币，谁在碗里吃到硬币，谁就有福。早饭前鸣放鞭炮，敬祖献神，不能大声说话，水不能往院子里倒，不要碰坏物品，不能骂人，不准扫地，尤其不能往外扫。家长习惯给小孩压岁钱。先在自己家里给老人叩头拜年，叩头也不能白叩，长辈要给晚辈压岁钱。再后就是男主事率子孙去家庙在族长主持下，按辈分大小列队叩拜列祖列宗。然后，晚辈再向长辈施叩拜礼，最后平辈互拜，如同新中国成立后的团拜一样（旧社会妇女是不准进家庙的）。女主事带领女辈分小的，特别是新婚儿媳到辈分大的族人家去拜年。新媳妇头插绿叶红花、金银簪，上穿红绸袄，下穿石榴裙，脚蹬绣花鞋，手握银铃拜巾，走起路来或施拜礼时，银铃会发出有节奏的哗啦、哗啦的响声，此时婆媳都是最风光、最愉悦的时候。初一这天凡路遇者，男子无论熟人或陌生人都要抱拳打躬作揖问好，左手为福，右手为祸，故左手抱右拳，以显示有教养。凡有拜年者主家都要把家中最好吃的东西用盘子端出来招待客人，如花生、柿饼、核桃、瓜子、麻花等，让来客尽情享用，而来客只是"意思"一下即可。更有意思的是，若遇到长辈或主人不在家时，拜年者要对着他家列祖列宗牌位或客堂虚叩个头，叫"寄"在那儿，待主人回来由家人转告收"叩头礼"。中午有丰盛佳肴。午饭、晚饭都要敬祖献神。初一只许往家拿东西，不许往外拿。过去正月初一不出村，从初二起开始走亲戚。特别是刚结过婚的青年男女，初二男的带着新娘去到岳父家拜年，故有"正月初二用眼看，一路小生陪小旦"的俗谚。初三、初四为走重亲的日子，如舅舅、姑姑、姨姨等，去拜年不能空着手去，而要带着馍馍、麻花或一吊三斤肉：而老亲、远亲只提麻花去看看即可。初五为"破五"，一般不出门探亲。如前日需探望而未来得及的亲戚，可在初六给予补探。初六前的活动主要是男人们的事，一般妇女是不让出门的，故叫"忌门"。初七，古人称为"人日"，少女

春节走亲戚

可在这天把自己打扮得漂漂亮亮，展示自己的风采。但不能感情行事，讲究"人美德高"；古人还把初七这天看作奋发图强的节日，这天后，人们要以新的姿态迎接新的一年。村民们准备春耕农事。

春节拜年

春节习俗新中国成立后有很大变化。新中国成立初期时兴不祭祖宗，不讲辈分、不叩头。见面时说一声"同志，新年好！"接着握手、与大家一起扭秧歌。老年人见面后寒暄"吃了吗？""吃了。"1958 年"大跃进"年代，年轻人见面后说"同志，新年好！你们队劳动竞赛搞得怎么样？谁放了卫星？"老年人见面后话题是："你们队谁家评上劳动模范啦？"随后几年时兴"集体团拜"。1968 年春节搞革命化。初一把人们集中到大队部念"毛主席语录"、进行集体团拜，然后参加生产劳动。1978 年改革开放后，拜年的方式逐渐多样。除吃喝外，亲戚间开始走动。借春节谈企业改革、土地下户、栽种桃果等。1983年后看春晚、互道"恭喜发财"成为主角。1998 年时兴用电话、手机拜年。晚辈给长辈磕头逐渐风行，长辈给压岁钱成为惯例。新世纪后春节拜年形式多样，有的在饭店吃饭，有的全家旅游，有的参加个人娱乐活动，有的全家到南方过年。

元宵节。从初六起开始排练红火节目。高潮是十四、十五、十六三天。正月十四就有排好的红火到街上踏街。正月十四晚各机关糊制的花灯上街展演，家家门上挂红灯。正月十五元宵节，县城大街上集中各乡镇红火进行表演，各乡镇也在

元宵节表演节目

集镇上进行锣鼓、红火表演，有耍龙、跑旱船、踩高跷、扭秧歌等。晚上不仅点灯笼，还要插彩旗，挂彩灯。不少家用黍面捏成各种形状的灯盏，点着放在门墩上。形如鸡的放在灶君前，还献枣山；粮囤里有面蒸的蒲篮盘蛇；油缸盖放面蒸的鳖；天地众神前献面蒸的 1 碟 5 只白兔和面捏蒸熟的棉花包袱；财神前献面炸的油角。这天还要吃汤圆（即元宵）。新媳妇在十三日就得回来，灯节时新媳妇要浇灯盏。元宵节除所有红火上街表演外，还有荡秋千、闹社火、放焰火等。

正月二十三贴金牛

金牛帖。为正月二十三日。该日是老君炼丹之日，也是财神爷生日。届时家家门上张贴金牛帖，上面写着"新春正月二十三，太上老君炼仙丹，家家门上贴金牛，一年四季保平安"一类的话。灶君前祭献的枣山，到十五再献一次，这一天切开吃了。并用白面稀糊糊翻煎馍吃，吃时向空中抛一片，以纪念传说中补天的女娲。

正月底，摊煎馍。这天家家户户摊煎馍，先往天上（房顶上）扔，接着往地上（院内四角）扔，象征女娲补天维地。

二月二，咬蝎尾。传说冬眠的青龙到这一天，会被隆隆春雷唤醒，所以民间有"二月二龙抬头"的说法。这天早晨起来，大人、小孩均要吃麻花。吃法是先咬两头，俗称"咬蝎尾""啃龙骨"，边吃边念"二月二，龙抬头，龙不抬头我抬头"。因这天是龙王睁眼，故理发店开始营业。因为农村有"正月剃头妨娘舅"的说法。天上老鹰大，地上娘舅大。谁也不希望舅舅有个三长两短，故正月里不理发。二月二龙抬头了，理发就成为理所当然的事。男性理光头精神焕发，小孩理光头胆儿大、有出息。

二月初五，为溜光。这日人们吃凉粉，预示一年如凉粉一样光滑顺溜。

走百病。为农历二月初八。偕友人到郊外散步，还有携酒肴、游茂林、登崇岗的。名为走百病。清代盛行，民国时仍有，今无。

清明节。为扫墓祭祖日，家家男人扛上铁锹，提着竹篮，里面盛着蛋、肉、馍、香和纸钱、纸絮（纸钱有两种：一种是用白纸剪成铜钱形，一种是黄色绵纸，折起象征金砖、金元宝。白纸絮届时压在坟上，表示已经有人上过坟，平陆上坟规矩是坟不上二回）来到坟前。家族大的姓氏先上祖坟，指明这是那一辈祖先，然后分支上坟。坟前先摆起供品、点上香、焚烧了纸钱，三叩九拜之后，给坟上培新土，压纸絮，即告结

清明祭拜

束。如墓中死去的亲人未过三周年者，叫上新坟，尚需放声痛哭，洒泪而别。清明祭祀一般为男性参加，如族人或家丁稀少，女眷也可以参加，尤其是上新坟。如死者的骨灰或陵园在异地，祭祀者又不能前往，就将祭品送至附近的水滨或十字路口，口中念叨着亲人的称谓或名字，告诉他（她）每年今日来取冥钱。如在外未及还乡，家中、族中无人上坟者，为寄托哀思，主祭者可率领家人在水滨举行"望乡"祭。有的家趁清明节立碑迁坟。

谷雨节。除毒蝎。习俗如二月二。

端午香囊

端阳节。为农历五月初五，也叫端午节。新中国成立前村民有喝雄黄酒、插艾叶、吃粽子、挂香草布袋的习俗。因雄黄酒是砒与硫的化合物，有毒，新中国成立后已不再酿造。但吃粽子、插艾叶、绣荷包、挂香袋习惯仍然流传。古人视五月为"恶月"，这一月各种毒虫出现。为了避毒虫，驱散瘟疫毒气，便采草制药，其中雄黄酒是一味中药。香草布袋里的中草药均由

药店提供。粽子形状多样，有锥粽、菱粽、秤锤粽等。这天还流行少女、少妇染指甲风俗。本地还有"蛤蟆躲端午"之说，端午这天是捉不到蛤蟆的。一旦捉到蛤蟆，人们便往其嘴里塞进半截墨条，挂于阴凉处晾干，用时涂于患处即有杀菌、排毒、医治皮肤病之疗效。

七夕节，又称女儿节。指农历七月初七夜。根据牛郎织女的传说演化而来。如今演变成了中国的"情人节"。这天有情人一起出游、互赠礼品，议定婚事。

中秋节。为农历八月十五，也叫"团圆节"。是夜家家举行赏月、祭月活动，把西瓜、苹果、石榴、红枣、月饼等摆在院心敬献月亮。过去月饼是自家做的，在一块6至8寸的梨木或枣木板上刻上大小不同的圆形模具，

中秋月饼

将白面包好的馅饼按在其内，变成带有花纹的饼子，可烧、可蒸、可煎。穷苦人家的馅子包点红糖即可，富有人家的馅子就讲究多了，什么桂圆、枣泥浆、花生仁、核桃仁、青红丝等。再说吃月饼也有讲究。家势大的人家，将大团圆月饼分割开来，先长辈后晚辈人人有份，也有根据血脉远近分享大小团圆月饼。边赏月、边食用，讲述嫦娥奔月、吴刚伐桂、八月十五"杀鞑子"等故事。随着生活日益富裕，人们一律到市场上去选购，市场上的月饼高糖、高油脂，但含面粉、蔗糖、油脂、鸡蛋、莲藕、火腿、豆沙、咸肉、果脯、花生仁、瓜子仁等，味美可口，营养丰富。八月十五农村的年轻夫妻炸油馍、买肉拜访岳父岳母。

重阳节。农历九月初九，是我国传统的节日。民间有佩戴茱萸、饮菊花酒和登高的习俗。认为佩戴茱萸可以去邪避恶，饮菊花酒可以消灾祝福，登高能避祸呈祥。根据第45届联合国大会通过的106号决议，1988年，我国

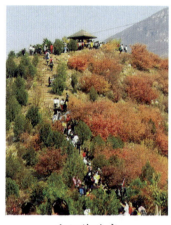

重阳节登高

将农历九月九日定为传统的"中国老人节"或"敬老日"。从此，每逢老人节前后，各级政府、老干部局、老龄委员会、老年体协等都要组织敬老宣传，并对"好媳妇""好儿女"进行表彰奖励，开展"亮衣赛"等活动。

寒衣节，俗称鬼节。为农历十月初一。这时天气渐凉，人们担心逝去的祖先冬天受冷，便用各色纸剪制成被子、衣服、房子、金钱等，并在双层色纸被里装些棉絮，表示为"寒衣"。早晨起来家家门口挂起纸吊，表示迎接去世的亲人重返家园。中午人们捏馄饨、饺子供献祖先。夜深人静后，拿上献供，在大门外用草木灰画个大圆圈，把各色纸剪成的"寒衣"烧化在灰圈内，有的烧在十字路口，让祖先安安稳稳过好冬天。

冬至敬祖。这天用豆腐切成几份正方块，下在锅里，早晨烧成汤，发着面，说是喝"头脑"，并商议年节祭祖的事。有的包吃饺子。意为冬至吃了饺子冬天不冻耳朵。

"五豆""腊八"。腊月初五家家用5样豆子（红豆、黄豆、绿豆、豌豆、白豆）配红枣放在锅里，煮成香甜可口的五豆糕，全家人和六畜都吃上一顿，这叫吃"五豆"。从此天长一斧头。吃"五豆"物料要多备，当天不能吃完，剩下的藏起来，等待腊月初八，俗称"腊八"。腊七、腊八，冻掉下巴，这是一年中最冷的两天。早晨吃捏馄饨（原五豆馅），锅里下着小米、核桃仁、红枣、豆腐和剩下的"五豆"，同时配以之前到野外挖回的蔓菁煮在锅里，连吃带喝，据说可防治痢疾。午饭吃"腊八粥"，用桂圆、莲子、红豆、核桃仁、花生仁、豇豆、黄豆、江米（即糯米）八种原料煮成，故为"腊八粥"，也称"八宝粥"。普通人家以饺子上浇红豆、黄豆、胡萝卜、豆腐、粉条、海带等代之。吃完"腊八"，天长一权把。另外，还有个说法是：从前有位大财主，他有一个娇生惯养的儿子，因为染上吃、喝、嫖、赌、抽的坏毛病，父亲死后不几年就把父亲留给他的万贯家产挥霍殆尽。这年天寒地冻的腊月初八，家里再无好吃的东西，他让妻子将家里盆

腊八粥

盆罐罐里剩余的莲子、红枣、核桃仁等八种残粮，用笤帚扫出来熬了一锅粥，全家老少喝了一顿，故名"腊八粥"。以此劝告人们要学好，养成省吃俭用、艰苦度日的好习惯。故有腊月初八不能将粥喝完，留下稀粥一直喝到年三十的习俗。

祭灶。为腊月二十三日。这天是灶君上天向玉皇大帝奏报的日子，为让灶君不在玉皇大帝面前说坏话，人们这天特为他烧香摆献，供枣山，敬糖瓜，打发他愉愉快快上路。并在他的像前贴"上天言好事，回宫降吉祥"的对联。

除夕。腊月月尽为除夕。前几天家家户户都要彻底清扫，除夕下午要贴对联，请祖先，包隔年饺子，夜里守岁达旦，谓之"熬年"。取意与岁俱增，并准备好过年新衣，以便第二天早早起来穿新衣。新中国成立后破旧立新，除夕除保留清扫门庭、贴春联、放鞭炮、吃团圆饺子的习俗外，常常锣鼓喧天，通宵达旦，在喜庆气氛中实现新旧交替。

新中国成立以后，很多陈俗旧节被废止了，只保留一些健康的节日，如春节、元宵节、清明节、端午节、中秋节等。如今，全民过的节日有元旦、五一、国庆，还有三八国际劳动妇女节、五四中国青年节、六一国际儿童节、七一建党节、八一建军节，还有9月10日教师节、"九九"重阳节等。民间过传统节日是休息娱乐，改善生活；机关团体过节主要是开展有意义的纪念活动，以启迪人们的思想、振奋人们的精神，树立社会新风尚。

"礼俗合一"的红白喜事

茅津渡在婚丧大事上，基本按照"周礼"规定进行，但具有本地特色。

（一）

喜庆事宜上，有纳采、问名、纳吉、纳徵、请期和亲迎六个程序。

在议婚阶段，先让媒人了解对方家庭情况。主要弄清三点：一是对方前人有没有功名，是否官宦之家、地方士族、绅士，借以提高自己地位；二是对方经济情况，免得婚后受累；三是对方老人身体状况。女方最怕公爹公婆身体不好，

热恋中的青年男女

女儿一进门就要侍奉有病的公爹公婆，或是婆婆厉害，女儿受欺负。男方则较注重女方的名声和脾性。如果双方都觉得门当户对，男方就会派媒人拿礼

物到女方家表达意向。女方如果愿意，就会收下礼品，这就是"纳采"阶段。纳采后，就是"问名"和"纳吉"，双方通过媒人交换庚帖，庚帖上写着男女双方的生辰八字、属相、命相阴阳等，请算命先生合婚，看男女属相是否相克，一旦相克而又不能破解，就不宜结为夫妻。《诗经·氓》里的"尔卜尔筮，体无咎言"，就是说对对方庚帖进行占卜。合婚的忌讳：平陆一般五服内不通婚，但姑表亲、姨表亲等过去有。自《婚姻法》规定直系血亲以及三代以内旁系血亲不能通婚后，这样的婚姻从此绝迹。合婚对男女年龄也有忌讳，男女年龄不能相差太大。不过平陆有"女大三，抱金砖"的俗语，清代以前富贵人家的子弟要娶好几房，正房一般都比男子大。这个风俗直到民国时期仍然流行。再是姓氏还有犯冲之说。如平陆忌讳郭杨通婚。认为锅（郭）煮羊（杨）不吉。另外，忌讳姓杨的嫁到带"虎""狼"名字的村子。

订婚仪式

问名、纳吉之后，平陆一般还有一个相亲的步骤，叫"看地方"。由媒人带着女方的母亲、女儿到男方家做客。主要看男方房院、相貌，看未来公爹公婆的身体等，男方的父母借此看看未来的儿媳。这天，如果男方满意，会给女方一条棉布被面，称为许亲布，表示满意这门亲事，就等于定了亲。然后开始下聘礼，即"六礼"当中的纳征。女方收下聘礼，意味着婚事已定，并且做出嫁人的承诺，不能悔改，对男方来说，聘礼就相当于娶妻的凭证。聘礼通常在迎娶前的 100 天或者两个月之内送到女方家中。送时一般邀请至亲参加，时间一般安排在上午。因为下聘礼就等同于婚姻缔结的承诺，所以为了慎重，很多人家往往将接受聘礼的程序分为放小定和放大定两个部分。放小定又称"文定"，出自《诗经·大雅·大明》"文定厥祥，亲迎于渭"。主要是男方向女方赠送相对简单的订婚礼物，如戒指、耳环、手镯之类。放大定也叫过大礼，比小定的规格更高更隆重，一般会有金银珠宝、绫罗绸缎、衣服首饰、美酒等为聘礼。也为女方制作金饰品。如果家庭条件不好的话，就会用白银打造。

聘礼多寡是根据家庭地位和经济状况决定的。光绪三年（1877）以后，提亲用银子有 4 两的、6 两的、8 两的、12 两的、24 两的不等，后来每份礼要 24 元、240 元、2400 元可能就是由此演变而来。女方家接受了聘礼就叫"定了亲"。

结婚聘礼

定亲后，女方就成为男方人了，用物都要向男方家索要。20世纪50年代反对买卖婚姻，订婚时男方送给女方一支钢笔、一个笔记本，鼓励其努力学习；女方给男方回赠一双鞋，即为"定亲礼"。20世纪50年代后期，彩礼为 3 身衣料、30 元钱，加裹银缎一块（以 1 条被面代替）。60 年代受"三年自然灾害"影响，人们普遍贫穷，订婚时索要的彩礼为毛衣、手表、2 单 1 棉，外加一件小大衣。70 年代除上述衣物外，增加一架缝纫机和 240 元彩礼。80年代后期到 90 年代，彩礼档次进一步提高，除两三身高档衣料外，突出要"三金"，即金耳环、金戒指、金项链，外加一份礼即 8000 元或 8888 元。2000 年前后，县城一带礼金已达到六七万元。随着人们生活水平的提高，礼金数量越来越高。但也有不看礼金看前途的。旧时，根据媒人带回的聘礼单及择定的婚期吉日，男方按聘单要求准备彩礼，聘礼单新列内容是根据女方家族大小、主要亲戚多寡列的。一般在迎亲前 10 日或 15 日，将彩礼装在十分考究的 4 架食盒中送往女方家。其第一架食盒内盛食品，用发面蒸两个巨型尖顶大花馍，上塑龙凤配，寓意男方家富有得像麦秸垛，又表示龙凤呈祥美满婚姻。其他盒内盛的是用模型打制出来的花饼。最后一架食盒内盛的是肉类。女方根据亲族远近分发。如舅父是重亲，送一个大猪头，四只猪蹄；若有二舅、三舅，每位均送双肉吊（每吊3~5斤），实际等于如今散发的请柬（通知书），让他们做好准备，届时外甥女出嫁时去"送女"。大舅收到的彩礼最重，所以在外甥女出嫁那天要为外甥女准备一件大红缎子棉袄，否则就是失礼。如男方富有，女方贫困，要外加300斤麦子送给女方。辛亥革命后，几成买卖婚姻，币制改为银元，一般女价为120元大洋。男方是后婚娶黄花闺女须出480元，后婚男娶小寡妇，须出600元、800元、1000元不等。妆奁系女家准备。21世纪初，不论城乡，大约男方要给女方家送去8万元或10万元礼金方可成亲。

嫁　妆

双方婚嫁事宜准备妥当之后，婚礼进入倒计时。旧时，迎亲前一天要办两件事：第一，新郎要在乐队吹打下到宗庙祭祀祖先或家祭；第二，派人前往女方家搬妆奁（俗称嫁妆）。搬嫁妆有三个忌讳：一是嫁妆不能用车拉，只能用人抬；二是抬嫁妆要在上午，陪嫁的器皿不能空着，里面要放些红枣、花生、核桃等吉祥果品；三是嫁妆之中有一件东西不能够抬，叫小桌。须用大红布包住，让一个长相俊俏的小男孩背在肩上，跟着送嫁妆的队伍一起走。随着去女方家搬嫁妆的还有一位男方家叔伯代表，此人要同女方家主事最后拍板（娶亲时不再提任何条件）。此举名为"了事"。这位代表去时，所抬的食盒上要系一颗用红线拴住的红枣，表示这件婚事要"早办"；若女方父母不持异议，收下酒肉将红枣换成柿瓣（将柿子饼分成4半），取其谐音以表示"事可办"。搬回途中，搬嫁妆的都要逗押嫁妆的小舅子买烟，开箱吃里面的核桃、枣。嫁妆搬回家，男方要付押嫁妆的小舅子押嫁妆钱。随着生活条件的改善，现在大部分人用汽车来搬嫁妆。搬嫁妆一般不用乐队。有些女家

为了炫耀女儿手巧，会把精美的嫁妆放在木架上展示。如果两家距离较近，会绕道而行。

迎亲仪仗队。乐队（一般由8~12人组成）在前，新郎头戴礼帽，上插红缨，身着长袍短褂压底靴，前挂照妖镜，去时押着新娘轿，回来时骑马。马头挽红，上放骑褡，背插洋伞。脚下设铜镫子。

迎亲乐队

姐夫、顶马（即伴郎）均骑马加毡，两位"捏姑嫂"（即伴娘）随后。迎亲队伍需属相不相克，儿女双全，年轻美貌的人。也有用八抬大轿、四抬轿迎娶的。现在用一溜小轿车迎亲，车辆越高级越好。行路讲究不过庙、不过河、不过井。用来迎亲的花轿也是有讲究的。一般来说，寡妇或者纳妾都是不能够坐花轿的，所以女子出嫁坐花轿，人生中只能有一次。

女婿到女方娘家行礼时，胸前十字披红，头戴高子花。如娶的是小妾，是半边披红半边蓝绸；属续弦的，去时半边蓝绸半边蓝花，回来时依然如此。

新郎在女方家，时兴藏鞋、堵门等嬉闹形式。女方提前让算命先生算好上轿吉时。由儿女双全的妇女给新娘上头开脸，即用一根拧紧的细绳在女方

新郎抱新娘

脸上细细刮一遍，将新娘子脸上的细小绒毛除掉，使其光洁白皙。现代年轻人大都在美发馆美容后出嫁。迎亲队伍到女方家后，由女方总管引领先给女方祖先行大礼后，由伴郎带着向总管、礼房先生、厨师等敬酒致谢。临行前给父母叩大礼，母亲号啕痛哭，以表留恋，母女洒泪而别。

新娘出门时要脚不沾地，由兄长或大姐夫背出门，这一习俗演化到现在就是新郎将新娘"公主抱"。轿子发轿前要进行搜轿，搜轿人一般为儿孙满堂、夫妻齐眉的高寿、有福之人，搜轿时两人中一人执点燃红烛，一人用一面镜子，在轿子里四下照射一遍，再用燃着檀香的熨斗在轿子里熏一遍。轿车进入迎亲行列后，没有那么多讲究了。但轿车外面要披红挂花。送女的"姈不送，姑不哭"。

新娘家如嫁的是大姑娘，为凤冠霞帔装扮，如嫁的是寡妇，不准戴凤冠，不准戴花冠，不准戴花捏（用于插画），女婿在灯笼火把下把人接走。走时脖子上套铜圈，手上拿粮斗，意思怕再守不住。

迎亲队伍返回时不走旧道。新娘子坐花轿紧随其后，同辈兄弟伴随花轿左右，名曰"压轿"，女方重要亲属长辈如舅父、姑父、伯父、叔父等作为后盾尾随在后。无论路途多遥远，中途不允许轿落地。

按旧俗，这一天新郎为皇上封的小登科，新娘为皇上封的皇女。娶亲路上可以鸣锣。夹毡的一路上压路条，七品以下的官员见了路条赶紧走，要避亲。一旦不小心碰上，七品以下官员要下轿让路，头低下不能看。迎亲队伍鸣锣后，当官的不能鸣锣，让娶亲的先走。迎亲回来路上，夹毡的要回收路条，收了后再放一块花馍在原地，以敬地神。因为路条占了地神的地皮。

娶亲仪仗队回到大门外，鼓乐喧天两边站。花轿落地，由女方送亲人念课书，内容一般为：新娘子出轿时面向某个方向，并请某种属相人回避。男方人夹毡内卷，边走边铺。移步时，新娘全身佩戴的81颗铜铃发出清脆的铃声，十分悦耳。礼宾官这时提个红斗，里面是甘草搅铜钱，口里喊着："一洒金，二洒银，三洒媳妇出轿门。""某家门

夫妻对拜

203

楼高，媳妇进门不弯腰。"边喊边洒。新郎拿一根中间绾两个同心结的红缎，一头塞给新娘子，一头由新郎牵着，行走在红地毯或红布上，此时鼓乐齐鸣，鞭炮大作，边走边撒五谷，涂脂抹粉入大堂，举行拜堂礼。"一拜天地，二拜高堂，夫妻对拜。"然后是合卺。合卺用的杯子是彩丝相连的双杯，称作"交杯"。由一名儿女健康、老人高寿、夫妻齐眉的全福老太托着喜盘，盘里还装着红枣、花生、莲子等喜物，全福老太要一边说着，一边把盘子里的东西撒到床上。之后是点燃红烛，红烛一定要燃到第二天早上才会吹灭。

合卺后少年四人执花烛，引领新人入洞房。女婿进门先到炕上踩四角，边踩边说："踩踩踩四角，四角娘娘保护着。儿多着，女少着，三年花鞋我保着。"踩四角后跳下炕翻被窝，接着说道："一翻金，二翻银，三翻女婿厚脸皮。"新娘进门，有人要抗一下，不抗不能进。媳妇坐炕要按事先看好的方位坐。媳妇上炕时怕有人脱鞋，事先在袄袖里放一把制钱，这时猛一撒，孩子们纷纷去捡钱，媳妇趁机上了炕，把脚盘起来，这样就没人敢去脱鞋了。俗话说："女婿的头，媳妇的腰，只能看，不能摸。"下面是大姑小姑端洗脸盆，捏姑嫂溅水在新娘头上，意为给新媳妇上头，这一上新娘就成了新媳妇。新媳妇要扔一把铜钱在洗脸盆里。

挑盖头

洞房里只剩下一对新人后，由新郎以秤挑去新娘头覆的方巾，谓之"挑方巾"。或者是新娘坐在床边，新郎自己动手揭去方巾。之所以用秤，即表示称心如意。

此时，男方主事设酒宴招待双方男女宾客。小送先吃前三席，吃了等着举行望亲。月老与老送（女方长辈）同时开席。这时女婿持酒敬月老。第一遍席后，姑父、姨父、舅父带酒与男方家人举行望亲仪式，即双方认亲。

望亲后吃二茬席。古时共要吃三茬席。酒饭之后，女方代表临归前，一脚门里，一脚门外，代表女方爹妈向女儿公婆说女儿年龄小，不懂事，在家娇生惯养，缺乏家教，如有不周之处，还请公婆多包涵等等客套话，然后带上送亲之众上路返回。女方代表走后，是男方亲朋好友入席。新郎新娘由公公、婆婆引着，挨桌介绍："这是你舅，这是你姨父……"每介绍一位亲戚长辈，新媳妇礼拜三下，舅舅等重要亲戚拿出红包，放在盘里，回去再拆。

喜宴喜棚是宴请宾客的地方，一般会供奉和合二仙，即主婚姻的神。喜宴上菜的顺序、菜名、宾客座位也有讲究，大体来说上座为媒人长者，下座为宾客，原则是上尊下卑、左尊右卑，客人按照长幼、身份和地位从高到低依次入座。

现代年轻人结婚，迎亲回来后稍事收拾，就直接进饭店，在宾客面前举办婚礼。婚礼由婚庆公司承办，主要仪式为：

第一项：主持人宣布婚礼开始。鸣炮！奏乐！第二项：主持人邀请双方父母就位，介绍双方

婚礼仪式

父母；第三项：邀请来宾就位；第四项：介绍新郎新娘；用亭亭玉立、婀娜多姿、貌似仙女、风姿翩翩、出水芙蓉、赛过凤凰来形容新娘；用英俊潇洒、相貌堂堂、浓眉大眼、落落大方来形容新郎。第五项：请主婚人上台讲话。第六项：请证婚人上场并宣读结婚证书；第七项，新郎新娘拜天地，向双方父母三鞠躬；第八项：向各位来宾、各方亲戚三鞠躬；第九项；新郎新娘三拜、九鞠躬，喝交杯酒。第十项：新郎新娘谈恋爱经过（爱情宣言、戴戒指等）；第十一项：新娘新郎父亲讲话。第十二项：司仪讲祝贺语，让大家吃好喝好。礼成。

闹洞房。是从新婚之夜到"住十二"前，这段时间左邻右舍与新郎、

新娘逗笑取乐的一种民间习俗。为能把这一活动搞得生动、活泼、有趣，参与的人数越多，表明男方家人缘关系越好，故而有"十二里头没大小"的俗语。即婚后十二天内不分辈分大小、年龄长幼均可参与闹洞房。古时文明，大都是猜字对诗。如"墙上一张画，风刮呼啦啦，有心揭下吧，里面有个胖娃娃。""怀里抱，肚里有，还有一个地上走。"古时一般男小女大，让小丈夫抱起大媳妇去拔插在屋顶上的金花，或从新娘前脖子放进一颗瓜子让男子从新娘衣下襟伸进手从胸腹前部摸出来，以此增强小两口的性知识。所以，在旧社会年轻人把"洞房花烛夜，金榜题名时"看作是人生最幸福的时刻。现在则是让新娘为客人点烟、唱歌，当众让新郎新娘拥抱、接吻等。

闹洞房之后是春宵一夜，新郎入洞房前，母亲会交给新郎一方素色手帕，在两人敦伦的时候，这方手帕被垫在新娘的下体处，作为验红之用。

"出十二"里织毛衣

回门。即婚后第二天，以娘家人为主大请女方宾客的日子。新娘子家邀请新姑爷和出嫁的女儿回娘家吃请。宴罢，当天下午夫妻相伴而归。第三日不出门，在婆家待一日。从第四日起，新婚夫妇轮流到舅舅、姑姑、姨姨、堂叔伯等重亲家去赴宴，均为晨接走，晚送归。

出十二。是婚后第十二天，娘家兄或弟代表父母再去婆家请回女儿将息数日（即休养之意）。新媳妇临行前要给婆家老少施礼，请示姑男（即公婆）允许在娘家住几日，届时必归。婆婆根据儿媳妇回娘家时间长短，来给其分配一定的针线活。一般是把公公、婆婆、小叔子、小姑子、丈夫的鞋、袜纸样和布料交给儿媳，要她在"出十二"内完成。如时间短完不成，就由娘家妈、嫂嫂、姑姑、姨姨等帮助完成。即使做得质量不好也不怕。民间有"十二鞋，一担柴"之说，意思是"出十二"做的鞋上山砍一担柴就破了，很不结实。实际是对婆婆允许住的时间短、布置的任务多表示不满的一种说法。"出十二"回来时，要从娘家捉一只小母鸡，以表示"吉利"之意。也有说捉母鸡是表示繁衍后代之意。总之，旧社会新娘子是家庭中地位最低的。即便对3岁的小姑子也要称其为"小姑姐"。

继结婚之后，就是生育风俗。

新婚夫妇生孩子后，第一是报喜。首先要到岳父家去报喜。生下男娃为"弄璋之喜"，生下女娃为"弄瓦之喜"。然后接上岳母去伺候女儿，岳母去时要携带提前为小孩准备的小衣服、小被子和尿布等。走五天，看十天，探二十天。在这三个时间里，男方家要准备接待女方家的姑姑、姨姨、嫂嫂、堂伯母、婶娘等重要亲戚的贺喜和慰问。看月婆携带的礼物都较轻，一般是红糖、鸡蛋、糕点等，男方设便宴招待。同时也要接待男方亲友的贺喜探望。

小儿满月仪式

第二是过满月。即庆祝孩子生下满一个整月。旧社会"过满月"要当一件十分隆重的喜庆事宜来办理。一般两头亲友均携带为小孩所做的单棉小衣和鞋、帽、斗篷、童毯、金银首饰等。娘家是主亲，礼重，为孩子做的衣服花帽要装在十分考究的盒子内抬往公婆家。事主收到娘家亲友的重礼后，不仅要设酒宴招待，而且还要回礼。回礼多少根据送来的礼物而定，一般是礼物价值的三分之一。

第二是起乳名。旧时为孩子起乳名，一般是在满月这天，由父亲或者爷爷当着众亲的面，握住孩子的小手（男左女右），连咳嗽三声说："我的娃叫XX"。一般都起有小名，如"狗蛋""毛蛋""尿罐"等。传说起名贱些好养活。如果是男孩，长到三岁时由家长带进祠堂，根据家族的规矩由族长按"长幼有序"的原则，起个正式学名，但要避讳列祖列宗的名字。如先祖从"士"字辈、"文"字辈、"迎"字辈起名，后辈名字中不允许再重复使用这些字。如今为孩子起名，虽不像从前那样严格讲究，但必要的避讳还是需要的。如遇到没有文化的家庭，由家长用手绢包一盒香烟，到学校请教师起学名。名字尽量要"斯文"点、"不同寻常"点。

第四为走岁。孩子周岁那天，两头重亲要来为孩子过周岁。所带礼物一般为童衣、童帽、童鞋、玩具等。有的孩子外祖母为外孙捉一只下蛋母鸡，图个吉利。此仅限于孩子一周岁时，而且为第一个孩子。

属于喜庆一类的事还有：

为老人祝寿。即为老年人过生日。清时比较盛行，普通人家男过生日，要准备四盘菜，全家在一起纪念。女的不过生日。儿女婚后，每遇生日，割些肉，买些菜，女儿、女婿及外甥们，蒸着寿桃

给老人祝寿仪式

馍，拿着挂面来祝寿，欢欢喜喜吃过饭就回去。有钱的或杀猪，或买肉，待几席客。特别有钱的富豪或官宦人家，遇到老人七十、八十整寿，事先求官衙题送匾额，通知亲朋好友贺寿。届时杀猪宰羊叫乐队，热闹一整天。祝寿之日，过寿的人多不到堂。午餐给他端一桌酒饭，子孙侍候。清光绪三年（1877）以前祝寿的时有所闻，此后人穷财尽，没啥举动。民国成立，间有其事。日军入侵，地方沦陷，祝寿者很少，一般是本家人在一起吃顿饭。遇到八十、九十大寿，便较为张扬，请来宾客祝寿。在农村中，如果老人身体不行，便在这年给他过生日。

新中国成立后祝寿不再是男人的特权，为母亲祝寿逐渐成为时尚。不过普通人家过寿，仅摆四盘菜而已。女儿、女婿、外甥蒸着寿馍，带上肉吊、两把挂面或2斤点心前来祝寿，儿子儿媳设家宴待之。改革开放后人们生活富裕，祝寿活动大大增多，不仅为自己老人祝寿，也经常为八十、九十岁老

人祝寿，有关组织到场送寿帐、牌匾，子孙设宴款待。少者三五桌酒席，多者达二三十席甚至上百席。

建厦祝贺。盖新房上梁时，亲戚邻友买鞭炮前来祝贺，示相帮之意，房主少不了设宴招待匠人和邻里。迁住新居时，在岔路道口要围上石灰线，意思是防止财气外散，要把原有旺盛财运带到新居里去。迁住新居，邻友均送馄饨，帮其安锅，还有的送对联，也是互助的意思。

（二）

葬礼同样在"礼"的规范下进行。

茅津村一般父母上了60岁，子女要在闰年为父母购置棺板和寿衣。寿衣用料多为绫罗绸缎。根据四季做成单衣、夹衣、棉衣三、五、七身。男士讲究身着天蓝缎长袍，外罩青色马褂，头戴黑缎瓢帽，脚穿登云棉靴。女士头戴黑色风帽，脚穿棉鞋，上穿紫色棉袄，下系深红色裙子。棺板多用松木、柏木，也有用楸木、桐木的。以柏木为上，楸槐次之，杂木为下。厚的达2寸5分，薄的亦有2寸。如子女生育晚尚未婚配，老人年过60亦须安置。一般儿子备棺木，女儿备寿衣。

初终：人临初终，家人要将新的丝絮放在口鼻上，试看是否断气。这种仪式叫作"属纩"，"属"是放置的意思，"纩"是新丝棉絮。今人则以号脉或用听诊器来判断。古人初死，亲人要在屋顶面向北方为死者招魂呼叫，让"灵魂复体"。今人则大多守在死者身旁大声呼叫，确有将昏迷中假死者叫醒的。当人处在昏迷状态时不可急于穿衣服或沐浴。当确定不可"复生"时，方可洗脸、理发、梳头、洗脚、穿衣等。然后将亡人双脚拼齐，用黄丝绳或麻绳从脚腕扎起来，以防诈尸。并及时同活人居住地分开，停放于空房间，脸朝天，盖上白麻纸，平躺于榻。孝子贤孙为其烧"倒身纸"，痛哭志哀。并搭起灵棚，点续香火。孝子坐草守灵，接受吊唁者。

平陆对普通平民的死直呼"死"。出幡时，凡不到60岁的，在"故"

字前写"世"；凡 60~70 岁之间去世的，在"故"字前写耄；凡70~80 岁去世的，在"故"字前加"耋"；凡 80~90 岁去世的，在"故"字前加"期颐"二字。

丧服区分着亲属关系。平陆丧服分为五等：1.斩衰。为五服中最重的一种，用粗生麻布做成，衣旁和下边不缝边。子为父、未嫁女为父、妻妾为夫、臣为君、诸侯为天子均为斩衰，居三年丧。2.齐衰。丧服用熟麻布制成，因经过缝边，故称"齐衰"。居

丧 服

丧三年至三个月不等。系儿子、未嫁女对母（含继母）居丧三年；已嫁女为父母居丧一年；孙为祖父母居丧一年，为曾祖父母居丧三个月等。3.大功。丧服用熟麻布制成。男子为曾祖父母、叔祖父母、堂伯祖母、堂姐妹，妇女为公婆的姑母、姐妹等居丧九个月。4.小功。为更精细的熟麻布。丧期五个月，是男子为伯叔祖父母、堂伯叔父母、堂姐妹、外祖父母，女子为丈夫的姑母姐妹及兄弟媳妇的丧服。5.缌服。用细麻布制成。系男子为族曾祖父母、族祖父母、族父母、族兄弟，以及为外孙（女之子）、外甥、婿、妻之父母、舅父等，居丧三个月。

随着时代发展和殡葬制度改革，平陆对丧服和居丧有所变动。孝子用斩衣、齐衣（斩音子，齐音催），其他人用大功、小功丧服。丧服之外，还得挂孝棍。父丧用竹（缺竹的地方用芦苇），母丧用桐木，均用麻纸条花缠，每人 1 根。若是父母俱亡，子、女、媳妇每人 2

花 圈

杖，头七上坟时，将棍插在坟上。

殡葬的程序为：父母丧，先请阴阳先生择穴斩草，一面央人打墓，一面给亲友报丧。门前用白布书讣文曰："不孝男××等罪孽深重，不自陨灭，祸延显考某字府、（妣某氏太）君，痛于×年×月×日×时，寿终正（内）寝，距生于×年×月×日×时，享年×十×岁，谨此讣闻。"另用白麻纸剪成条，按亡人年龄数，1岁1条，共为一束插在门边，名曰门幡。亲朋闻报丧前来吊丧，葬时来献，外甥女婿要蒸猪首馍，每个2斤，拿8个，还得割猪肉、杀鸡、购幡帛等物，名"三牲礼"。丧事一般都要叫乐队，丧主有钱的请主官主持、礼宾唱礼，在另一个地方给主官安置公馆，好生招待。主官吊孝、谒主、点主、辞主，每回均用礼宾逐一唱赞。

入殓。是将亡人遗体装入棺木内。入殓之前，棺木要用松香水洗过，由三姓人进行入殓。棺内第一层铺家织布做成的褥子，第二层铺白色褥，所盖被子为黄色，名曰"铺银盖金"。枕头为鸡形，若是读书人则枕下放上生前著作或所喜读之书，名曰"伴书长眠"。亡者左手执白纸钱（有1岁加1张），右手执金笔，名曰"银钱铺路，金笔点关"；耕者，左手执纸钱（买路钱），右手捏一条狗舌头（用白面捏成狗舌头样子，意为吓唬恶鬼拦路），身边左右放着筷碗（一路饿不着，如有饿鬼前来拦路，亦可由面团开路）。三日内，棺盖不可盖严实：一来让亲友瞻仰遗容，二来防假死还生。入殓时亲属守在左右，由孝子抱头、女儿抬脚平放入棺。入殓完毕，焚香烧纸。孝子贤孙昼夜坐草守灵，为亡者消灾免罪，灵前烛光昼夜不灭，香火不断。古代贵族死后，口里放一只玉蝉，左右手握有一对玉猪，以示富有。

谢土。即为踩穴打墓。葬日定后，前三天阴阳先生斩草卜择灵寝墓，俗称打墓，即给老人盖房子。靠定三人为之。曹川地区在老人生前用砖箍好坟墓，这时只需仔细清扫即可。近年来，踩穴打墓趋于选择小块地靠山墓，即为墓道通往山内，不择平地穴式，如此既可保持长久，又可节约土地。打墓时，孝子一日三餐送酒、送饭到墓地，让掘墓者饱食终日，如有剩余饭菜不可再拿回家中，埋于土内，名曰"谢土"，实为央求打墓者加快速度。

殡葬日。亡人入殓后，在家停丧待葬一段时间，这叫做"殡"。"殡"时可长可短。古有三年、数月、数十天不等。今人选三、五、七日。一般父母丧，三四日葬；少年丧，三日以下；有早丧晚葬的，这种情况不多。夫人先死临时埋个地方，待丈夫死后一起下葬。陪葬品的种类、多寡随死者的社会地位而定。既有青铜制品，也有玉器、骨器、陶器等；还有无随葬品的。葬日，巳时起灵（9点至11点），午时下葬（11时至13时）。在此四小时内安排哀悼和埋葬活动。亲朋闻讯吊唁、礼献。女婿、外甥蒸猪首馍8个（每个2斤），同时购幡帛、割猪肉、杀鸡、宰羊，名曰"三牲礼"。今多以礼钱取代。女婿如有社会地位，也有自带乐队或戏班子前往吊唁吹打、唱赞者。丧主为女婿、外甥发号衫、孝布（三尺二寸，作孝帽）。

祭奠。祭奠（追悼会）开始，乐队奏哀乐，主祭官宣读重亲姓名、祭品，主孝读祭文、巡酒礼、孝谢众宾客、观瞻遗容（即向遗体告别）后，盖棺、钉馆。此时众孝依平日称谓三呼"避钉"。如遇主孝或女方娘家人路途遥远未向遗体告别者要等候，不可盖馆、钉馆，否则会惹乱，给丧主带来麻烦。

正祭有九献：第1回行降神礼；2回进馔；3回进爵，行初献礼；4回进爵，行亚献礼；5回进爵，行终献礼：6回进帛；7回进猪、侑食；8回视膳进樽；9回孝子献茶。有行7献的，于3、4、5各回带献帛，减去9献礼中之7、8回，均在行初献礼时读祭文。

出殡（送葬）。移棺大门外，扎架"独龙杆"（即指抬枢木椽）。独龙杆多寡，依亡者寿数、社会地位、人缘关系等定数。有4人抬杆、8人抬杆、16人抬杆、32人抬杆不等。前头有活伞、朝阳伞，后面跟着双锣鼓、引路菩萨打路鬼。棺头左右系绋（即引枢大麻绳）两条，俗称"曳纤"绳，五服之内众孝身着白色丧服，这就是所谓的"白衣执绋"。根据血缘关系亲疏、远近，丧服分斩衰、齐衰、大功、小功、缌麻五等，统称"五服"

（即五种孝服）。靠棺最近者为孝子。

外甥打灯、打幡走在最前面，主乐队次之，接着是纸扎队，其后跟的是本家晚辈在枢前引导，用长麻绳拴在枢前，个个将麻绳圈搭在右肩曳着，叫"曳纤"。女的在棺枢后送行，陪送乐队压后。村外有路祭者到该处停救，祭毕再行。男女戴眼罩，倒趿鞋。背穿短衣，上面写着斩衰、齐衰、大功、小功、缌麻等。此外，还有用和尚、道士的，这样的情况百不一二，而用礼宾的百无二三。下葬时（11 时至13 时）鼓乐喧天，众孝先谢后土，再祭亡灵。接下来棺枢入陵寝。封墓门后，先树墓志铭，再填土。三年后再在墓前立碑。

丧事纸扎

丧葬的纸扎。一般棺罩 3 节，有桥，有童男、童女，有美人幡、满瓢幡，极为铺张。唯引路菩萨，无论年龄老少，均不能免。"五七"还得糊金斗、银斗。"百日"后做高纸庐1座置桌上，牌位送入庐中。3 年满，纸庐烧到坟前，牌位供奉入祖庙堂祭祀（一般设在中堂）。

扶山。殡葬之次日，孝子到地里，看坟向埋得对不对，有不正的正一正，有不整的整一整。并拿着长绳，2 人在两头拉起，将坟土向上边扶一扶，名曰"扶山"。回到家里后请阴阳先生祭一祭家宅六神及天地众神。并用各色纸及表剪成各样的条条，贴在门上和各神前，谓之"安祭"。

出殃。阴阳先生按照亡人的生辰八字，及去世的年月日时，推算出某日某时出殃。据说罪孽深重者不出殃，罪轻的生前就把殃出了。中等的死后到出殃的时候，全家要避开，不敢触犯，事先将家中打扫干净，在土地爷和灶君前筛些柴灰，亡人属相即可显出形迹。有人试过，亦曾见过鼠迹、蛇迹，但从没见过马牛羊猪形迹。

点汤。自殡葬之日起，夜晚，孝子在茶壶内灌上汤，到坟前烧纸毕，回来的路上边走边将壶内的汤往地下倒，到哪里汤水点完了，作个标记。次夜接着往回点，点完仍作标记。第3夜接着点到家门前。希望亡人能再回来。点汤必须点够3夜，再近也不能一夜点到，再远的距离第3夜也要点到家门口。

中年丧妻，若父母在，殡丧而已。有子的，棺板用2寸或2寸5分。纸扎仅用1节棺罩，1个引路的，两个侍候的（男女）纸童，只许少，不许多。少年丧妻更简，有的娘家有要求，或许用板稍厚，纸扎类似中年的。丧子。6岁以内亡都不成丧，7岁以上为少殇（开始立丧板），12岁以上为中殇，15岁以上为长殇。少殇坟，父母殁即平；中殇坟经兄弟之世平；长殇坟兄弟之子之世平。过20岁为成人，若无子，终兄弟之孙之世平。若已娶妻无子死，以成人论。光绪三年（1877）大灾后，仅少殇遵礼，其余的有坟即修，有牌位即祠。民国以来，男子有坟未娶的要搬鬼妻，直到现在，村中尚有此俗。

茅津村近代举办丧事最隆重的，要数任、梁两家。任氏家家大业大，财力雄厚，任子明母亲丧后，埋早了怕人笑话。入殓后在家里放了三年。埋人前请纸扎匠绑了几个月纸扎，各种样式摆满了一大场。馒头匠也是专门请来的，牌位前的馒头又大又好看。为拟祭文，特从老县城请来了大文人周老四。祭奠仪式由专门的礼宾师主持。还

丧礼乐队

有两个和尚超度、一个道士创路。丧葬队伍前头已到地里，后面还没有出村。仅葬礼仪式，任子明就花了1800个大洋。

梁家后辈梁文汉埋葬母亲，已是死后第三年。母亲逝世时梁文汉正在京城参加科考，回家来不及，只好让兄弟将母亲入殓后放在堂屋，一年后再埋。谁知梁文汉第二年也未考上，无奈捐了一个官，当了两省道台律师。为风风光光埋母亲，他与兄弟分了家，把分得的四十亩地卖了一千多个大洋。出殡时请了义军的洋鼓洋号，还有三班当地乐队、锣鼓相送。请来的陕西渭南纸扎匠所扎的纸扎摆满了梁家大场，其中引路菩萨打路鬼格外出奇，纸扎内设了一个转轴，由人在后面操作，转一圈打一下路鬼，转一圈磕一下头。如此铺排的仪仗全村少有。

继承之事。初时族权甚重，无子欲之嗣者，必须先在近亲内换继，族长许可方行。届时通知亲族设酒席，立嗣券，写遗嘱，才成事实。民国成立，选贤择爱，无甚限制。新中国成立后女子可以承祠，或择外姓承嗣。中华人民共和国成立后，颁布了收养继承法，人们依法办事即可，族人无须过问。

合葬与立碑、挂匾。合葬是第二位老人下世后，同先逝的老人进行合葬（平陆县东的讲究是二位老人下世后待三年期满方可进行大合葬）。合葬前，丧主要通报亲戚和族人前来吊丧。凡来吊丧的族中侄男子孙，丧主均要散发给3尺2寸孝布。民国以来，女婿顶半子，属重孝，丧主还要另发给号衫一身。隆重的合葬仪式要大宴三天。若是两地合葬，第一天要把合葬的老人灵柩从原葬处掘出，抬到自家门前，放在专门搭起的灵棚内（不允许进家门），棚内四周同样放置各种纸幡、纸扎、棺罩及纸童、纸马等摆设，这叫"回灵"。棺木如朽坏者，还要分做小薄棺将干骨拾入摆好。第二天举行祭奠仪式，本族中侄男子孙都要穿着孝服吊唁。女婿、外甥前来吊唁时，要用食盒抬上猪、羊等丰盛供品，这叫"摆祭"；并有鼓乐队迎送。第三天出殡合葬后方可脱去孝服，叫"换孝"，表示将老人的事办完了。合葬仪式有大有小。奢侈者如茅津姓许的，民国27年（1938）春合葬老人，杀了12头肥猪，请了 8 班乐队、20 余人的礼宾队，摆了 30 余桌宴席，热闹了 3 天，大门上还挂有县长题赠的牌匾。另一户姓赵的，除大宴宾客外，还在大路旁建了较大的牌楼。

古人云：生不立碑，死不挂匾。即生时对社会有特殊贡献者，可挂匾，死后三年才能立碑。挂匾、立碑有两种形式：其一为自家的子孙后代立，其二是村民或当地政府为德高望重者或对社会有特殊贡献者立。而官方出面的挂匾、立碑，更具光宗耀祖、誉满乾坤的荣耀。

七七祭日。从人亡之日算起，第一个 7 天叫"头七"，第二个 7 天叫"二七"，直计算到"七七"即 49 天，也叫"断七"，请和尚道士来念经超度亡魂。丧家逢七必祭。人死后第一年亡日，叫"头周年"，第二年为"二周年"，第三年为"三周年"，要为亡人进行大祭，故最为隆重。原葬日之人全部到坟茔参加祭奠，归来丧主设宴款待。此俗古时较繁，礼仪面面俱到。抗日战争时期因兵荒马乱有所改变，新中国成立后一切从简，实行文明丧葬。近年来丧事越办越隆重，立碑、挂匾蔚然成风。

∽ 藏在渡口边的禁忌

既然有约定俗成的"行"，就有约定俗成的"禁"。茅津渡民俗的禁忌大概有以下几种：

（一）船上禁忌

造船时"头不顶桑，脚不踩槐"。头是指船头，脚是指甲板。船头是全船最神圣的地方，造船时绝不可用桑木制造，因为"桑"与"丧"同音，用桑木意味着要办丧事，很不吉利。甲板不能用槐木，槐木是福气的象征，不能踩在脚下。

吃鱼忌说"翻"。

不许逮船上老鼠。

不许收铁匠的过河钱。因为做船离不开铁匠，怕铁匠有意使"招"。

理发师、修脚师上船要让到上座。因为船工需请理发师、修脚师为他们服务。

妇女上船不可到前八尺、后八尺，只能在中舱停留。妇女小产、过月经、满月不过忌上船。

男女忌在船上交媾。因是不吉利的事，水神要见责。

船上切忌运载七男一女，恐怕犯了"八仙过海"（七男一女），龙王见责，对船不利。如果过渡时恰有两对新娘过渡，新娘间要互相打开雨伞，伞柄上要拴一串猪肉，意为"僻邪"，互不冲犯。上岸时，双方新娘要互赠手帕，表示互相祝贺，大吉大利。

行船如遇蛇过河，要尽力加快速度，让蛇在船尾过，切忌让蛇在船头过。据说舟是龙，如果龙斗不过蛇，当天行舟就要倒霉。

黄河摆渡

河面行舟，如有鱼跳上来，应马上把它放回水中，不可食用。食用了跳上来的鱼，要遭到龙王见责，遭到灾难。

切忌把筷子横放碗上，因为碗好比船，筷子好比桅杆，桅杆横于船上好像桅杆倒下来，很不吉利。

船上忌死人，如果病人在船上断了气，必须用黑狗血清洗全船。

行船途中，如遇到"水货"（死尸），切忌从旁而过，须把尸体打捞上来，运到岸边埋葬，这样当天行舟才顺利，否则必遭"水鬼"刁难。

不能坐在船边两脚悬空向外，也不可以坐在船的四角。一是出于安全考虑，二是传说这样的坐姿会招惹水鬼而被拖下船。

船工在船上不能吹口哨，因为这样会招来大风。

不能留任何垃圾在河上。古时有两种说法，一是说河是河神的世界，人污染河水是大不敬；二是说水里的河妖会沿着弃物痕迹寻找替身，施展巫术夺人性命。为此，船工过河时不能剃头刮须，洗脸水、洗澡水和吃剩下的饭菜等要存在船上带回陆地处理。

睡觉不能俯卧。原因很简单：尸体漂在水中的样子都是俯卧的。

说话不能说"翻""反""四"等词，只能说"调"过来。"四"同"死"音，要用"双双"来代替。忌讳"沉、破、住、离、散、倒、火"等字眼。帆只准说篷，因"帆"谐音"翻"。

吃饭时，放在面前的菜碟、碗盘不能乱移动，意为船会像盘子一样被拖来拖去的。还有，船上的锅、碗、煲等生活用品都不能口朝下，因为翻船才会口朝下。

（二）生活禁忌

"七不出门、八不回家"。即初七、十七、二十七不出门；初八、十八、二十八不回家。

一人不进庙，二人不观井。

小娘妇和大伯子忌讳开玩笑，哥哥忌讳坐在弟媳床沿上。

不能当面嘲笑别人的生理缺陷。

忌与和尚、尼姑等来往。俗语"前门不进尼姑，后门不进和尚"。

忌讳打主人家的狗，否则会被认为是"打狗欺主"。

忌在人背后泼水、吐痰，忌讳在别人门前泼污水。

抽烟对火忌讳捏对方的烟袋锅，会被误认为是卡人家的脖子。

借药锅只能取不能送，否则会被认为"送病"。

半夜或露天有人叫你名字，要等喊三声后再答应。

天上飞禽把粪便拉在衣服

20世纪50年代的农村生活照

上，擦净后要用针剜数下并脱掉洗净，以避晦气。

家里煮油时忌讳大声说话，不许小孩在场，生人不能进屋，说是油消耗得快。

洗净的衣服晾晒时，天黑前要收回到屋内，怕沾上邪气。

大人抱婴孩，忌说"真沉""真胖"之类的话。

吃饭时忌讳用筷子敲碗，意思是讨饭吃。

吃饭时筷子不能插碗中央，否则会认为是在祭拜。

新居的房门上要挂一块镜子，说是照妖镜。

半夜起来去厕所或到其他没人的地方，要先大声咳嗽，提示鬼魔一类要回避。

正午时分是一天中的凶时，此时不要一个人到野外乱走。

外出三天以上屋里无人，回来不要马上拿钥匙开门，先重敲三下门，稍等后再敲三下然后开门。门开后不管白天黑夜，把屋里的所有灯打开，两分钟后再关闭。

看见蛇交配时，要立刻朝蛇吐三口唾沫，念十遍：午火。

不要在家中打伞，特别是黑色和白色的。

家中忌放太多镜子，特别是卧室里。镜子平时不用最好拿布盖起来。

手指不能指坟墓，脚也千万不可从坟上跨过。

门前道路不能对着当门口，否则路就像一把剑刺过来。

对佛像不能用手指或瞎摸。

出门办事不说不吉利的话，到朋友家不说不祥预兆的话。

在家少说老鼠，不然老鼠越说越多。

女人吵架，忌讳脱裤子或屁股塌地（旧社会做法），该行为意让人家触霉头。

别人偷欢时不能偷窥。不要让别人在自己家行房事。

忌讳被人特别是女人打耳光，为不吉利。

写信不能用红笔写，不能用红笔署名。

送礼不送钟表。送终和送钟谐音。

晚上不扫地。扫帚不打人，扫帚打人对人大不敬，而且触人家霉头。

客人在时不要扫地，会引起客人的反感。

忌屁股坐台面、灶台和桌子。

不对人泼水，不对人吐痰。

女子来例假忌碰香火。

用筷不能长短不齐，意为三长两短，棺材五块木板合在一起正好是三长两短，很不吉利。

不能偷吃正祭献的祭品，否则会招来厄运。

（三）生产禁忌

夏天碾麦场忌骑坐碌碡、扫帚、簸箕、杈把。

赶牲口忌不搭腔突甩鞭，会使牲口受惊，损伤畜体和农具。

牲口圈内不准大便，怕牲口踩上人粪要"漏蹄"，即一种腿蹄病症。

锄地时几张锄头忌碰上，意为将要收工。

农村社员参加劳动

路过扬麦场不能走上风头，意为踩了人家脉气，影响收成。实际是挡了风道影响扬净。

打油坊、水磨坊、煤窑忌讳打口哨，特别是不能大声喊叫"喔"，怕造成设备故障和人身事故。

买牛忌买"通背""对脐""白顶盖""穿心白"和"吊丧角"。牛背无旋叫"通背"，俗话说"通背犍牛一盘龙"。牛背上旋与肚脐相对叫"对脐"，迷信说法是"妨主人"。脊背旋在牛背一边称"滚坡"，预示将滚坡而死。牛头顶有白毛叫"白顶盖"，意为"孝顶"。尾巴内有白毛则叫"穿心白"，不吉利。两角向下叫"吊丧角"，一角向外，一角弯曲，俗称"阴阳角"，两项都犯毛病。

新牛买回，进大门要在牛头上系红布条，过门槛时烧一把火，或随手拿一件红色衣服搭在牛背上。

饭店煮饺子、元宵，忌讳说"破"，要说"挣了"。

做生意早上忌讳有人打岔、闲谈、问路、调换零钱、赊欠账目、还账、借钱借物、调换货物等。

船工忌说"翻、沉、倒"等字，碰到与之同音字都要改。连有翻的动作都要忌讳，如煎饼忌翻面，只煎一面。裤脚忌翻卷，盆碗等器具忌讳翻过来放。另外，禁忌渡运死人、男女在船上交媾，或在船上小便等。

矿工忌说"垮、塌、砸"之类的话，忌讳别人敲自己的帽子、在井口烧纸，忌讳打死矿井中的小动物。

木工忌讳别人摸他的斧子、墨斗和曲尺。砍树时忌讳树墩上留有竖向的木片，认为那是"灵牌树"，不吉利。尺和尺不能叠在一起比试，意为木匠不能比"吃"。

屠夫忌讳亥日杀猪，杀猪忌讳杀两刀。

药店、棺材店忌讳向客人说"再来坐"。

（四）婚嫁禁忌

男女属相忌相克，如"白马畏青牛""猪猴不到头""龙虎相斗，虾鳖遭灾"等。

姓氏忌相克，如姓杨的不与姓郭的联姻，怕"锅煮羊"，姓岳的不和姓秦的结婚（岳飞、秦桧），姓杨（羊）的不和姓郎（狼）的结婚，等等。

农历六月忌结婚，有半月妻的意思。

迎娶时新娘婚服忌两块布缝接，以防再婚。

结婚安置新床，要将床放在正位，忌与桌子、衣橱等家具的尖角相对。

婚床安置好后至迎亲前，准新郎忌一个人独睡新床，可以找一位大一轮生肖人或未成年的男童陪睡。

迎亲途中，如遇另一个迎亲队伍，会"喜冲喜"，抵消彼此的福分，这时必须互放鞭炮，或由双方媒人交换花朵化解。如碰到送丧行列，叫做"凶冲喜"，必须摔物件或互换礼物，双方均取吉利。

新婚之日忌孕妇、寡妇入洞房。忌属虎的人观礼。

新娘迎进男方家时，忌脚踏门槛，应一步跨过去。要提前查看该日忌什么。忌翁姑，翁姑要回避。忌堂、灶，新娘进门时要用红毡把堂、灶遮蔽。

迎娶日新娘出门时，姑嫂要回避，不能相送，因为"姑"和"孤"同音，不是好彩头。

结婚新房布置

结婚四个月内，新娘禁坐"床沿"，以免心神不定。

新娘镜子在婚后四个月内忌借他人、忌照人。有镜子的都须用红纸蒙住，满四个月始可拆卸。

新婚四个月内忌在外过夜。（度蜜月时，新人各置一套衣服于床上代替两人）。

新婚四个月内忌参与他人婚丧喜庆事，以免相冲。

大年初一，女儿不能回娘家

过年，意思是要吃穷娘家的。

（五）生育禁忌

妇女产后 40 天内不准到别人家去，不准坐船、坐车。其他人月内也忌到月室中去，以避月婆的血腥气、晦气。月室门上要挂红布标志。

家有没过百天的婴儿，家人夜出不能回来太晚，以免邪气带入惊吓婴儿。

不要带幼儿去看葬礼或上坟，因为小孩子阳气不旺，容易被阴气侵扰。

（六）丧葬禁忌

村人去世当天，各家大门口要撒一溜柴灰，以挡鬼魂。

丧葬时棺材前不许喊人名，只叫排行，以避闹鬼纠缠。

村里埋人一般避讳逢七的日子，说是埋到七坑里对家人不吉利。

出葬时抬棺者忌说"重"字；忌戴孝者观看建庙、婚嫁，或接触产妇及婴儿。

参加丧礼的人，忌与亡者生肖相冲克。

忌入殓时啼哭，将眼泪洒在亡者身上。

忌守丧期剪发、剃胡须；忌讳去世时身边无亲人；忌让死者光身而去。

入殓前后忌讳猫、狗接近尸体，怕引起死者骤然挺立或僵尸。

棺材忌用柳木，以松柏材料为佳。因松柏象征长寿，柳树不结籽，恐会绝后。

丧家春节忌贴红对联，只能第一年贴黄对联，第二年贴绿对联，第三年后恢复红对联。

清明上坟不上二回，怕家族闹不团结。

送葬路上碰到相识者忌打招呼，恐被亡人得知，对被招呼者不利。

老人病逝忌说死，应说"老了"或"过去了""走了"。

（七）居家禁忌

住家忌讳西边房脊高过东边房脊，有"东高不算高，西高压断腰"之说。

忌讳簸箕形、三角形院子。

厕所不能建在上首，即正房左边。

房檐滴水忌滴在别人地基上。

院里忌讳门与门、门与窗相对。

居室周围忌有下面建筑：医院、教堂、寺庙、发射塔、消防队、机关、学校、菜市场、戏院、电影院、变电站或高压电塔、垃圾站等。因这些建筑带有阴气、煞气。

农家院落

忌邻久病之家，不临靠坟场，不住缺少光线的暗室，不住孤宅，不靠深山恶水居住。

搬家走后，忌别人将原居室打扫干净，意为"扫地出门"。应自己搬自己扫，把门锁1个月后再开门。

厕所忌对卧室门，大门忌对马桶，厕所门忌对厨房门。

忌捕捉跑进自家院子的兔、麂、鹰、雁等动物，遇此情况要驱逐放生。

忌讳母鸡啼鸣，若有此现象发生，须将母鸡砍头抛丢，以克不吉。

院边植树"前不栽桑，后不栽柳，门前不栽鬼拍手（杨树）"。

（八）外出禁忌

出门一般要逢三、六、九，即农历初三、十三、二十三，初六、十六、二十六，初九、十九、二十九。

出门忌讳财富外露，"出门不露白，露白会失财"。

早晨出门遇乌鸦叫，要在地上画"十"字，然后站在"十"字中央朝天吐三口唾沫。

一个人在野外遇到旋风，要向风中央连吐两口唾液。

旷野中遇到单独妇女、老人、孩子，不可随便与之搭话，也不可随便帮助。

出远门坐车时，如果男的上车时发现全部是女人而且刚好有七位，千万不要坐。女一男七也是一样。七位为七煞。

坐车时，如果你家三岁以下小孩一上车就大哭大闹，应立即下车，朝东方念十遍：甲木。

夜晚赶路的人千万不要唱歌，因为会吐出你微薄的阳气。可以抽烟或让自己愤怒起来。

晚上不能跟不认识的人走。

晚上需要露宿的，不去阴暗潮湿的破屋或土地庙里，这些地方易沾上邪气。

不要在桥上撒尿。

坐电梯时，看到里面的人都低头抬眼看你，不要走进去。不要在电梯里照镜子。电梯停止有人进来的时候，若是低头抬眼看你，请立即走出电梯。电梯中有人问时间，切莫回答。

住酒店忌讳方位与自己五行相克；禁忌住最后一个房间。禁忌下榻后半夜照相和半夜剪指甲。

上床后，拖鞋要朝外摆，不可以鞋尖朝床放。长时间不睡人的床，再用时要换个位置，驱除邪气。

半夜去洗手间不要看镜子。不要说"小鬼""衰鬼"等，因发音磁场可能会触及鬼怪。

女生绝不要把下列东西交给别人：头发、指甲、袜子、贴心衣物或随身携带的小物品。

……

形形色色的禁忌，深浅不同的忌讳，像一条无形的手，牵拽着人们的步履，梳理着人们的行为，使得茅津人做事更有规范化。

第七章 舌尖珍馐

『茅津菱枣』生吃晒干都行。生吃脆甜酥香，汁多味浓。轻轻一咬，只听一声脆响，坚硬的枣身立即粉碎开来，露出雪白的枣肉，舌头上有一种爽快的甘甜，且不腻不涩，清纯隽永。

如果晒干了吃，只觉入口酥软，韧实耐嚼，甜香迷人……

〜 荟萃南北的风味小吃

———

明清时期，当茅津城里的住户们睁开眼睛时，便会闻到一股特殊的香味。这香味并不浓烈，却带着一种地方特色，挑逗着人的味蕾，引导你去追寻品尝。

茅津渡的风味小吃主要有"三糕四饭一包"。

"三糕"是油糕、甑糕、羊肉杂糕。

茅津油糕是沿街小吃中最引人食欲的小吃之一。它像一个个黄灿灿的金饼，色泽艳丽，皮脆内软，味道香甜，小巧诱人。大凡爱吃甜食的人，均会被它吸引。茅津油糕大多用黍面做成，也有用红薯面做成的。程序是：先把拣干净的红豆煮烂，打成豆泥，备在碗里。然后把黍面和好，擀成片状，包上红豆泥，四角捏好，下油锅一炸，待油糕漂上来时捞出，再撒上白糖，吃起来酥脆香甜，余味悠

油 糕

长。它既是街上的随卖小吃，也作为茅津人过节、待客、婚丧喜宴、祭典神灵的食品。当地有一句俗语："冬至不吃糕，小鬼割眉毛。"就是说不论贫富，冬至这一天，家家户户必须吃油糕，寓意来年运气步步糕（高）升，生活甜甜蜜蜜（馅）。民国时宋家的油糕在茅津街上颇为有名。

茅津甑糕风靡于黄河两岸，它米枣交融，色泽鲜润，软硬适度，味道醇美。看起来养眼怡神，食之则香甜如蜜，使人久久难忘。

相传茅津甑糕由陕西一带传入。甑是一种底部有小孔，可放在锅上蒸的古老炊具。由于口音演变，故"甑（zeng）糕"叫成了"zìng糕"，后来又称作"jìng糕"。它由西周时期的宫廷食品"糗饵""粉糍"演变而来。《周礼·天宫》有羞笾之食"糗饵""粉糍"的记载，"粉糍"是在糯米粉内加入豆沙馅（古时叫豆屑末）蒸成的饼糕。先秦的"粉糍"是在糯米粉中加入豆沙馅蒸成的糕饼，并不放枣，到了唐代才发展成枣米合蒸。制作甑糕需要长粒糯米、蜜枣或者红枣、红芸豆、葡萄干等。茅津人爱用本地的红枣。茅津枣霜冻时才采摘，这时枣身酥软，枣肉发黄，里面形成一层糖心，吃起来分外甜香。提前把红芸豆、糯米泡上，枣切开去核，糯米选择长粒的品种，黏性大，蒸后不沾牙，文火慢蒸差不多一夜，就能食用了。

甑糕

路过甑糕摊，单看蒸甑糕的深口大锅，便已令人惊讶了：它口阔二尺六，锅深二尺八，由铸铁制作而成。卖甑糕的把熏得乌黑的铁甑搬出，往食摊一架，显得既原味又亲切。它外表像一面鼓，蒸下的甑糕柔软细腻。揭开蒙着的白布，但见一层白米渗入若干枣色，呈一种晶莹鲜润的绛红色泽，上面一层芸豆呈咖啡色，再上一层便是疙疙瘩瘩的红枣。它已化为暗红色的枣泥，枣泥上沾着一层碧绿的葡萄干，色泽更加丰富和鲜明了。吃起来黏软香甜，美味可口。到了秋冬季节，经过渡口的人们把它当做了称心的早餐。

甑糕营养丰富，滋补强身，因而受到人们的好评。游客经过茅津，都要吃一盘甑糕；返回时还要买上一些，让家人同享口福。

羊杂糕也称羊杂碎。原流行于内蒙古草原，后随晋商南下，在茅津城扎下了根，演化成为当地的风味小吃。

羊肉杂糕讲究三料、三汤、三味。三料分主料和副料，主料即心、肝、肺三红，下锅时切成碎丁或薄片；副料即肠、肚、头蹄肉三白，下锅时切成细丝和长条。三汤即三种做法调制的汤。一副羊五脏下锅煮好叫原汤杂碎。如将洗好的羊杂碎在锅里氽一下，倒掉汤再蒸熟切好，重新入锅放调料煮，叫清汤杂碎。如杂碎不断往一个锅里续，一锅汤常熬不换，变得汤稠如油，色酽如酱，这叫老汤杂碎。老汤杂碎酥烂绵软，味道醇美，经营者不舍得给食客多加。三味即一盘春意葱茏的香菜末儿，一盘红灿灼眼的辣椒面和一盘洁白晶莹的食盐。这是吃羊杂碎万万不能少的三味调料。食者可根据自己的口味调兑碗中的汤。

做羊杂碎的要害是：汤要滚烫，肉要烂嫩，煮好的杂碎要酥烂绵软，熬下的汤要色白味鲜，汁液黏稠。此时撒上蒜苗、香菜，滴上红油，显得碗里红润油亮，肉烂汤辣；红绿白三色相间，色彩一片艳丽，吃一口鲜汤羊杂，顿觉热气入肚，味道香醇。一碗吃完已大汗淋漓，促你痛痛快快干自己想干的事。

"四饭"为油茶、浆饭、羊肉泡馍、烩面。

油茶是茅津最受欢迎的小吃，冬天尤其受人喜爱。制作材料有面粉、动植物油、花生米、核桃仁、白芝麻、黑芝麻、杏仁、大豆、瓜子仁等。做时先将花生米、芝麻炒熟压碎；在锅内放入面粉，用微火搅炒10多分钟，待面粉呈现麦黄色时即熟，取出过细筛；另起锅放入适量棉籽油和香油（用牛骨髓油更好），烧至七成热时，将黑白芝麻、核桃

羊杂碎

油　茶

仁、花生等一起倒入略炒、放盐，最后全部倒入炒面中，翻炒均匀即成油茶面。制作中要将豆子煮软、芝麻擀碎、麻叶炒脆，做到稀稠正好、浓香合口，让油香、面香和着芝麻、豆子在舌尖充分融合，产生无穷回味。

茅津人喝油茶常把麻花、油条泡进碗里混着吃，油香和着芝麻、杏仁、黄豆、花生的自然香使人顿感松脆爽口、浓淡相宜、神清气顺。冬季的早晨喝上一碗，可使人暖意袭身、鼻尖沁汗，令人久久难忘。

浆饭是从当地饭食中演化而来。它用料简单，吃起来顺口。具体操作程序是：前一天将板豆放在水里浸泡，次日一大早将板豆放入锅内长时间地煮，待板豆煮得汤汁浓稠时，再下入面条，然后再加葱花哨子、油炸豆腐。由于豆味浓郁，葱香扑鼻，顶饥耐嚼，价格也不贵，一个铜板或三个麻钱就可买一碗，故很受船工、装卸工青睐。

羊肉泡馍风行北方，也是茅津人很喜欢的吃食之一。茅津羊肉选自本地山羊，肉质鲜嫩，味道独特。肉锅内掺上老汤，长时间熬煮，直到肉汤发白，再佐以香菜、青蒜、盐、味精等调料，把馍馍掰碎泡入碗中，里面放上辣子油，一时汤汁新鲜，味美可口，吃得人满脸流汗，浑身发热。有道是"看着美，吃着香"，有人为此写诗："原汤优汁味鲜美，去寒暖胃添精神。夏天吃了防胃寒，冬天吃了全身暖。"

羊　汤

茅津烩面集菜、汤、面于一体，碗大量足，面条筋道，味道独特。还可以分出素菜烩面、羊肉烩面、牛肉烩面、猪肉烩面、鸡蛋烩面、三鲜烩面等。过路人吃一碗烩面，顿觉奇经畅通，八脉活跃，浑身出汗，满口余香。

茅津烩面的特点：一是量大，粗瓷海碗挑得满当当的，一般人一碗管饱，不回二碗；二是筋道，所用面粉均为晴岚和毛家山一带的沿山麦子，磨面时只用头道、二道面。擀出来的面既亮又筋，宽厚均匀，吃起来有嚼头，也顶饥。三是用当地牛羊肉做汤，这是茅津烩面的精华。操作程序是：用上等嫩羊肉、羊骨一起煮五个小时以上，先用大火猛滚再用小火煲，下七八味中药，煲

烩 面

出来的汤白白亮亮，犹如牛乳一样，所以有人叫白汤。下面时，锅内放原汁肉汤，将面拉成薄条入锅，辅料以海带丝、豆腐丝、粉条、香菜、鹌鹑蛋、海参、鱿鱼等，上桌时外带香菜、辣椒油、糖蒜等小碟。所以味道鲜美，筋道耐嚼，营养丰富，经济实惠，名声远扬。

"一包"是指水煎包。是各地美食交流而来。它原起源于东京汴梁城（古都开封），距今已有近千年历史。根据馅料不同，可分牛肉水煎包、猪肉水煎包、韭菜水煎包等。荤素馅加上葱、姜、五香粉、香油、细盐等。以水为主煎制。煎制时温度不宜过高，一般平底锅煎，油温保持在五成热即可。调好水面糊后，掌握好淋水面糊的时间，淋糊的时间

水煎包

不可过早或过晚，否则影响水煎包的质量。烹好的包子小巧精致，周围呈金黄香脆的面片状，口感外酥里鲜，脆而不硬，香而不腻，味道极其鲜美。

茅津渡各种风味小吃，有的在店里卖，有的摆在街头，有的挑着沿街叫卖。每天清晨，茅津村的大街小巷上便荡漾着悠长的叫卖声："卖甑糕、油糕、羊杂糕、油茶、浆饭啦！"听到这熟悉的叫卖声，那些起得晚的、懒

得做饭的、急于出门的，便拿着碗走出大门，用制钱、铜板或银元换回一碗碗油茶或浆饭，或买回一块甑糕、几个油糕，边走边吃，一顿早餐就算吃完了。中午，那些打麻将的婆娘懒得做饭，就买上饭用锅端回去作午餐。村民卫永强回忆：小时候每早起来，爷爷就在桌上为几个孙子准备好了麻钱，每人三个，刚好能买一份"三糕"（即甑糕、油糕或羊杂糕）。孩子们拿了钱，各找自己喜欢的小吃。买油茶还分要豆不要豆，要豆的三个麻钱，卖油茶的秉着壶嘴摇一摇，黄豆就倒进碗里了。孩子们常嫌碗里的油茶少，便编了个顺口溜："卖油茶的不要脸，撅起屁股倒半碗。"一些大人讽刺那些打牌不做饭的婆娘："码牌人，不要脸，一天三晌还嫌短。忍着饥，受着饿，尿泡憋得多别大（tuo）。"

肉嫩质密的黄河鲜鱼

茅津渡地处黄河中游，河水流速较缓，十分适宜鱼类生长，因而滋生了大量的黄河鱼。

黄河鱼品种有一百多个，主要是鲤科和鳅科，有鲤鱼、鲇鱼、青鱼、草鱼、裂腹鱼、雅罗鱼、条鳅、黄河鸽子鱼、黄河刀鱼等。茅津渡最出名的是黄河鲤鱼。它体态丰满，肉质肥厚，小口红嘴，红眼圈，眼睛明亮有神，鳞片闪耀金光，尾巴金黄，漂亮吉祥而让人喜爱。鉴别是不是黄河鲤鱼，不光要观其表，还有关键两处，一是它的背部大金刚刺非常坚硬，不管鱼有多大，绑上提着走多远都不会断裂；二是腹底部排便口旁的小金刚刺较软，用剪刀可剪断。其他江河的鲤鱼脊部大金钢刺较软，用剪刀可剪断；而腹底部的小金刚刺则很硬，用剪刀剪不断，也没有金黄色的外表。黄河水中含有各种矿物质和微量元素，蛋白质含量高，营养十分丰富，鲤鱼的口感优于其他种类，而且内脏少，骨骼小，肉质紧实，口感鲜嫩，没有土腥味，是响当当的黄河特色。

这里生长的黄河鲇鱼也不错。它头大扁宽，小眼睛，两根胡须下长着一张血盆大嘴，里面布满锋利的牙齿，通体呈土褐色，腹部柔软肥大，尾巴十分有力。由于黄河中食物充足，食肉性鲇鱼生长很快，产量很高。它肉质细嫩、少刺，冬季肉味尤为鲜美。蛋白质含量为14.4％，脂肪含量为20.6％，是优良而贵重的食用鱼之一。

黄河鲤鱼

三门峡大坝建设前，茅津人吃鱼主要靠行船中发现或黄河发大水时捕捞，其时河水浑浊，鱼儿在里面被呛得受不了，纷纷到岸边换气，这时用捞头一甩，就会捕到一条鱼。若是蓄水期，人们则用鱼竿垂钓，还有人用放电方法捕捉。

黄河捞鱼场面

茅津人最惬意的捕鱼方式，是每年一度的黄河流鱼季节。此时河水快速下泄，水面急剧下降，浑浊的水使大量鱼被呛晕，缺氧导致它们游向岸边吸氧，此时在两岸等候的人们像跳芭蕾舞一样用脚尖快速移动，生怕自己的脚步惊动了河中那些张着口、露着背、翘尾巴、翻肚子的鱼。入水时小心翼翼，一步一步探着前行，总怕发生不测，因过去有过因急着捞鱼、把人闪在沙塄下、卷入河中流走的事。水性一般的人，水深至大腿弯时就不敢前行了。站着捞鱼的一会儿得挪动挪动，不然腿脚会陷入沙窝中。水性好的，可驾着小船或背着葫芦在河里捞鱼。不会水的人只能站在岸边捡拾被拍上岸的鱼，或捞半清醒的溜岸鱼。

捞鱼需要一定技巧，遇到鲤鱼需先从头部前用捞兜快抄，因为鲤鱼性急，向前冲或蹦起者居多。若遇着鲇鱼，要从尾巴下慢抄，因为鲇鱼性慢，调头洄游或下潜者居多。连捞几抄后，就得将所捞的鱼拖上岸倒在沙滩上，然后入水再捞。鱼闹起的时间不会很长，所以必须眼尖手快不拖拉。一般情况下，人们只捞活鱼和晕了的鱼，对漂浮的死鱼不捞，因死鱼很快就会变质发臭。如遇到较大的鱼，一定要特别注意，俗话说"一斤鱼，十斤力"。鱼在水中力量特别大，稍有不慎，便会将捞兜拖走或撞破捞头逃脱。有些鱼甚至能将人拉翻在水中。

捞鱼的工具叫捞头。捞头由捞头把、捞头圈、捞头网构成。捞头制作比较简单。选一根丫字形酸枣树枝当捞头把，杆需一把粗、一丈长，丫字部用铁丝缠紧，燃一堆羊粪火煨热枝丫，然后两人合力，把两个枝丫交叉圈定即为捞头圈，

捞 头

再用白线绳编织成捞头网，网口捞头圈要大，网深需一米左右，网格半寸见方，网兜圆锥形状。将捞头网系扎在捞头圈上，一把捞头就算制作成功。

被捞上来的鱼达到一定数量后，就会被守在岸边的妇女拿到市场上去叫卖。县城里的人也都在这时闻鱼而动，来到市场上挑选黄河鱼。

吃黄河鱼很讲究，一般人喜欢吃鲤鱼。老人常说："男人吃了灵活帅气，机智勇敢，能跳龙门；女性吃了白净靓丽，心灵手巧，能纺能织。"鲤鱼肉厚瓷实，吃法以油炸、红烧、清炖为主。吃不了时，可将炸过的鱼放入冷藏设备储藏。鲇鱼，又叫浮鱼，肉肥刺少，吃法居多，可多次上笼蒸馏，也可油炸、红烧、清炖。鲫鱼肉质细嫩刺多，以熬鱼汤为主。土霸鱼头人身小，满嘴小尖牙，无鳞又光滑，三根金刚刺背部两鳃各一根，形似尖刀，非常坚硬。别看它最大也就半斤左右，黄河中所有鱼类见它都会退避三舍。它常爬在河底，捞鱼时若踩到背部，金刚刺会直接穿透脚背，很是危险，但肉香少刺，以炖炒为主。河鳗，又叫蛇鱼，嘴尖头圆，无鳞光滑，背部有细小鳍

清蒸鱼

线，尾部有扁小鳍线，可钻入沙中躲藏，在水中和沙地游动如蛇。它肉细油腻，蒸是最佳食法。草鱼又叫沙滚子，肉粗刺少且略带酸味，以油炸和加菜炖炒为主。至于鱼子、小鱼，人们捕捉后都投入河中放生，从来不吃。

如今，人们在黄河边蓄起水池，人工饲养黄河鲤鱼。但味道终究不及黄河野鱼。为吃到新鲜的黄河鱼，许多人专门跑到茅津渡来。茅津人为此专门开了一家水上餐厅，售卖黄河鲤鱼，所卖鲤鱼以味美质鲜闻名四方。

甜软酥香的茅津红枣

茅津渡不仅是一个出名港口，而且是一个红枣之乡。从渡口至沙涧村的坡地上，到处长满了密密麻麻的枣树，足有两千多亩。树高三米以上，树冠也是三米左右。每到初夏时刻，满坡开着黄灿灿的花朵，幽幽的枣香直扑鼻子。到了秋季，一串串红彤彤的大枣便挂上枝头，鲜艳、亮眼、瓷实，像挂在树枝上的玛瑙，令人啧啧生馋。

茅津枣的品种很多，有菱枣、棒槌枣、疙瘩枣、娃娃枣等。菱枣中间鼓，两头尖，活像个菱角，故人们把它叫做"茅津菱枣"，生吃、晒干吃都行。生吃脆甜酥香，汁多味浓。轻轻一咬，只听一声脆响，坚硬的枣身立即粉碎开来，露出雪白的枣肉，舌头上有一种爽快的甘甜，且不腻不涩，

菱 枣

清纯隽永。如果晒干了吃，只觉入口酥软，韧实耐嚼，甜香迷人。棒槌枣、疙瘩枣、娃娃枣入口绵，枣肉多，甜度大，适合晒干食用。

茅津枣之所以名闻遐迩，源于当地特殊的自然条件。这里地处黄河北岸，含沙量大，阳光充足，空气湿润，昼夜温差大，导致糖含量大。据检测，每百克菱枣蛋白质含量为4.5%，维生素C含量在500~700毫克。不仅远远高出普通枣，而且高出猕猴桃维C含量的近1倍。还含有铁、磷、钙等多种矿物质元素，补血益气，安神养脾，平胃通窍。再是生长期长。每年霜降以后，树上的叶子已经落了，茅津人才去地里收枣。此时枣肉已经发黄，枣核周围形成了一层糖心，人们在地下铺个单子，抓住枣树一摇，成熟的枣子便纷纷落下，人们把它收集起来，装进棉布口袋，一压缩小很多，倒出来又恢复原状。吃起来又酥又甜，味道醇美。

为增加收入，人们还在枣树下种植花生、小米等，两者互不影响，收成皆丰。人们为此编了个顺口溜："上打枣，下种田，种下谷子吃不完。熬下米汤甜又甜，蒸成甑糕黏又黏。送亲戚，又卖钱，娃娃哭了好打番。"

打枣场面

每年九十月份，是茅津菱枣的成熟季节。选出来的大枣犹如核桃一般，红彤彤的煞是诱人。在三门峡、运城和县城的早市上，一车车新摘的脆枣赫然亮相。人们纷纷挤到前去，问道："哪里的枣？"卖枣人理直气壮地说："茅津枣！"这应声透着豪气，透着自信，透着对品牌的放心，于是人们不再犹豫，纷纷解囊成交，乐滋滋地提枣回家。

由于质美货佳，茅津枣声名远播。明代时曾作为宫中贡品。现在畅销西安、太原、北京、广州等地，每年为当地百姓带来100多万元的收入。近年来茅津人努力恢复明清时期的规模，并在保鲜加工运输上大做文章，力图使茅津枣走向全国，走向世界。

口齿留香的农家风味

茅津渡既有特色小吃，也有属于自己的食谱。这些食谱流行于农家之中，是老百姓追求新奇、更换口味的家庭食品。

茅津常见的家中美食分三大类，即面食类、馒头类和杂品类。

面食类有饸饹面、北瓜面条、菠菜面片、豆面条、焖面、水疙瘩六种。

饸饹面圆润滑口，筋道耐嚼。因口味不同，各家配的菜肴也不同。有浇鸡肉菜的，有浇羊肉味的，有浇素菜鸡蛋的。面粉使用各家也不同，有用白面和成的，有用粗粮合成的，也有用杂粮面和成的，有的把不同颜色的面合在一起，一个碗里赤橙黄绿，鲜艳夺目，令人生涎。饸饹

饸饹面

面和面的程序是：先将面粉倒入和面盆中，加入一个鸡蛋和少许玉米面、少许红薯芡粉，用温水和面，水里放一点点盐，这样会更筋道。把面揉成一个圆状，看起来更美观。和面讲究"三光"，即要手光、面光、盆光。等面醒好以后将面再揉几下，放一旁再醒两三分钟。随后将面揉成与压面器容积相等的面团，放入压面器开始压面。面好后或蒸或煮都行，最后再加入各种浇菜即可食用。

北瓜面

北瓜面条是秋冬季最常见的面食。北瓜含有丰富的营养，丰富的类胡萝卜素可转化成维生素A，果胶能降低胆固醇浓度，高钴量能活跃人体新陈代谢，促进造血功能，丰富的维生素C能防止硝酸盐在消化道中转变成致癌物质亚硝酸盐。锌能参与人体内核酸、蛋白质合成。它与面食相配，既能显出北瓜的香、腻、甜、爽，又能把面食中的麦香、酥软、筋道搅和在一起，混出特殊的味道来。吃起来香味重叠，瓷腻爽口。北瓜面做法简单，先备好北瓜、面条、油菜、食用盐、葱、食用油、花椒等；将锅烧热，倒入适量食用油，放入适量花椒、葱丝蒜片炝香；然后倒入北瓜块翻炒，北瓜要切厚实些，最后加入适量水烧开；下面条并加入食盐；面条煮熟前放入油菜、点入适量的香油即可。

菠菜面片大都在春季食用。因为菠菜在春天最为鲜嫩，其中含有丰富的维生素、膳食纤维和矿物质，尤其是铁和钙，吃起来还有丝丝甜味。操作程序是：先把洗干净的菠菜"烫一烫"，使菠菜不易变色，达到酸碱平衡。烫过后沥干水分，切碎捣烂，成为碧绿色的菠菜汁。将面粉倒入面盆，加入两勺食盐，增加面粉的筋性，然后倒入菠菜汁，分多次加入，一边加一边用筷子搅拌，直到搅拌成絮状，放入少量食用油，揉搓成光滑的面团。盖上保鲜膜醒20分钟。醒后面团变得更有弹性，放在案板上撒少量干面粉揉搓，擀成薄饼，将其叠加起来，切成细条，抖散撒上干面粉，菠菜面条就做好了。煮面条的时候，水一定要烧开，再把面条加入锅中，然后加入一滴食用油或者是一勺食用盐，这样面条不容易煮烂，而且越煮颜色越鲜亮，翠绿色的面条像玉一样，光滑顺溜。快煮熟的时候配上一些青菜，简单烫一烫即可出锅。出锅之后过凉水，加入炒好的菜蔬，就是营养丰味的面食。

豆面条口感香甜，营养丰富，富含纤维，对人体以及肠道有很多好处，常吃可以缓解便秘，促进排便。正宗的豆面用绿豆制成，加工过程复杂。第一道工序是"拉绿豆"，将绿豆在石磨上去皮成豆瓣。第二道工序是"粉绿豆"，将

豆面条

拉好的豆黄用适量的热水拌湿，让水分慢慢渗透，使豆瓣变软，软到用手摸感到潮湿，用牙咬感觉没有干核、听不到声音为好，再把粉好的绿豆豆黄用石头碾子压成粉。过去因绿豆产量低，人们种得少，有的人家把绿豆拉成"豆黄"后，按适当比例与小麦一起混合加工，这样加工出来的豆面颜色淡黄、细腻绵柔，散发着淡淡的清香，口感也很独特。做法与擀白面条一样，先和面，再把面团擀成面片，然后切成细细的面条。豆面条颜色呈淡绿，吃起来有点硬，但后味特别爽。它的汤颜色越煮越深，第二顿吃了更是有味。

焖面面丝蓬松，味道内敛，软硬适度。各种肉类、蔬菜都可配用。制作程序是：先和面擀薄，切成面条，放在一边，然后洗菜、切好。最适宜做焖面的菜是豆角、洋白菜、猪肉等。在锅内倒上油，烧热，把菜倒进锅内，进行翻炒，然后再将面条放在菜上面，焖煮半小时后即可食用。它入口不干不湿，酥香有味，耐嚼耐咬，后味悠长。

水疙瘩

水疙瘩也是一种面食，不过表面不像面片一样，疙疙瘩瘩的大小不一，像一个个不规则的小葫芦。吃起来菜面一碗，软硬相宜，清香内含，很有嚼头。做法是：先和好面，放在一边，碗里加上水，然后洗好菜，切碎，把油倒进锅内，油热后进行翻炒，再倒进水，大火烧开，继而把泡在水里的面团一块一块捏薄，扔进锅内。煮熟后即可食用。冬天人们尤其爱吃，不仅耐消化，而且温和保暖。

馒头类有柿面馍、摊煎馍、花馍、发糕、枣糕五种。

柿面馍是茅津一带传统吃食。柿子作为时令果品，不仅果肉如饴，味甜如蜜，而且营养丰富。它还是一种药材，味甘、性寒，有清热去烦、止渴生津、润肺化痰、健脾涩肠、治痢止血及治疗肺热引起的咳嗽等多种功能。每年秋季，当周围的柿子红彤彤地挂在树端时，村民把软的摘下来，掺进玉米面或小麦面揉成团，然后做成馍馍，放进锅内蒸熟。

柿子馍红如玛瑙，鲜润滑爽，酥软细腻，清香可口，味道甘甜，

花　馍

回味隽永。人们常说"吃了柿子馍，得病不难过"。言其有延年益寿、强身健体功效。难怪家乡人称柿子为"长寿果"，柿子馍为"长寿馍"。

　　茅津枣驰名在外。人们当然爱吃甜甜的枣糕。茅津枣糕使用两种枣，一是早落的枣和摔烂、较差的枣。具体做法是：将红枣或青枣洗干净，晾干，放在器皿里。把白面加水和成面团，充分发酵，然后擀成片状。用擀好的面片将红枣包成馍状；把包好的枣糕放入蒸笼进行蒸制。蒸熟后晾干，就可以吃了。一种是作花馍，把枣嵌在表面，大锅蒸煮，熟后成为既好看又好吃的枣馍。

　　煎馍深受茅津人喜欢，尤其适宜老人、小孩食用。制作时先将面粉调成糊状，加入食盐、剁碎的花椒叶，搅匀。然后在平底锅内倒入适量的食油，待食油加热后，将面糊用勺子舀入锅内摊匀，一面煎熟后，翻过来煎另一面。熟后蘸些蒜末即可食用。其时煎馍脆嫩腻滑，满口生香，令人赞不绝口。由于制作麻烦，费时费力，一般情况下人们很少食用，但在每年农历二月初二这一天，是家家必做，户户皆

煎　馍

吃。传说这一天是龙抬头之日，摊煎馍称扯龙皮，意在驯服龙王，好让它在新的一年中服服帖帖为百姓服务，保证风调雨顺，百姓粮茂年丰。

　　发糕是把面充分发酵，制作成面包一样的食品。颜色黄白不等，令人馋涎欲滴。有人用一种面粉做，有人用二合面、三合面搅在一起做。具体做法是：选好食材，或用玉米面，或用白面、豆面、杂面、米面、高粱面等，加酵母、鸡蛋、白糖、大枣等。将面粉、玉米粉倒入盆中，放入鸡蛋一个，白

发　糕

糖、酵母若干，加入适量温水搅拌均匀至糊状，盖上盖发酵。将葡萄干洗净，大枣洗净切开取核。待面糊发酵至原来一倍大时，在盆中刷一层食用油，倒入面糊，上面放入大枣和葡萄干。将蒸锅加入凉水，放入面糊，大火烧开，蒸30分钟。关火后再捂5分钟，发糕就蒸好了。切块放入盘中，就可以食用。

花馍分大花馍、对对馍、枣花馍、馄饨馍、石榴馍等。图案有八仙过海、神话传说、爱情故事、花鸟造型等。大的如一座小山，小的只核桃那么大。大部分妇女都能制作过节花馍、婚嫁花馍、寿诞花馍、丧葬花馍等。且造型美观，色彩艳丽，栩栩如生，有很强的欣赏性，蕴含丰富的文化内涵和显著的民俗特色。制作技艺有搓、团、捻、擀、剪、切、扎、按、捏、卷等，工具包括擀面杖、剪刀、筷子、梳子、竹签等。从麦子筛选、晾晒到面粉加工、蒸成，需要经过凝水、箩面、制酵、揉面、捏形、醒馍、蒸制、着色、插面花等九大工序才能完成。

茅津花馍白、亮、光，味道纯正，形式别样。磨面的麦子粒大饱满，品质优良，蒸出的花馍自然清香筋道、营养丰富、酥软可口、甜中带香。

杂品类有菜疙瘩、菜角角等。

茅津渡靠近黄河，地下水较浅，明清时人们在地里打了很多井，用水比较方便。因而家家辟有自己的菜园。每当蔬菜旺季，人们便做起各种各样的菜疙瘩。做法很简单：先把豆角、菠菜、萝卜、青菜等洗干净，切成小块儿，然后放入面粉，加水加盐，搅拌均匀后捏成团，放入锅内蒸，约15分钟后，菜疙瘩熟了，淋上蒜汁、麻酱、生抽和醋就可以吃啦。

菜角角是茅津人逢年过节所炸的油食之一。里面的菜为韭菜、萝卜、鸡蛋、粉条等。具体做法是：先将白面和好，切成小面团，然后洗菜、切菜，加上粉条、豆腐、调料，拌匀。再将面团擀成片状，把拌好的菜包进面片内，边角捏紧，放进烧开的油锅内炸煮，外表发光后即可食用。春节时不仅在家里吃，走亲戚时还要带一点作为礼物。

菜角角

飘荡北地的醇厚酒香 ~

晚清时期的茅津渡，可谓一个酒的世界。"永泰恒""仁兴泰""泰来祥""福兴号""旺藏山"五大酒厂，分布在茅津城的大街小巷上。酒坊里溢出的香味，久久飘散在大河之阳，使人忍不住多吸一口。从清晨起，一匹匹驮着木桶的健壮骡子，撅着肥大的屁股，不急不慢地走向马刨泉驮水。一袋袋优质的高粱麦子，进入了各大酒厂的库房。北去的骆驼，以500匹的驮力，将出厂的醇酒运向遥远的内蒙古桂花城。西去的船只，则把一部分坛酒运往黄河沿岸省份，让茅津酒在更大的范围内飘香。

五个酒厂中，数杨家所开的"永泰恒"最大。它占地六亩，有先进的酿酒工艺和标准的酿酒车间，所产白酒和黄酒大部分销往内蒙古，并打向河南、陕西一带。

"仁兴泰"酒厂为王家所开，占地六七亩。酿酒车间颇具现代化标准，酒质量也很了得，且有一个巨大的酒窖，使所酿佳酒能够长期保存，提高了酒的品性。它的产品也销往黄河沿岸的陕甘宁、山西、河南一带。可惜老板后来因借钱不还，被日本人用酒灌死。

"福兴号"为薛家所开。该家族祖籍在河津市修仁村。元代中期躲战乱迁到了茅津镇。明末清初家境甚为富有，在城中开辟了薛家胡同，财丁两旺。酒厂占地三四亩，酿酒设施一应俱全，酒的质量也不错，产品销往山西中北部、陕西、河南一带。

"泰来祥"是任家所办。任家世祖以弹花为生，勤劳朴实，为人慈善，广积阴德。明万历年间致富，明末时败落。清乾隆年间又兴盛。据茅津人相传，乾隆四十七年（1782），北京一王府少爷去南方游玩，路过茅津时见这里繁华，便在此停留了数日，无聊中在东街设下宝棚，以押宝赌博为乐。赌注相当诱人，引得当地富人纷纷参加，赌资达到了几千两。后河南陕州城、潞村城的富户也赶来押宝，一连压了半月无人敢揭。最后由任家生员任熙元揭宝，一下子赢银两万七千两。除报税外，还剩下两万两。从此任氏置田五百余亩，并开办了酒厂、花行、粮行、京货铺、寄邮局等铺子。其酒销往陕西的凤翔、抚风，宁夏的银川一带。

"旺藏山"为王家所开。王家在元成宗年迁居到茅津，先祖王万和以卖馍起家，后代均以经商为主。道光年王兆祺、王兆凤设立了烧酒坊，生意甚是兴隆。产品销往西北各省，收入很是不错。

除五大酒厂外，茅津城还有"郑风号"等十几家小酒厂，分别生产清香型白酒和少量黄酒。他们八仙过海，各显其能，把自产的酒卖到外地，收入也很丰足。

茅津渡在诸多封号之外，又挂了个酒都的名称。

平陆酿酒历史悠久。早在商周时期，这里就有私人酿造。山西博物院里珍藏的"虞侯政壶"，就是当年虞国宫廷的酒器，证明那时已有酒类生产。县博物馆1990年9月在曹川乡发现一座西汉时期砖墓，墓内的1件密封完好、摇之有液体振荡的青铜提梁卣，里面保存的320毫升黄绿色浑浊液体，当为墓主随葬的佳酿。它充分说明，平陆在西汉时期，白酒已大量生产并普及到各个家庭。人们对酒已产生深深的眷恋，以至于死了都要把它作为陪葬之物。

虞侯政壶

茅津渡明清时期的白酒生产，既是对平陆酿酒历史的延续，也是茅津人开拓经营的见证。元代以前，茅津人所酿的酒，都是只有十几度的低度酒，即古诗里所说的"浊酒"，十杯八杯灌不醉人。到了金元以后，草原民族大肆南侵，并执掌了国家政权，他们的酒也随着马蹄一路南下，成为华夏大地的时兴美酒。作为晋商驼道上的重要节点，茅津人早已领略了草原民族烈度白酒的厉害，也欣赏这种酒的神奇魅力，于是将过去的酿酒工艺加了一道蒸馏工艺，使酿出来的酒度数更高，烈度更大。

优质的酒品首先得到晋商的支持，他们在笑签一单单生意、为胜利而狂灌一杯杯白酒的同时，也把茅津酒装上北去的骆驼，让它到草原一带去闯荡天下。茅津酒以它独特的魅力，很快在草原上扎下根来，并不断扩张，攻城略地，顺利拿下一座座牧旗，陶醉着健壮的蒙古民族。一番拳打脚踢后，茅津酒终于在桂花城站住了脚，成为当地名酒。

桂花城的立根大大刺激了茅津人的胆识。五大酒厂由此开始扩大生产，拓宽销路，开疆拓土。黄河两岸的宁陕晋豫鲁冀等省都成为茅津酒的领地。源源不断的真金白银，进入了茅津人的腰包。

在茅津渡奠定酿酒之城的过程中，杨元起着至关重要的作用。杨氏家族祖籍安邑县里头村，乾隆初迁居茅津村。祖先因治家有方，经商有道，道光年间杨家财富见长。杨元这个秉承家族基因的开创者，用他的精明和勇敢，看准了北方草原的大好商机，摸准了草原民族的爽朗不羁性格，果断投资酒厂，放胆资金跟进，直把茅津酒打进草原深处，在资金集中、人力鼎盛的桂花城扎下根来。为永久占领市场，又成立了北方地区罕见的骆驼队，用存量

500头的运力，使茅津酒涓流似的渗往内蒙古，兴奋着那里的民族，换回自己想要的各种商品，也兑现成闪闪发光的黄金。

杨元的酒，为他的家族带来了不菲财富，使他的庄园一再

清代的归绥

扩大，土地日益增多，商店一再增加。他一度成了茅津城的行政首长，亲自领导了茅津城的扩建工程，并由此带动更多的企业投入白酒生产。但他的胆识，未能预防家人的失误。后人杨炳璋在押运货物过程中，结识了一位江湖骗子。巧舌如簧的骗子用了一招借钱担保的骗术，便将他的一万三千大洋打落水中，导致了家族分裂和生产资金的短缺。然而，杨炳璋咬牙挺住了，白酒生产仍然进行，庞大的驼队仍在长途运输，草原一带的黄金仍然被缝在骆驼皮内带回他的家中。

茅津渡的白酒生产，一直持续到了抗战爆发时。可恶的侵略战争，打散了杨家的庞大驼队。日军对草原一带的占领，使茅津酒失去了传统的市场。一场残酷战争，葬送了茅津酒的庞大市场，茅津酒不得不停止了生产。

一场轰轰烈烈的产业革命，一场开疆拓土的重要战役，就这样被日寇的侵华战争所摧毁。茅津渡的发展史上，也因此留下了一抹永远令人难忘的记忆。

平陆县革命遗址遗迹

陈谢大军茅津

中共
平陆

二〇

第八章 红色血脉

陈平正在休息，突然听到窑顶有叽里呱啦的说话声，心想坏啦，不由一阵阵发急。继续藏着吧，怕日军下来搜查，出去吧，又怕被日军发现。他在窑洞里转了一圈又一圈，突然急中生智……

右手抄起一把镢头，左手提了个筐，不急不慌地往外走……

⌘ 长夜中的漫漫求索

进入清末民初，茅津渡虽表面维持繁华，但已显出衰败景象。第二次鸦片战争后，沙俄胁迫清政府签订了不平等的《中俄天津条约》《中俄北京条约》和《中俄陆路通商章程》，攫取了诸多商业特权，致使晋商竞争力大大削弱。此消彼长中，俄商在捭阖中占了上风，晋商控制的俄罗斯茶叶市场被俄国商人所把持。通往北部的货物大大减少，导致南运的货物也骤然减少。茅津渡不得不另辟蹊径，加大了对内河方面的货运。英国输入的罪恶鸦片，使许多茅津人染上了烟瘾。这些人长卧烟榻，醉生梦死，抽完了积蓄卖房产，弄得倾家荡产，一文不名。明代曾不可一世的刘家后人刘毓秀就是这样，一家五杆大烟枪，抽得祖传家业被卖了个精光，最后连三进四合院也作价换了个破院。封建主义的掣肘也是巨大的，专制思想束缚了人们的创新意识，官僚豪绅凭借权力压榨人民。茅津船工只因开了一句玩笑，就被道台马道义剥夺了立碑、写祭文的权利。官僚资本主义则控制了国家经济命脉，他们凭借权力占用公共资源，进行巧取豪夺，剥取大量财富。三座大山压在人民头上，使得阶级矛盾激化，人民生活水平下降，社会秩序动荡不安。而政府的高税收、高剥削，使社会矛盾不断加深。

这时期自然灾害也频频发生。自康熙以来，平陆县就发生大小灾害28起，导致人民卖儿卖女，沿街乞讨，流民遍地。

灾　民

在诸多灾难中，对茅津人威胁最大的有三起：

一是清嘉庆二十年（1815）的大地震。"八月阴雨连绵，四旬有余；九月十九日夜，地大震如雷，天地通红，大树扫地复起，房屋摇动，平地忽裂数十丈，涌出黑沙水，开而复合，损坏房屋无数；凡傍崖居者多压死。嗣后或一日数震，数月一震，如此者约四五年。"灾难造成全县"压毙人民三万余口"。而茅津一个村，就压毙人口上千。实为"有村十留二三者"。

二是道光二十三年（1843）七月十四日的大水灾。这次水灾使黄河"暴涨溢5里余，太阳渡居民半溺水中，沿河地亩尽为沙盖，河干庐舍塌毁无算"。茅津渡离此不远，当然损失巨大。

三是光绪三年（1877）严重的大旱灾。是年"自春徂冬，二百余日无雨，秋夏不收，宿麦未种，斗米五两零，草根树皮剥尽，父子相食，人死十之八九。十月大风，奇冷，井冰"。灾前平陆人口为19436户145685人，灾后"全县计9706户，仅有37958人"，饿死了10.7万人。正如县志所述"全家全村饿毙，十室之邑留二三，僵尸残骸无殓。罪人饿毙于官衙者累累，胥徒饿死于荒野者居多，四民婚嫁草草，女能得食甘为婢妾。有父殁而子不葬、啖其肉以救饥者，有子死而父弗悲，以其骨而当柴烧者……"茅津渡同样遭受旱灾威胁，用"人死十之八九"估计并不过分。

统治阶级的欺压，社会矛盾的尖锐，导致了人民群众的不断反抗和起义。光绪二十五年（1899），河南江湖会骨干李醌荣来到茅津，利用这里的严重社会问题发展江湖会。为了掩人耳目，他在竹匠牛世顺家住了下来，一边打工，一边发展会员。具有反抗意识的茅津船工纪庚申、刘孟德、刘福德、刘胜德、刘有德、刘福会、刘向福、刘乐子、贺升堂先后加入了该会。由于江湖会宗旨是"扫清灭洋"，对内讲究江湖义气，谁家有困难大家帮助，因而很受船工、农民、小手工业者、小商小贩和无业游民的欢迎。组织发展越来越广，最高时达到300多人，覆盖范围西到太臣、东车，东到

江湖会起义处（冀家巷）

下牛、张店一带。会众增多后，他们履行教义，主动打击清军。听说驻守这里的平垣营欺压人民，巧取豪夺，人民恨之入骨，决定在此进行起义。他们乘光绪末年平垣营撤去，清军驻兵减少之际，在冀家巷会馆进行了秘密策划，公布了江湖会宗旨，并进行了庄严宣誓。光绪三十一年（1905）农历六月二十一日傍晚，船工刘孟德带领会员和群众约500人，在清兵一个连的配合下，从茅津北门进城，边叫"打狼"，边率兵打进把总衙门，扭住了把总万金衡，将其斩首示众。取得胜利后，他们策划打过中条山，占领运城，但因多人走散未能成行。后来这支队伍被清廷镇压，起义归于失败。

江湖会起义虽然没有成功，但茅津渡的革命基础还在。上百名船工、400多名工人及800多个店员是革命的基本力量，他们对国民党统治严重不满，强烈要求改变现有制度，建立没有剥削、没有压迫的新政权。

在对祖国的前途和命运探索中，他们接触到了马克思主义。

最早接触马克思主义的是茅津青年学生刘少白。

刘少白自小家贫，但胸怀理想，思想进步。1931年从运城中山中学毕业后，在茅津小学任教。他关心国家和民族命运，主动为学生介绍进步刊物，

引导他们阅读革命小说，启发学生的爱国热情。九一八事变后，他组织了抗日宣传队，编演革命节目，揭露日本帝国主义的侵华罪行，因讥讽时政遭到反动分子的排斥。被辞后，他应邀到平陆第四高小任教，继续开展抗日救亡宣传活动。1937年3月，刘少白考入省牺盟会主办的"民政训练团"，结业后被派到教导六团工作。太原沦陷后，刘少白返回平陆任县牺盟会协助员，不久由李晓峰介绍加入了中国共产党。1937年10月27日，中共平陆县委在老县城成立，李晓峰为第一任县委书记，刘少白进入

刘少白

县委领导班子。会议做出了积极发展党员、努力发展抗日武装、做好以公牺联合会为主的群团工作、积极开展合理负担和减租减息等决议。并对县委领导成员进行了分工，刘少白被分到三区做统战工作。在往返茅津中，他发现本村青年陈平要求进步，并与其他同学一起参加了八路军在临汾举办的"学兵大队"训练，结业后被派回平陆搞统战工作，于是把注意力放到陈平身上。1938年2月，经认真考察，他介绍陈平加入了中国共产党，使他逐步走上领导岗位。

1938年8月，刘少白又发现茅津进步青年陈勋章在县抗日民族青年训练班学习期间思想进步，接近革命组织，于是又介绍他加入了中国共产党。陈不负组织重托，训练班一结束，便培养茅津第三高小毕业的梁重民、刘千伍为入党积极分子，随后加入党组织，使茅津村革命力量逐步壮大。

⚈ 渡口上的红色支部

1938年10月，在各种条件具备的情况下，茅津村党支部成立了。

一切都那么简单。陈家的土墙上，嵌着一面鲜红的党旗，老旧的八仙桌边，围着四名党员，他们一个是县训练班教师常守义，他是县委派来主持会议的，其他三人分别为陈勋章、梁重民和刘千伍。经过组织选举，陈勋章担任了茅津村第一任党支部书记，梁重民担任了组织委员，刘千伍担任了宣传委员。会议还研究了当下工作。就这样，一个中共最基层的党组织在茅津诞生了。

陈勋章

茅津村党支部一成立，便按照党的指示，把抗击日军侵略、实行民族自救作为主要任务；积极按照县委决议，发动本村群众开展"合理负担"，反对劣绅、霸头和减租减息群众运动；同时成立党的外围组织"消费合作社"，销售进步书刊，对群众进行抗日宣传，主动配合抗日队伍构筑工事，囤积战略物资；在群众和青年学生中发展积极分子，不断壮大党的队伍。

为此，茅津村党支部配合牺盟会运城中心区干部王尹剑、赵廷孚、姚天珍、徐子寅等，在茅津渡动员船工，成立船员工会，执行国际援助团支援中国抗战物资的运输任务，保证抗日物资的通畅和抗日人员的流动，推动平陆工人抗日救亡运动的发展。并制定了日军占领渡口时，立即疏散所有船只，让日军接收一个空港的方案。并配合县牺盟会在茅津大力发展会员，不断壮大牺盟会组织。1939年3月，面对日军的猖狂进攻，茅津村党支部将200余名骨干教师训练班学员从县城顺利转移到茅津渡，协助训练班组成的若干宣传小分队，进入各村进行宣传发动，开展坚壁清野，帮助群众转移财产。

该支部还为三十八军驻守在茅津的十七师主动提供情报，发动群众构筑工事，在培训中发展了一批共产党员。协助该军成立了中共工作委员会，党员发展到700余人，为该军日后起义奠定了坚实基础。

在开展"合理负担"工作中，茅津反动劣绅见农工群众活动积极，特请来二区区长王黄山到渡口镇压群众。茅津村党支部领导群众进行了针锋相对的斗争，通过说理争辩，团结了顽固村长王玉林，赶走了二区区长王黄山。

1940年新年之际，茅津村党支部按照县委指示，协助县委在茅津村筹备纪念淞沪抗战八周年大会。正布置中，接到县委做好防范工作的指示。原来，会议前夕，县委接到三十八军军长赵寿山的来信："据悉，反动派拟在茅津'一·二八'纪念会上抓捕共产党人，请注意防范。"根据赵军长的提示，县委立即召集有关干部进行研究，决定会议还是如期进行，但要做好应变准备。根据会议精神，负责会议秩序的刘少白当即找到第三十八军独立四十六旅秘书何禹初，请求他支持平陆抗日军民，防止发生不测。何禹初考虑到茅津不是本旅防区，出面会引起不必要的麻烦，于是写信给第九十六军独立四十七旅王振华旅长，请他在力所能及的情况下为牺盟会等组织提供保护。王振华旅长当即将任务下达给了一位姓张的营长。为保证万无一失，县公牺分会特派员干玉梅又安排抗日游击队和茅津附近的公牺会员做好应对之策。因为国民党党部从不举办抗日集会，这次却在"一·二八"前夕主动通知公牺分会、"四救会"及抗日组织参加纪念淞沪抗战八周年大会，而且指名道姓要求负责人参会，里面一定有名堂。

纪念大会上，主席台一面坐的是县长叶仰高、敌工团团长刘凤翔、突击团团长刘友山和精建会主任焦瑞荣，另一边坐的是县公牺分会特派员干玉梅、公道团团长刘少白、第九十六军独立四十七旅的张营长。台下则站着县委书记赵荫华、公安局局长柴太和、自卫队员、第九十六军某营的战士和广大群众。纪念会首先由叶仰高讲话，他在讲话中指责共产党"游而不击"。刘少白针锋相对地予以驳斥，台下群众高呼口号"要团结，不要分裂""要统一战线，不要破坏统一战线"。叶仰高等看到第九十六军、抗日游击队和人民群众都站在共产党牺盟会一边，不敢动手抓人，只得另觅时机。

1940年1月28日，叶仰高等人经过密谋，借助第九十六军政治部主任、军统特务丁泽宏之手，捕杀共产党人和公牺分会、"四救会"主要骨干。丁把这项任务交给了第七四一团七连，抓捕的地点在县直机关驻地沙涧村。七连同叶仰高联系后，叶仰高马上用电话通知他的秘书阮纯，但阮纯有事未接，叶于是托人转告阮纯。但这人在电话中错将县公牺分会领导刘少白当作了阮纯，将叶的指示告诉了他。刘少白马上将这个信息转告给了正在茅津高小培训教师的县委书记赵荫华。赵当即召开干部会议，制定应变措施。当七四一团七连按计划包围县公安局时，公安局局长柴太和等主干纷纷越墙而走，其他队员因被缴枪吵闹不止。叶仰高见抓捕失败，便佯装不知，说是"误会误会"。

赵荫华

恰在这时，黑暗中飞来一颗子弹，恰巧打在叶仰高的要害部位，叶当即负伤倒地。下属急忙将他送往河南陕县医院救治，但当事人故意拖延时间，致使叶仰高气绝身亡。

暗夜的枪声惊动了在茅津培训教师的县委书记赵荫华、县教育科科长刘敬修和公牺分会特派员干玉梅。他们知道叶仰高已发动了事变，便按照原定预案，组织党员干部和140名骨干教师向三十八军防地转移。当七四一团七连包围茅津高小时，这里已是人去楼空。所有人员已安全转移到了晴岚、下郭一带。在抗日游击队队长吴仲六等人的帮助下，隐蔽到了三十八军内部。

茅津村党支部还配合县委、县牺盟会和三十八军党组织，在茅津村为

重庆柳乃夫广场

"六六战役"中牺牲的记者柳乃夫举行了隆重的追悼大会，弘扬柳乃夫不惧生死、英勇奋战的精神，激励抗日将士的战斗意志，坚定军民团结一致、共御强敌的信心。

从1938年到1941年中条山战役前，日军先后对茅津进行了九次进攻，均在抗日军民的积极配合下予以粉碎。

在奋起反抗中，茅津村党支部根据茅津渡各派人士集中、船工多、店员多的特点，在干部、工人、店员和农民中大量发展党员，督促他们走上抗日战场和革命队伍，成为我军的优秀指战员和优秀地方干部。他们有：刘会娃、刘红娃、刘千伍、刘知云、刘鸿德、刘银仓、刘克勤、刘平山、刘锐生、刘四海、冀新民、冀涛栓、王有增、王文治、王维有、王治海、贺创运、任登弟、任登明、任登瑄、梁瑛、景道秀等。其中任登弟在著名的百团大战中光荣牺牲；冀新民在三十八军独立四十七旅任文书（军长赵寿山）；冀涛栓1942年参加了八路军，新中国成立后任南阳火车站站长；王有增赴延安上了抗大；王文治、王维有、王治海、贺创运加入了抗日队伍；贺创运新

中国成立后在福建省任职。解放战争中，任登明、任登瑄积极随军南下。还有刘维明、刘维有、刘喜亮、刘明、刘鸿焕、刘鸿财加入了革命队伍，冀钰参加解放战争后，担任了平陆县化肥厂第一任党支部书记；刘正北担任了平陆县农会主席，刘举秀担任了县公安局局长，贺仁担任了县劳动局局长，刘克孝担任了新中国成立后茅津村第一任党支部书记，刘知中担任了第一任村长，刘会员担任了第一个互助组组长。

......

一寸山河一寸血 ～

———

共产党人的优秀品质决定了他们的行为，茅津人的传统精神培育了他们敢于斗争的勇气，茅津人一上疆场，就表现了空前的顽强、血性、阳刚和奉献，演绎出了自己独特的秉性。

一寸山河一寸血，寸寸山河寸寸史。一部壮丽中国革命史，留下了茅津人的红色血液，也留下了茅津人的奋斗轨迹。

先说茅津村最早的革命者刘少白。

刘少白投身革命后，在人生的道路上创造了两个辉煌。一是秉承了刘氏族人步入政坛的业绩，沿着晋升轨道，从一个穷家子弟先升为县公道团团长、公道团牺盟会联合负责人、安阳县抗日总队长，继升为运城行署民政科科长、太岳三地委秘书长兼运城市委副书记、四川邛崃县县长、四川省水利顾问，最终成为一名中共高级干部。

一个是把他的个人能力发挥到了极致。1938年3月县城沦陷，他成功说服绅士冯子健将自己的民团编入了平陆县抗日自卫队。1938年3月下旬，他将溃散的旧公安队改编成了平陆人民抗日特务大队。1938年7月，他胜利领导了同反动县长叶仰高的斗争。"晋西事变"后，他利用各种关系，保护党的干部，避免了重大损失。新中国成立后，又在民政、水利方面做出了自己的贡献。

然而荣誉总是与磨难画等号的。刘少白一生先后遭遇了四次磨难：第一次是1936年。他在第四高小任教时，因抨击国民政府被县政府逮捕，县长周其昌、公安局长许延寿对他进行了严刑拷打，致他三次昏厥，但他绝不提供不利于党的

国民党监狱

口供。5月中旬，他被以"共产党员嫌疑"押解太原，交自首院政治监狱，直到"西安事变"后才无罪释放。第二次是1942年，因在太行整风运动中反对"左"倾被打成特务嫌疑，在牢中关押了一年。第三次是1948年1月，他在国民党反扑运城时被捕，受尽了狱中磨难，一年后国共和谈时才被释放。第四次是"文革"中，他被打成叛徒和牛鬼蛇神，遭到无数次揪斗批判，直到粉碎"四人帮"后才被平反昭雪。

他的人生，就是在革命—坐牢—再革命—再坐牢的轨迹中不断前进、不断成长的。然无论遭受多大打击，受过多少磨难，都不改他为党奉献的一腔忠心。

他介绍入党的陈平，与他走的是同一轨迹。

陈平原名张若愚，1922年5月出生在茅津渡。幼年丧父。"九一八"事变后，他随茅津高小师生宣传队下乡宣传，声讨日军的侵略罪行。因思想进步被吸收进县牺盟会，推荐赴临汾参加由彭雪枫领导的八路军学兵队，结业后任平陆人民抗日自卫队二大队战地服务团团长。1938年2月经刘少白介绍加入中国共产党。1939年秋，陈平被调往垣曲县公安局，担任政治指导员和

三区区委书记。不久任翼城县委宣传委员。1940年6月，18岁的陈平担任了中共平陆县委书记。

陈平的一生，经历了五次风险：

陈 平

第一次是1939年到河南工作时，被国民党军抓捕，送往洛阳市集中营。在狱中，陈平组织难友与当局开展了说理、绝食斗争。恰巧碰上朱德总司令在洛阳参加军事会议，听到这个消息后立即与卫立煌进行交涉，使他们得到释放。

第二次是1940年10月，他在槐下寺与日军打游击时，被日军发现并包围于寺内，在共产党员郭子健、谢中令及庙里和尚的巧妙周旋下，得以顺利解脱。

第三次是1943年农历二月，张村日伪警备队准备起义不幸被暴露，日军将班长以上的干部全部逮捕，准备送往夏县杀害。陈平冒着生命危险到张村打探。返回途中走到关家窝时，被国民党张鹏飞部以共产党嫌疑抓捕。幸亏该村党支部书记关炳炎等多方营救，才被释放。

第四次是1944年8月，陈平和财粮科长余子谦等在古王村杨建邦家歇息，被日伪八政工作队突然逮捕，关进杨根青家窑洞。紧急关头，共产党员高建勋立即与打入敌伪内部的共产党员李西平进行联系，筹集资金，多方营救，使他们又一次脱险。

第五次是1945年6月的一天，陈平带着4名同志转移到三门和庙凹之间的运头坪小村，他在陈小丙的窑洞里休息，几名同志在崖顶歇息。突然30多名日军和一队伪军向崖顶走来。由于情况太急，几名同

抗日游击队

志来不及发信号，就跳下崖根撤退了。陈平正在休息，突然听到窑顶有叽里呱啦的说话声，心想坏啦，不由一阵阵发急。继续藏着吧，怕日军下来搜查，出去吧，又怕被鬼子发现。他在窑洞里转了一圈又一圈，突然急中生智，右手抄起一把镢头，左手提了个筐，不急不慌地往外走。一出院子就往沟里拐。一个日本兵发现了他，一面大声吆喝，一面举起了枪。陈小丙赶忙说："那是我家里人下地干活，没事，没事！"就这样，陈平在一大群日本兵的监视下，大摇大摆地背着镢头走向沟里。一到转弯处就扔下镢头和筐撒腿就跑，一直跑到安全的地方。

尽管五次差点丢掉性命，但不改陈平的一腔斗志。在平陆党组织惨遭打击的岁月里，他以蔬菜换食盐作掩护，摸清了党组织面临的困境，及时召开县委扩大会议，确定了公开斗争和秘密斗争并重的指导方针，向敌伪内部分批渗透党员骨干，一举扭转了被动局面。积极组建了令狐兴中、刘思温等抗日游击队，创建了上、下堡抗日根据地，在边沿地带建立了"真心向我，假心对敌"的农村政权。1942年6月，他配合中共条西地委，成功把平陆县政府保安支队改编为挺进五支队。1944年建立了以太宽河区委、区民主政府为核心的抗日根据地。当年6月5日，成立了平陆县抗日民主政府，获得了槐树下伏击日军、迫使三门据点伪军投诚、甘山痛击日军、火烧伪军炮楼和上堡阻击战一系列胜利。终于在1945年8月14日收复县城，把日军彻底赶出平陆。

抗战胜利后，陈平领导全县人民除奸反霸、肃清匪患、开展减租减息和土地改革运动，组织武装力量同国民党蒋介石、阎锡山反动势力展开拉锯战。1946年10月，成功做好接应伏牛山新四军后勤工作。1947年秋冬，动员群众组成担架队、运输队，成立兵站，支援陈、谢大军渡河，参与杜马阻击战。1947年冬，陈平调任中共晋绥十一地委政策研究员、土改工作团团长。1949年，他随军挺进大西北，任甘肃省天水县县委书记。1950年后任甘肃省委组织部处长、副部长，省革命委员会农业办公室主任，农林局局长，直至病故。他以自己的辉煌业绩，为茅津人树立了榜样。

尹萍原名令狐两记，1919年出生于茅津村，在兄弟四人中排行老四。他本姓王，到姑母家后改姓了令狐。他1937年1月加入牺盟会，2月加入中华民族解放先锋队。不久因受国民党政府追捕，党组织护送他到陕北，成为红二十五军七十五师一名战士。随后被派回家乡办军政干部训练班，组建了平陆人民抗日游击支队。

尹　萍

1938年2月，尹萍担任了第二中队分队长，不久调到游击支队抗日先锋剧团。同年9月进入陕西三原八路军青训班学习，接着转晋东南中国人民抗日军政大学一分校继续深造。毕业后被分配到八路军唐（天际）支队，先后任副排长、排长，八路军新一旅一团连长。1939年5月加入中国共产党。1942年10月调任八路军一二九师司令部作战参谋、八路军太行四十二团作战参谋、营长、豫鄂第五军分区作战股长、中原独立师一团副参谋长等。1945年8月日本投降后，所部编为晋冀鲁豫军区第六纵队第五十三团，先后任该团副参谋长、参谋长。新中国成立后，1950年初调任五十一军二一一师兼湖北黄冈军分区教导大队大队长、党委书记（正团级）。1952年初进入南京军事学院学习，毕业后留校，先后任教员组长、师资训练部主任（正师级）。1965年因受林彪一伙迫害，下放到解放军山东蓬莱守备区任副司令员。1977年调任南京陆军指挥学院教研室副主任，1981年离职休养，享受副军级红军少将待遇。在革命战争年代，他多次负伤，为六级残废。获得了抗日战争、解放战争三级勋章和二级红星勋章。离休后，撰写了40多篇军事论文及回忆文章，多次获得军事科学奖和文学奖。

刘敬修比尹萍年长四岁，原名刘鸿德。1915年2月出生于茅津村。1935年山西第二师范学校毕业后在平陆县第一高小执教，后任校长。1939年共产党员王宿人担任县长时，任命他为教育科科长，当年加入了中国共产党。

1940年1月"平陆事变"后，刘敬修和县公牺分会干部梁重民率一个小分队打游击。7月底到达山西武乡县八路军总部和中共中央军委北方局驻地砖壁村。在北方局参加20多天学习后，被送到太南地委党校学习。结业后先后任山西壶关县抗日县政府教育科科长、平顺县教育科科长、平顺县委宣传部部长。1944年到1945年，刘敬修在太行区党委党校参加整风。1945年春整风完毕后，调任太行三专署民政科科长。

刘敬修

不久调山西长治太行第四干部中学任校长。1947年到1948年，刘敬修在长治三专署任秘书主任，后任太行行署荣管局副局长。1949年3月，担任华北人民政府民政部管理处处长。新中国成立后，刘敬修任内务部优抚司副司长，1954年改称优抚局副局长，1956年任内务部优抚局局长。1957年到陕西师范学院工作。1960年5月任陕西师范大学党委副书记、副校长。1966年任陕西农业学院党委书记、院长。1979年退居二线，任西北大学党委副书记、副院长至离休。

在茅津村的刘氏家族中，刘红娃是很特殊的一个。他出生于1923年12月，自幼父母双亡，家境极为贫穷，从未进过学堂，兄弟二人靠种几亩薄田相依为命。因此身材瘦小，沉默寡言，但他的特点是性格坚强，办事踏实，行动敏捷。

刘红娃

1945年8月，刘红娃参加了中共平陆县委直属大队。10月县大队扩编为平陆县独立营，刘红娃到三连当了战士。次年秋冬之际，因打仗机智灵活被调到营部侦察班当侦察员。1947年7月初，晋冀鲁豫野战军挺进中原。为探听准确情报，刘红娃奉命前去张村塬抓俘虏。他化装成割草农民，用三颗手榴弹智擒敌人22名，缴枪16支，并将俘虏成功押回

审讯，得到了敌方部署情况。分区司令员王瑞当晚调兵张村塬庙底村，设下口袋阵，一举全歼敌二四八团。刘红娃荣立了一等功。

1948年3月临汾战役时，我军坑道作业遇到护城壕的阻隔。为测量护城壕深浅宽窄，团部四次派出侦察员均被火力拦截回来。正患病的刘红娃知道后主动请缨。当晚，他脱去衣服，手持竹竿长绳，在战友的掩护下，匍匐通过敌人的火力网和雷区，到达城壕前沿，借着敌人射击发出的闪光，用竹竿测出城壕的宽度，再以绳系石子测出城壕的深度。从原路返回时肚皮已磨出了血。为此，上级党委为他记一等功。

10月，在太原战役攻打东山15号碉堡时，因突破口选得不当，部队数攻不克。刘红娃带4名侦察员乘夜摸到敌堡前10多米处，排除了伏雷，选好突破口，连夜向团部汇报，一举取得成功。

1949年夏，刘红娃随军南下，一路克灵宝、下西安，直达宝鸡等地，12月30日进入四川省成都市。其间两次荣立一等功。

1950年，部队转入剿匪。在隆昌县，他再次发挥侦察才能，只身深入匪穴，以惊人胆识和智慧，摸清匪特的活动规律，为我军提供了极为重要的情报，荣立了特等功。

在军人生涯中，刘红娃先后参加了九次战役、一百余次战斗，三次负重伤，荣立特等功2次，一等功6次，二等功1次。从战士、侦察班长一直升到连长、团侦察股参谋等。入川后被评为全军侦察英雄，加入中国共产党，1950年被团党委树为模范共产党员，出席西南军区首届英模大会。1951年赴京参加纪念八一建军节观礼活动。1953年调任重庆市江北区人民武装部部长，1965年8月5日因病逝世。1976年10月1日，江北区人民武装部在平陆县城关镇王崖村为他建碑纪念。1979年4月4日，重庆市警备区批准他为革命烈士。

在茅津村参军人员中，刘明志和岳银生两人先后参加了抗美援朝战争。

刘明志生于1930年6月，上学后在家务农。1946年6月参加革命，1948年8月加入中国共产党。1958年5月在解放军六十军三七八师五三三团和一八零

刘明志

师五十八团当兵，先后任班长、排长、连长、政治指导员和正、副营教导员等。参加了运城、临汾、晋中、太原等战役。之后进军西北，参加了宝鸡、秦岭战役和大西南战役。1951年8月至1953年7月参加了抗美援朝战争。1958年5月转业地方工作。先后任淮南市委工业科科长、安徽省化工厅副厅长、淮南市副市长、市人大常委会副主任等职。两次荣立一等功。荣获华北、华中、西北、西南解放纪念章，获中华人民共和国解放勋章、抗美援朝纪念章各一枚，并获朝鲜人民民主主义共和国最高人民会议授予的三级国旗勋章一枚。

在朝期间，师部曾组织一批干部到五圣山阵地学习作战，他被分配到黄继光所在的八连，担任了连指导员。五圣山地势险要，能否守住，关系到朝鲜战场全局，为此，彭总下了死命令，因此人们叫它"彭总山"。八连的防御阵地在突出位置，吃水比较困难，只有在山脚下才能挖出水（其实是黄泥浆），但敌人经常向那里打炮，战士们只能利用炮击间隙搞水。为了宝贵的水，不少战士献出了生命。他刚到阵地的那个晚上，连长蒋福来在坑道里召开支委会，讨论防御战100日评功事宜。大家一致推举通讯员黄继光有功，并讲了他的很多事迹。黄继光是四川人，个子不高，人很机灵。他除了能灵活通过封锁区完成通信任务外，还能拐到山脚下搞到水。在100多次战斗中，他干了很多分外工作。几次带刘明志穿过封锁区，到前沿坑道了解情况，看望战士，给各班上政治课。战役打响前两天，刘明志奉命撤离，执行另外的作战任务。后来才知道，八连阵地是这次敌人进攻的重点，也即著名的上甘岭战役。战役开始时，黄继光已调到营部当通讯员。当时，一个地堡挡住了反击部队的步伐，许多同志牺牲在地堡前。他坚决要求上去！获得批准后，抱起爆破筒以熟练步伐很快接近敌堡，顺利把爆破筒塞了进去。但里面的敌人又把它顶了回来，敌人的机枪继续扫射。在这千钧一发之际，黄继光一跃而起，用胸口死死堵住了枪眼！我军高呼"为黄继光报仇"的口号，英勇地冲了上去，终于赢得了战斗的胜利。当在简报上看到黄继光和另一名通讯员杨狗娃牺牲的消息时，刘明志十分悲痛，黄继光亲切、朴实、可爱的面容时时在他眼前浮现，令他久久难忘。

1953年1月，一八〇师进入前沿阵地，他们营的任务是坚守510高地，营指挥所设在544高地。对面是李承晚的伪五师，与我军阵地隔着一条大沟。其时，刘明志已担任了五三八团二营副教导员。从1月到4月3个多月的时间里，我军展开了"冷枪冷炮杀敌"活动，他们团共歼敌247人，击落敌机5架，受到上级的通报表扬。7月，战役又起，时值大雨滂沱。我军以强大炮火打击敌军，集团军几乎同时突破了敌人的现代化防御阵地。西方通讯社当天报道："（美军）空中救护机输送伤员是朝鲜战争爆发以来最多的一天，平时运输物资的运输机也送伤员了。"这次战役中，五三八团二营直插黑云岭，打得勇敢，守得顽强。六连战士赖永泽在全班9人只剩下他一人，几次被埋进土里，敌人蜂拥而上的情况下，突然从土里钻出来一阵猛扫，毙敌十余人，一个人守住了阵地。战后，刘明志担任了五三八团二营教导员。先后获得以下荣誉：朝鲜民主主义人民共和国最高人民会议颁发的三级国旗勋章一枚，抗美援朝纪念章一枚，中华人民共和国解放奖章一枚。

岳银生

岳银生1930年11月出生。幼年丧父失母，十多岁就去扛长工。因不堪忍受日军欺凌，13岁就参加了八路军，历任班长、排长、连长、营长、团长等职。1947年入党。解放战争时期曾南下剿匪，其后参加了抗美援朝战争。他机智果敢、英勇善战，戎马生涯十五个春秋，屡建功勋。

岳银生的兄长岳金生是八路军五十八团的侦察排长，他的英勇事迹对岳银生影响很大。于是岳银生联系了十多个青少年投奔到了八路军独立营。由于他有勇有谋，表现突出，15岁便当了排长。1945年解放战争打响后，15岁的岳银生先后参加各种战役30多次，荣获军功章、纪念章20多枚，被称为"杀敌英雄"。攻打闻喜时，岳银生和战士们整整打了一夜还未攻开城门。这时敌人一个团抄后路向他们逼来，双方扭打在一起。此时，战友王士杰突然从草丛中钻出来，用刺刀顶在一敌军官背部，逼他下令撤军。这当儿，岳银生联系我军用大炮轰开了城门，他率领战士们冲进城内，展开了短兵相接的肉搏战，经过激烈战斗，一举解放了闻喜城。1947年3月，岳银生率部参加了第一次解放运城战斗。这时他已升为营长，带领战士们先扫清外围障碍，打掉敌人碉堡和火力点。4月17日，我军八十三旅打进城内，但敌人以多倍兵力进行反扑。岳银生这时率部开始猛攻，在激烈的喊杀声中，战士们奋力向前，仅用了半个小时就俘虏敌人1400人，击落敌机三架，歼灭了运城出袭之敌，打破了国民党进攻延安的美梦，拦截了从河南打来的援兵。这时人困马乏，岳银生和战士们倒头就睡，一觉醒来，发现自己竟躺在死人堆里。

1949年初，岳银生受命南下。他带领战士随二野四十九团经河南、陕西到达四川。此时，岳银生任公安科长。面对土豪劣绅和土匪残杀百姓的情况，岳银生决心剿匪除霸，为民除害。在一次执行任务时，遇一匪首猛扑过来，岳银生临危不惧，以个高劲大、剽悍骁勇、有超群胆略的优势，只身斗敌，反身抱住匪首向前狠扔，一把便将匪首摔死了。其他土匪闻风丧胆，抱头鼠窜。

1951年，岳银生作为第二批志愿军奔赴抗美援朝战场，任炮兵团团长。他发扬冲锋在前、不怕牺牲的战斗作风，果断用高射炮平射，击败了美军一次次进攻。回国后，被分配在武汉市公安局工作直至退休。

王士杰原名王进宝，1928年5月在茅津出生。日军占领茅津后，他全家外迁别的村，1942年才回到老院。他家离日军的军火仓库很近，三天两头被抓顶差。日军一个翻译官名叫陈法祥，为人很和气，劝他到日军灶房帮忙，

王士杰

他有些犹豫，最后还是去了。晚上歇在离灶房不远的一个窑洞里。1943年3月的一天，陈法祥要和他拜把子，他看这人不错就答应了。陈法祥一次带他到仓库玩，他乘机偷了一支手枪。1944年2月3日晚，陈法祥动员他加入共产党，他同意了。当天夜里进行了入党宣誓。党小组长是陈法祥。

5月的一天晚上，党小组开会决定次日中午12时暴动。不料一个国民党俘虏张三告了密，日军把陈法祥刺死扔到河里。其他人怕暴露转移走了。由于是单线联系，王士杰没有暴露。他一边在日军灶房帮灶，一边寻找为陈法祥报仇的机会。一天，吴仲六游击队侦察员白松林来茅津探听情报，他们一起做了策划。他利用经常接近日本人，又会说几句日语的优势，一天中午对张三说："大太君交代，今夜八政汽车往仓库送大米，要立即卸车，千万不能耽误。"张三答应了。夜里两点钟，他叫起张三，对他说："汽车有些响声，咱二人到北门听一听。"说后便走，走到北门口，乘张三不防，从后脑一枪将张三打死了。枪声被仓库流动哨和岗楼士兵听见了，他赶紧往仓库返，恰巧碰见日军流动哨往北门方向走，日军问什么情况，士杰便将其带至张三尸体旁。哨兵正查看时，士杰冷不防将这个哨兵打死，将枪交给了在一旁协助的白松林。他又跑回仓库，将情况报告给岗楼日军。岗楼日军又报告了大太君，大太君又派了两名日军，随他往枪响方向走。走到张三和哨兵的尸体旁，两名日军正在看，士杰又冷不防掏出手枪将他们一一击毙。随之把两支枪都交给了白松林。二人造了个假现场，士杰朝自己腿上打了一枪，鲜血直流。白松林将士杰双手倒绑住，往嘴里塞了块毛巾，士杰跟跟跄跄往仓库返。日军见状信以为真，急忙将士杰口内毛巾掏出，将绳解开，送到他的住处。第二天又用汽车把他运到八政战地医院。伤愈后，他仍返日军灶房帮灶。

1945年日本投降，他参加了八路军，在五十八团当兵，编入五十八团二营五连。10月份参加了解放闻喜战役，由于在战斗中立了大功，被提拔为排长。

1947年夏，王士杰所在部队编入刘伯承、邓小平领导下的第二野战军，千里跃进大别山。此时他已是通讯排长。6月30日，在向司令部送信途中，俘虏了六个国民党士兵，受到首长的表扬。此后，他还参加了杜马战役、淮海战役、渡江战役等。

在淮海战役中，国民党部队有个团长叫王胜利，是平陆老乡。他的一个同学带一个师在宿县双堆集准备逃跑，士杰乘机给王胜利写了一封信，劝他起义，并请他给那个师长做工作，终于协商起义成功。为此，王士杰被授予特等功，并再次提拔为警卫营长。1949年1月，他被调到司令部做保卫邓小平政委工作。

1949年1月，他担任了邓小平警卫营长，后升任警卫团长，一年零十个月在邓小平身边工作。他的名字还是邓小平政委给起的。有次邓小平问他家庭情况，他说祖上是河南长垣县王楼岗店村，有年黄河泛滥，村庄被淹，祖父母和父母四口人逃难，辗转落到平陆茅津。因家庭困难，祖父和父亲给人家打短工扛长工，祖母和母亲给人家纺花织布弹棉花。说到伤心处，他失声痛哭，邓政委说："不要哭，听你讲的，我心里也难受，不管怎样已经过去了，过去的苦换来今日的甜，过去当苦力，今日当掌柜。"又说，"你这名字叫进宝。老想个人发财不行啊，你已经是革命战士、共产党员，要为广大劳苦大众谋利益，要当杰出的人士，就叫王士杰吧！"他连连说好，从此就叫王士杰。这一次谈的时间较长，他就和邓政委在一起吃饭。

过了三个多月。一天吃过下午饭，他去向邓政委交学习心得，邓政委问他："这一次咋停这么长时间？"他答："咱们警卫兵一定要训练好才能应对紧急情况。"说着把学习心得《十个不忘》交上去。邓政委非常欣赏，说："你想得很周到，革命心很强嘛！"又说，"我和刘司令员研究过了，把你提拔为上校团长职务，从今天起你就是团长了，警卫营也改为警卫团，保卫司令部。"士杰说："我恐怕干不了吧！"邓政委说："没问题，你好好干。"

在抗美援朝战争中，最艰巨的是上甘岭战斗。开始十多天，敌人炮火猛烈，我军伤亡太大。一次士杰带了500名战士冲上去，下来只剩下11名。部队首长决定采取坑道战，王士杰和战士们一道在深山挖坑道。坑道在半山腰，进能冲锋，退能固守，敌人奈何不得，有时乘敌不防，突然从坑道里跳出来给敌人狠狠一击。在与美军抢占1105高地时，他们师抢先一步从小路上山占领了高地，刚布置好，美军也上来了，只听我军指挥员一声"打！"顿时子弹齐发，美军伤亡一片。战斗结束后，首长将他调回原部队，给邓小平当警卫员。

抗美援朝战争结束后，王士杰向邓小平政委请求转业，邓政委答应了他的请求，给他安排到大西北一个中央直属企业中国西北贸易总公司，住地陕西渭南，任命他为总务股长兼事务长。他觉得对这里的工作不适应，小时跟祖父学过中医，想在这方面深造。经上级领导批准，他到南京军医总院学习了半个月，返回原单位。不幸的是这时他得了重病，视力严重减退，加上身上三处负伤未愈，到各医院治疗无效，便要求回老家让著名老中医陶宝珍治疗。领导批准后，秘书给他开了证明和组织关系，回县后交给县长刘煜。但刘调走时王士杰不知道，他再次找时，一切手续全部丢失。为此，他1980年给党中央副主席邓小平、中共中央总书记胡耀邦和中央组织部部长宋任穷写了三封信，反映自己的问题。很快三封信都回到了县委组织部，问题很快解决了。

王士杰回乡后专操医业，钻研医术，每天忙忙碌碌为老百姓治病。他态度好，医术高，人们提起王医生，都说那是个好人。

……

枪林弹雨，险关重重。茅津人凭借自己的战斗力和智慧，一次次攻城略地，取得胜利。但也有倒身战场、血荐轩辕的。刘千伍和梁重民就是其中的两个。

刘千伍1922年出生于茅津渡。茅津三高小毕业。民国28年（1939）10月加入中国共产党。次年1月"晋西事变"波及平陆，刘千伍按县委决定到国民党三十八军内隐蔽。3月底，经县委书记赵荫华介绍，他同刘敬修、李挺峰等到中条地委报到。6月初随地委机关撤离，7月末到达中共中央北方局，再后又被北方局介绍到晋豫区党委党校学习。同年底，刘千伍被派到八路军总部任译电员。1942年在日军"扫荡"太行山抗日根据地时壮烈牺牲。

梁重民生于1915年，1937年在茅津第三高小参加革命。1939年调晋东南潞城县，先后任二、三、四、六区区长。在潞城县工作期间，日伪军多次集重兵"扫荡"上党地区八路军抗日根据地，潞城县情况最为严酷。他到任后紧紧依靠广大党员、干部和群众，大力整顿和扩建抗日武装，坚决实施坚壁清野，使敌人食宿无着，难以立足。他多次带队深入敌心脏，除奸反霸，散发传单，实施挖心战术；又运用游击战声东击西，消灭小股分散之敌，搅得日伪军、汉奸劣绅昼夜提心吊胆，防不胜防，不敢轻举妄动。因此成为传奇式人物。1943年春，梁重民调潞城县一高校任校长。次年秋调到六区、四区任区长，所到之处功绩显著，受人称赞。1945年8月抗战胜利后，他调任长治工商管理分局局长。

1947年，梁重民随刘、邓大军南下中原，任安徽省霍山县诸佛庵区区委书记兼区长。同年9月，蒋军四十八

刘邓大军挺进中原

师进攻霍山县，一股敌人窜至诸佛庵区骚扰，梁重民带着区干队将敌击退。次日，敌集中兵力再次进攻，梁重民带领全区干部和武装安全撤退。不料区文书忘带区政府200万元活动经费，梁只身返回取款，行至该区附近时，被敌枪弹击中牺牲。这时，党组织已任命他为太湖县县长。

在茅津各大家族中，刘氏先后向革命队伍输送了22名军地干部。此外，王氏家族、任氏家族也输送了多名人才，为民族崛起做出了贡献。

激流飞渡送大军 ⌒

1947年，茅津渡再一次被推上了历史的风口浪尖。

这年秋季，蒋介石为剿灭共产党武装，命令嫡系部队对陕北解放区和山东解放区发动了重点进攻。中央军委为打破蒋介石的围剿计划，决定由原晋冀鲁豫野战军第四纵队、新成立的晋冀鲁豫野战军第九纵队和刚起义的三十八军，组成一个兵团，共计8万多人，由陈赓、谢富治率领，迅速渡过黄河，向敌人防守薄弱的豫东进攻，配合刘邓大军挺进中原，吸引胡宗南部队回援。为顺利渡河，兵团司令部将渡河部队分为左右两个集团。左集团军在垣曲、济源一线渡河，右集团军在茅津一带渡河。渡河时间定在8月下旬。

7月，太岳第三军分区参谋长樊执中来到平陆，向县委传达中共中央关于主力部队转为外线作战的命令，要求县委组织力量，做好支援大军南渡黄河的准备。

接到中央指示后，平陆县委当即成立了"支援大军横渡黄河委员会"。

主任委员由县委书记陈平担任，副主任委员由县长田瑛和县委副书记姜英岩担任。委员有刘汉忠、王安、余子谦、郭子健等。工作机构设秘书处、组织科、民运科、供给科和直属船工大队。工作职责为：陈平全面负责；姜英岩负责政治思想和政治动员；田英和刘汉忠负责木船、油包制造；王安负责船工选拔、训练；郭子健负责粮食、柴草、油、盐、肉、菜和缝制油包所用物品的采购。支前委员会分别在张店、圣人涧、八政、茅津渡设兵站，并在张茅公路沿线设立粮草供应站。凡过路的军人，都在接待站住宿就餐，每人每天供应小米1~3斤、菜金25元，冀钞、灯油若干；接待站负责人由所在村镇的主要干部担任，服务人员在本村挑选。接待站备柴、草料、盐、米、面和灶具，凡就餐人员，依照供应标准自做自食。因接待任务繁重，接待干部和服务人员全部脱产。

在县委的领导下，支前委员会组织能工巧匠，在令狐三村、西湾村等地伐木造船、制造油包。所用布匹、桐油均由平陆情报站从国统区秘密购来，包内所装棉花为群众自愿捐献，黄丹、草籽由民工从上堡一带采捡。不到一个月，就造出4艘大船。每船能载3.5万斤到5万斤，渡运150到200人，并可装载汽车和重武器。除新造木船外，还修复了3艘日军投降时留下的铁壳船。新做油包40多连，每连由3个长

茅津纤夫拉船

一丈、宽2尺的油包连在 起， 次可运10多人。由于油包外表是用桐油浸泡过的布匹，内部装着棉花，所以不易透水，十分安全。

在打造渡河工具的同时，支前委员会分别从全县各渡口及芮城、河津等地动员水手200余名。这些水手中，精通水性、技术高超的茅津船工有60多人，另有20人是从国统区陕县招来。他们在吕家湾一带培训后，统一

编入"平陆人民运送大军渡河大队"。大队长由贺恩亮（茅津人）担任，副大队长由邓九智（太阳渡人）、孙小根（陕县人）担任。下辖木船队、铁船队、油包队。木船队队长为贺恩亮（兼任），辖6条木船，每条船6

陈谢大军渡黄河

个水手；铁船队队长为徐保子（席家坪人），辖铁船3只，每船水手6人，共18人；油包队队长为刘居秀（茅津人），下辖3个分队，40连油包，每连水手4人，共160人。水手合起来共214人。

为保卫兵站物资和水手的安全，二区区委成立了民兵排；三区区委成立了200人的民兵连，守卫茅津渡兵站。一区区委组织了百头驮骡队，为兵站运送弹药、粮草和其他物资，全力保证渡河大军胜利渡河。

8月20日，太岳兵团西北民主联军第三十八军独立第二十二旅进驻圣人涧村、沙涧村，预备在此强渡黄河，挺进豫西。

此时，在黄河南岸的500里沿线上，部署着国民党整编第十五师、青年军二〇六师、胡宗南七十六师新一旅等部队。他们装备精良，机动性好，又仗着黄河天险和夏季河水湍急暴涨等因素，根本没把解放军渡河当一回事。

陈谢大军炮车上船

22日晚，在茅津一线，3万解放大军已集结完毕、部署到位，只等一声令下。这晚正好是传统的"七巧节"，对河的陕县县城内，许多国民党军官正带着太太在南关剧院里，观赏由豫剧名角崔兰田、宋淑云演出的《天河配》。就在他们专心看戏的时候，严阵以待的解放军首长下达了渡河命令。为顺利渡河，解放军采取了声东击西的策略。他们在茅津渡虚张声势，却把主力放在沙涧一带。渡河行动开始后，县委宣传部部长王安亲自担任向导，引导部队在茅津渡佯攻；县委组织部部长刘汉忠引导西北民主联军第三十八军到茅津渡下游沙涧一带出发。10时许，刘居秀、邓九智带油包二分队载解放军一个连率先渡河。因上游下雨，黄河暴涨，水流湍急，油包在水里摇摇晃晃。接近南岸时，一支国民党河防部队发现了他们，凶狠地发问："谁？"平陆情报站的徐小拴机智地回答："给你们送盐的。"河防队以为是平时的熟人，便放松了警惕。船工这时赶紧把油包划上了岸。先头部队一上岸，首先俘虏了哨兵，拔掉了哨所，建立了滩头阵地。大军船队浩浩荡荡不断将部队运过黄河，迅速占领了王官村和会兴镇。直到此时，看戏的国民党军官们才知道解放军已渡过黄河，逼近了陕县县城。

天亮前，国民党军派来10余架轰炸机在茅津上空胡乱轰炸了一阵就走了。大军仍源源不断继续渡河。大军渡过黄河后，第二十二旅向东进攻，破坏了峡石8号桥，阻止洛阳国民党军西援；第三十八军向西进攻，解放了灵宝、阌乡和陕县，斩断陇海铁路，逼近潼关，在陕县、灵宝、阌乡地区开辟战场，迫使胡宗南主力南撤，有力配合了西北野战军和刘邓大军挺进大别山的战略行动。平陆民兵团和担架队、运输队，随军到达陕县、阌乡、灵宝及陕西省潼关、南原一带。县支前委员会根据解放战争形势需要，在会兴镇设立"飞越兵站"，将黄河北岸的军需物资源源不断地运往黄河以南前线，仅白面就有数十万斤。返回时，将我军缴获的枪、炮和其他物资运回圣人涧兵站，其中有4门重炮。趁此机会，平陆公安局局长王纯仁和赵健率

驮队为大军运送军用物资

县公安队到陕县俘虏营，将潜逃在此的国民党党团骨干和不法地主数十人押回平陆，依法惩处。

为表彰平陆人民支援大军渡河的卓越贡献，孙定国司令员亲自接见了平陆县支前干部，把一面"晋豫桥梁"的锦旗授给茅津船工，为油包队全体成员记大功。给首先上岸的张银项记了特等功，刘居秀、李项锁、刘星三人记了一等功。

至今，茅津渡还流传着大军渡河时的民谣：

（一）

八月大军进中原，茅津渡河第一关，
破敌不忘挖心战，南断陇海控崤函。

（二）

无船无桥飞渡难，中条儿女敢斗天。
油包结扎成小艇，不怕枪打不怕翻。

（三）

久雨初晴夜气凉，七夕弯月坠西方。
轻舟恶水探鬼穴，河浪心潮共振荡。

（四）

英雄何惧波浪高，突破前沿扫敌巢。
陕酋不知覆灭近，犹看牛女会鹊桥。

（五）

哪管空中飞贼噪，船工日夜不辞劳。
三万军民齐渡后，破城歼敌红旗飘。

1949年5月，茅津渡再次迎来渡河大军。

这次是解放军十八兵团七十八师进军大西北、大西南。

为胜利完成渡河任务，县委、县人委迅速成立了"支前指挥部"。负责人为李荃、刘煜、胥增全等。下设秘书处、组织科、治安科、民运科、供给科等。秘书处的任务是：负责督促检查指挥部决定的执行情况，参与领导日常有关工作，并协调各方解决具体问题。组织科的任务是：负责组织培训和管理水手，筹集渡河器材，下辖木船大队。治安科的任务是：负责河防治安、防空、警卫等。民运科的任务是：负责组织、发动群众，欢迎慰问解放军。供给科的任务为：负责筹集粮食、草料，保证南渡大军和水手、船工的物资和食宿供应。

指挥部成立后，各部门迅速开展工作。技术人员马上测定了黄河水位："主航道水深2丈，岸边水深5~6尺，最深处1丈；河水涨落变动不大；河面宽约1华里，河水时速为20华里左右；每条船来回一次约需1小时（逆水拉船需40分钟，南北横渡需15分钟），以此速计算，渡船每天可运行10个来回。"

与此同时，县委向各区委发出指示，要求一切工作要服从前线，全力以赴支援解放军，保证一切物资供应。组织科以1947年8月护送陈谢大军强渡黄河的水手为骨干，召集水手、船工、民兵226人，抽调大小船只14条，编成木船大队，在茅津渡培训待命。

此时，在张茅公路沿线村庄张店、前后滩、轺桥、太宽、八政、风泉口、圣人涧、韩窑、张溏沱、马溏沱、解沙涧、涧东等村，设置了大军住宿点。筹集白面3万余斤、蔬菜2000余斤。沿路设凉棚、开水站，提供优质的后勤保障。

6月9日上午，中国人民解放军由北向南进入平陆。此时，从张店镇至茅津渡60华里道路上，数以万计的群众载歌载舞，高呼欢迎口号，给解放军佩戴红花，替解放军背行李、赶军车，为大军包饺子、炸油条、烙大饼、擀面条、洗衣服、送鞋袜等。当晚解放军在各宿营点驻扎。10日、11日，解放军在茅津船工的连续摆渡下，胜利渡过黄河，挺进大西北，解放全国。

星夜越河救亲人 ～

　　1960年2月2日夜，在茅津渡外的小路上，急匆匆地跑来两个年轻人。他们一个是县医院司药员王文明，一个是县药材公司业务员张寅虎。二人到渡口后二话没说，焦急地奔向岸边一间小屋。

　　"啪啪啪！"

　　原来，这天下午6时左右，20多公里外的风南公路筑路现场发生了一起严重的食物中毒事件，61个民工生命危在旦夕，急需特效药二巯基丙醇。然而，平陆县所有医疗机构都没有这种药。于是县委决定，连夜到对岸三门峡去找。两个年轻人就是被派到三门峡寻找特效药的。

联系北京的话务员

"谁？"艄公王希贤问道。

"同志，我们有急事要过河。"

"自古黄河不夜渡，等天亮再说吧。"

"同志，等不及了！风南公路上60多个民工食物中毒，生命面临死亡威胁，县委派我们连夜去三门峡寻找特效药二巯基丙醇……"

"有这情况？"

"同志，你要是不信，我们有公安局的证明。"

临行前，王文明怕船工和三门峡人不相信，特从公安局开了一张证明，这时正派上用场。他把证明从门缝塞了进去。

茅津艄公王希贤

"嗨，咋不早说。我这就来！"

王希贤边穿衣服，边拍醒身边的王云堂。没几分钟，四名船工全都穿好了衣服。王希贤一把拉开船舱，利麻地拖出锚、桨，四人各执家伙，艄工用木桨一推河岸，小船便划破岸边薄冰，轻轻驶出了渡口。

粗犷的河风呜呜作响，卷起的浪头足有五尺高。小船刚一离岸，就像抽了筋似的，在浪头上东一摇，西一晃，高一下，低一下，十分危险。加上夜黑如漆，看不清航道，王希贤他们只能凭经验和对岸山头确定位置。四个人憋足了十二分力气。平日里白天无风无浪还需七八个船工，今夜全船只有四个人，一个人要出两个人的力气。王希贤紧把舵，在浪尖上急叫"丢锚，丢锚！云堂快快丢锚！"20多斤的铁锚，平时要一个人丢、两个人拉，今晚人手不够，王云堂一手丢锚一手拉绳。只听得"啪啪……"铁锚撞击着河水，"哗哗……"小船破浪前进。

四个人憋足气、紧丢锚、稳掌舵，眼睛睁得圆鼓鼓的，大气也不敢

出，只听得"啪啪啪"，王云堂一连丢了15锚，船飞快地渡过中流，安全靠在对岸。

王文明、张寅虎来不及道谢，就一步跳下小船，向三门峡市区跑去。

这晚，虽然王文明、张寅虎在三门峡市没有找到特效药二巯基丙醇，但却得到了北京特药商店的地址和电话。县委书记郝世山毅然把电话打到了国家卫生部，打到了北京特药商店。由于空军及时出动，空投准确，从而挽救了61个阶级弟兄的生命。

危难之处见真情

　　1989年9月12日16时30分，茅津渡新下水的晋航一号正在摆渡，突然，一辆满载物品的货车在陡坡上刹车失灵，径直向坐着50多人的运城运输公司一辆大客车撞去。客车经猛然一撞，立即向黄河滑去。正在车前查看堵车情况的司机看到情况不对，马上拔腿追车。然而迟了！急速下滑的客车已溜入黄河河床。紧要关头，7名年轻力壮的乘客破窗而出，其余旅客则随着客车被吞入河中。

　　此时，正从河南返回的晋航一号船员发现了险情，副船长史定安二话不说，立即命令船只加速前行，赶往客车落水地点。船只一到，船员们迅速扔下船上所有的救生圈，尽可能多地抢救漂在水面的旅客。会游泳的船员立即跳下水，扑向落水的旅客。正出航的茅津村振兴号机船也急忙赶来，船员一个个跳下了水。经一阵紧张抢救，有18名乘客被搭救了上来。

　　下午6时40分，运城行署办公室响起了急促的电话铃声，客车落水的消息立即传入专员会议室。行署专员相从智听到消息后，立即决定，由李宪政副专员带人火速赶往现场处理！8时许，地区交通局、地区公安处、运城运输公司的干部先后赶到茅津渡口。在出事的1号码头，先行赶来的平陆县委、县政府领导向李宪政副专员汇报了情况，9时，由李副专员主持的联席会议在平陆县招待所内进行。会议决定成立由平陆县委、县政府、县公安局和地区交通局、运城运输公司组成的事故处理和打捞指挥部，平陆县委副书记霍转业为总指挥。同时决定立即拘捕8名与事故有关人员，全力抢救伤员，努力打捞遇难者。是夜，国家水电部十一工程局潜水队19名同志从三门峡赶来，次日一大早便奔赴河边打捞。然而，黄河毕竟是黄河，水流湍急，能见度不好，连续3天的打捞都没有找到目标。14日23时，打捞指挥部经行署领导

打捞照片

同意，以行署名义向北京发出呼吁：请求交通部援助。15日上午11时，交通部部长钱永昌回电说：已令烟台打捞局秦皇岛救援站一行10人，携带打捞器具，昼夜兼程赶来。17日晨6时，秦皇岛救援站两路人马先后抵达平陆。他们早饭未吃，便到渡口察看水情。站长张玉琪第一个先潜入黄河探摸。然而，黄河不同于海洋，泥沙俱下，能见度极低，人在水下难以把握激流。站长前脚一伸入主河道，就被狂流打得直转圈。最后，救助的同志又借助钢缆下滑，还是难挽狂澜……随后，山西省委办公厅联系了海军作战总部，取得了他们的支持。21日14时，海军作战总部从北京派飞机去青岛，载北海舰队防救分队于16时在永济机场着陆。此间，国家黄委水资源保护研究所工程师张树征、白东义、赵安民3同志正在三门峡库区作业，闻讯后带着自己的机船和两台深水探测仪，主动赶来协助海军战士一同打捞。为了减少冲击，三门峡水力发电厂不计电力损失，第3次关闸缓流。24日上午，仪器上终于显示出河下目标。然而在机船调头回找的一霎间，仪器上的显示物不见了。一

线希望随即破灭!

　　从事故发生那刻起,茅津航运公司、茅津村的干部和船工,都停下了渡运,两艘机船一起担任起搜寻任务。他们以高度的责任心坚守岗位,中秋节不回家,种麦时撒下自家的田地,一心扑在打捞上。10月2日上午7时,船长史定安驾乘晋航2号大船又一次出航。甲板工法堂合突然发现,在茅津渡2号码头斜对岸水磨沟口100米处的航道上,溅起1米高的"八"字浪花。理智告诉他,下面肯定有东西。航船立即驶到疑点处,用钢筋反复探摸,发现水下固体好像是汽车。12时30分,史定安赤身潜水,用手摸到了车前轮,断定是落水的大客车。4日,根据行署领导意见,地区水工队机械处副队长景泰智驾驶12吨的大吊车,于上午7时30分赶到茅津渡。时值深秋,阴云密布,河谷上卷起了大风,冻得人们浑身打战。打捞指挥部乘坐船只开往目标处。船工付宝宽首先甩去衣裤,跳入冰冷的水中。汤汁般的黄河水使他不敢睁开眼睛。他硬是凭着平时练就的憋气功夫,在水下来回摸索。突然,他觉得摸住了汽车的前包梁。这时,水性好的卫章计跳了下去,史定安、王随亮也鱼贯而下⋯⋯当卫章计第二次下水时,终于把钢丝绳穿进了客车前包梁。上午11时,吊车开始起吊。由于客车被河底泥沙灌满,12吨的吊车负荷超出了20吨重。一番弹簧后,客车缓缓上升,但客车的前左轮刚刚露出水面,突听"咔嚓"一声,前包梁断裂了!只见钢缆绳脱钩,吊钩在空中摆动。好在客车顶部挂在了船舷上,将大船压成了15°倾斜。千钧一发之际,史定安和王随亮猛地蹿上车身,将钢缆穿在客车大梁上。如果这时船一晃动,客车就会连人一同翻入河中,然而,我们的船工在万分危急时刻忘掉了自己,他们心里只有一个念头:要对得起死者,要保护国家财产。10月4日上午12时50分,沉溺在河底22天的大客车终于被打捞上岸。黄河这条充满凶险的大河,记下了这感人的一幕。

第九章 嬗变之旅

夏天，河水骤落，河道毕现，古老、苍劲、粗犷、自然的面孔依然映现。而春秋季节，高峡平湖，一派透亮。河水拥着两岸高山，如同天地间布下一道长长走廊。两边的山塬沟滩、村桥楼宇映在湖中，显示着天穹般的神秘……

如何焕发茅津渡的风采，利用她的天生丽质打造新的风景名胜点，是摆在人们面前的一张试卷。

辉煌的最后谢幕

　　茅津渡创造的千年繁华被侵略的炮火打断后，多年来没能辉煌再现。直到新中国成立后，才现出一丝曙光。1957年，为迎接社会主义建设高潮，支援三门峡水利枢纽工程建设，完成日益迫近的县城搬迁任务，县委、县政府毅然实施了大渡口战略，在茅津渡成立了国营航运站，将太阳渡、葛赵渡的船只全部集中于此。弯曲的茅津渡上，摆着100多艘船只，驻着300多名船工。一时群舟竞渡，百舸争流，再现了盛唐时期的漕运状况。为加快运力，该站成功仿造了湖南的"八面风船"、四川的"鱼肚船""双翼船""三合船"等，并在总结经验的基础上造出了自己的"木机船"，使航运速度提高了30%，载重量增加了50%，一跃成为全省先进单位，光荣出席了1961年8月召开的"全国内河航运先进工作会议"。

　　但计划经济时期的物资匮乏，20世纪60年代的国民经济调整，各渡口船只的回归，使茅津渡航运再次进入清冷状态。到1966年时，航运站仅剩3只木船、30多名职工。尤其是1970年以后，茅津船工还要靠承包其他工程来维持营运。

1978年开始的改革开放，是中国历史上最伟大、最深刻的变革。党中央实行的一系列改革措施，"让一切劳动、知识、技术、管理、资本的活力竞相迸发，让一切创造社会财富的源泉充分涌流"。神州大地短期内发生了神奇的变化，中国社会迅速从一个物资匮乏、产品稀缺的社会，变成了商品充溢、市场繁荣

1974年建造的大型木质平板船

的社会。巨大的经济总量助推了运输业的飞跃发展。随着国道209的不断升级、运三高速的建设，东、西沿河公路的相继上马，公路运力呈几何倍数增长。急速增加的汽车数量，呼吁航运业跑步前进。

▼茅津渡新建的晋航一号、二号（黄色）

此时，茅津渡还处在只有1只大型木质平板船和1艘拖船，一次只能轮渡6辆汽车的水平。在骤然扩大的航运市场面前，显得极不适应。形势促使他们转变思维，迎头赶上。面对改革大势，航运公司领导没有退缩，没有回避，而是迎难而上，开辟新路。他们充分发扬"千方百计""千言万语"精神，多次穿梭于平陆、运城、太原、郑州之间，终于从"山重水复疑无路"转为"柳暗花明又一村"，争取到省交通厅、国家黄委资金120余万元，建造了一次可载180吨+110吨，一次可轮渡载重汽车24辆、搭乘旅客300名的"晋航一号""晋航二号"现代化大型钢质渡轮，把年渡机动车由1万辆上升到了7万辆（台）、旅客57万余人次。到1990年，轮渡机动车达到了10万辆，并大力增添辅助设施。增设了两个宽20米、长200米的水泥码头，新建了售票室、小商店、标志牌、铁栏杆等。一座崭新的三层办公大楼从渡口建起，停车场、客车站、食堂、供销社一应俱全，成为全省唯一的国营航运事业单位。

然而，巨大的轮渡量，仍不能满足迅猛发展的运输形势。排队候渡的车辆摆成了一条长龙，最多时达到了一公里远。形势迫使交通部门开辟更宽畅的通道。

在此压力下，1986年9月，晋、陕、豫三省召开了黄河金三角经济协作区第一次会议，会上，晋、豫两省提出了建设黄河大桥的主张。经两省交通部门协商，决定共提申请，实行"三方投资（交通部补助3000万元，山西、河南两省各半）、两省共建"。工程由河南省交通厅承建。1988年7月，大桥工程可行性报告论证会在三门峡市召开，出席会议的56位专家、教授和工程技术人员通过了论证。1988年9月，晋、豫两省计委、交通厅分别向交通部上报了设

平陆县航运站干部职工合影

计任务书。1989年4月获交通部正式批复，同年8月进入设计招标阶段，河南省交通勘察设计院一举夺标成功。设计总投资1.2亿余元，由铁道部大桥工程局第一桥梁工程处和河南省交通公路工程局分别承担主桥、引桥施工。1991年11月1日正式开工。大桥位于山西省平陆县和河南省三门峡市之间，北端为平陆县莒店村，南端为三门峡市湖滨区后川村，连接209国道。全长1310.09米，行车道宽15米，两侧各附1.5米人行道，桥面全宽18.5米。设计洪水频率为三百年一遇，设计流量11916立方米/秒；校核流量为13377立方米/秒（千年一遇），相应水位331.58米。设计荷载等级、公路—1级。通航标准为四级航道，最高通航水位324.84米，通航净空4×9米。设计地震烈度8度。下距三门峡大坝21公里，距茅津渡口4公里。

　　工程开工后，经过紧张的河底深挖、根基浇注、桥面连接，1993年9月30日，大桥终于胜利合龙。又经一个月苦战，三门峡黄河公路大桥全面竣工；12月30日，大桥披红戴花进行了剪彩。从此，天堑变通途，晋、豫成一家。该桥具有五大特色：一是"高"，指桥面离河床距离高，差约50米，为当时晋、豫两省特大桥梁中的最高；二是"大"，指桥的跨度大，主桥160米，在当时世界同类桥型中进入了前25位，在国内名列第2位；三是"长"，指桥梁的连续构造长，主桥850米全部为连续钢构，引桥450米

三门峡黄河公路大桥

为简易连续，仅有3道伸缩缝，没有坎坷，行车舒适；四是"深"，指水深桩深，施工水位最深时达26米，最大桩入土深度77米，施工难度大；五是"新"，指主桥采用大跨径连续钢构，结构新颖独特、造型雄伟美观。

三门峡黄河公路大桥的建成，一下子连通了209国道与三门峡至洛阳、侯平高速几条要道，并与三门峡至西安快速通道挽手。通车后，每天车流量由开始的700余台增至4500余台，对晋、豫、陕三省的经济腾飞和社会发展有巨大的促进作用。

然大桥一通，却吸走了全部的社会车辆，使得茅津渡冷落下来。过去熙熙攘攘的渡口，现在变得门可罗雀，车少人稀。至此，一个连接南北两大板块三千余年、承接东西漕运两千多年、成就了晋商事业、带大了茅津市场、支援了全国解放事业的古老渡口，结束了自己的历史使命。但仍发挥着一定的军事功能。它被列为战备渡口，保持着仅剩的尊严。

涅槃的时代命题 ⟲

茅津渡废弃了吗？

没有。

除却了昔日嘈杂，拂去它面上的灰尘，蓦然发现，它原来是一个十足的"大美人"。

明代诗人王瀚在作品里，曾描写了当时茅津渡的美貌："十里芳桃蒸晚霞，一川红雨点溪沙。莎汀浪煖渔舟出，茅屋风轻酒旆斜。陌上笙弦多醉客，林间鸡犬有仙家。此中疑是秦人种，策杖寻源逐落花。"

在诗人的眼中，仲春时节，天朗气清，惠风和畅。水光潋滟的茅津渡外，簇拥着铺天盖地的桃林。这桃花势如大火，漫山烧去，肆无忌惮。燃着了黄河，燃着了大地，也引燃了天上的白云。这位跑遍了名山大川、看惯了高旷深远的旷世才子，顿觉一股浓浓的诗意涌上心头。不由翻身下马，挂杖深入桃林，急急切切地品香啃红、放浪形骸了。

王瀚的诗中，茅津渡不仅具有城市美，还具有浓浓的田园气色。"十里

茅津附近桃林

芳桃""一川红雨"夹裹着"莎汀浪煖""茅屋酒旆",再加上"陌上筇弦""林间鸡犬",与陶渊明笔下"土地平旷,屋舍俨然,有良田、美池、桑竹之属。阡陌交通,鸡犬相闻。其中往来种作,男女衣着,悉如外人。黄发垂髫,并怡然自乐"的桃花源何其相似?

更可贵的是,茅津渡还是一个闻名九州的北方景观,也是平陆的"八景"之一。每当夏秋季节,西下的太阳与河道垂成一条直线,烟雾下的河岸像饮了一杯醇酒,浑身绯红透亮。这红是那样的热烈,那样的妩媚,抒发着一种灼人的燃烧感,把两岸的一切都点燃了起来。而伸向河心的树,则变成了一种深绿。裸露滩上的土,洇成了醉人的浅红。那些挂在树上、铺在岸边、斜向密林、跃上屋顶的霞光,与袅然而上的炊烟一相遇,便演绎出许多色彩来。

有这样的美景装点,茅津渡当然成了长安城东的一块名地。它引得大诗人王维登上平陆城楼,写下"井邑傅岩上,客亭云雾间。高城眺落日,极浦映苍山。岸火孤舟宿,渔家夕鸟还。寂寥天地暮,心与广川闲"的诗句。也引得古文运动的先驱韩愈写下了"条山苍,河水黄,浪波沄沄去,松柏在山岗"的名诗。

现在,它终于卸下了沉重的包袱,除却了马蹄的骚扰,露出自己的天然美貌:夏天,河水骤落,河道毕现,古老、苍劲、粗犷、自然的面孔依然映现。而春秋季节,高峡平湖,一派透亮。河水拥着两岸高山,如同天地间布下一道长长走廊。两边的山塬沟滩、村桥楼宇映在湖中,显示着天穹般的神秘。岗上村寨排陈,弄巷纵横,红墙蓝瓦,鳞次栉比。几条金丝般的道路,穿过秀丽的村子,套在高耸的中条山上。现代版的茅津渡,显出一派多么优

雅的自然风貌啊。

如何焕发茅津渡的风采，利用她的天生丽质打造新的风景名胜点，是摆在人们面前的一张试卷。

在这张试卷面前，平陆县委、县政府没有回避。自这个古渡重回人民手中时，历届县委、县政府都在认真填写。现在，面对新的转型、提升，新一届县委、县政府进行了认真思考。他们认为，重塑茅津渡不能只站在中条山下、黄河岸边，而要立足于国家整体发展战略和对黄河流域开发的历史定位来思考。它地处晋、秦、豫黄河"金三角"，文化积淀深厚，历史传承久远，区位优势明显，交叠在"中原经济区""山西综改试验区"和"黄河流域（运城段）生态保护和高质量发展示范区"中，是一块天生的文旅胜地，一块纯美的生态绿地，具有发展康养事业的先决条件。把其打造成为集古渡姿色、黄河美色、商道本色、康养特色为一体的综合开发领地，是最有前瞻眼光并具备诸多优势的。

茅津晚渡

大战略赐予的一身行头

从2006年开始，茅津渡先后实施了三大工程。

首先是沿黄公路的开发工程。这是山西省委、省政府实施的重大工程，它北起偏关县万家寨，南终于垣曲县境，途经4市17县，总长957.14公里。2006年开始动工，2008年主体段落通车，连接豫、陕、内蒙古3个省区、15座黄河大桥、50个名胜景区。而到茅津渡这一段，它与河并行，沿岸蜿蜒，贴村而过，活像为茅津渡系上了一条黑丝带。公路通车后，经过提质拓宽，美化亮化，形成了一条支撑中部经济增长、促进全省旅游发展的大动脉。它

东沿河公路

如同一条绚丽彩带，串起了沿岸无数明珠，把沿黄的经济、文化、旅游串在了一起，真真切切地为中部发展提供了强劲动力，促进了国家西部大开发战略的实施，推动了黄河区域资源共享和优化配置。

第二个工程是黄河生态园的兴建。

该园是平陆县委、县政府实施大县城战略的一项民生工程。开工于2018年。整个项目由4大部分组成，总投资1.029亿元，占地面积8.6万平方米（约129.9亩）。通过紧张的开挖、堆建、绿化、修造，工程于2019年6月完工并交付使用，成为黄河流域生态保护和高质量发展的重点工程，也是黄河两岸人民经常游览的休憩场所。

步入黄河生态园，你会感到由衷的舒心。只见迎面的广场上，竖立着一幅"黄河生态园"矮墙。后面阶地上，矗立着六堵青灰砖墙。简单的庑殿顶，中间掏着窗口，好似六幅精美的船帆，载着秀

黄河生态园

巧的园林游走四方，也似园的两扇大门，张开着欢迎的翅膀。园子正中，耸立着一座高大的水泥塔，三个向心的铜钺组成了一个完整铜爵。钺的接触处，拼出了三块牌子，分别镌刻着篆字"平陆"。铜钺的最上方，竖着一根三角立柱，柱上栖息着两只凤鸟。钺的下方，拼接着三个象形"门"字。基座四周，分别嵌着颜体大字，为"北守三晋""西望长安""南及湖广""东达鲁豫"，表明这里的区位优势。以造型为中心，该园分为东西两大部分。西部由四座假山、一座望河楼、一块大草坪、一个架空步道、7个六角亭组成。坐在望河楼上，近可俯视黄河，远可仰望条山，亦可环视左右，把酒临风。草坪上绿茵覆盖，花木笼罩，空气清新，可躺可依。六角亭

像一个个护卫士兵，雄伫山头，划域自守，让人产生景深园重的感觉。走上架空步道，犹如走在云端，使人既能产生一种居高临下的优越感，又让人感到一种跨越的自豪。东部最鲜明的，是一道宽敞的观赏长廊。廊里两排木座，可让人小憩冥思。廊外放置着许多石墩，供人坐墩观景。园子里奇花覆盖，乔木遍地，有60种5462株苗木。南北混杂，石土相间。有无数雕塑、景观石随形摆放。远看如一枚精致玉坠，紧挂在茅津渡胸口。

第三个工程是茅津渡的美化工程。

这也是县委、县政府实施大县城战略的一项生态保护项目。是在原有护岸坡堤和水泥码头的基础上，大力提升建成。它将原来的护岸坡升级为水泥护岸坡堤，堤边加砌高标准的石质护栏，护栏内拓5米宽的柏油路面和观赏

今日茅津渡

人行步道，两边栽植珍贵花草树木，宽敞处开辟休憩场所和玩赏草地，沿路置若干休息座椅。新辟了堤边名吃广场，恢复了曾有的"茅津古渡"牌坊。并将古渡建设与生态园广场相互连接，使之成为综合性的文化景观。

2019年，茅津渡建设工程进入实施阶段。多批次的施工机械进入作业现场，巨量的施工材料被搅拌浇注。精美的石质护栏在岸边矗起。工程沿河岸向东延伸足有一公里，在路面越过沙涧桥后，改为双向二车道柏油路面，一直延伸到涧东桥上。工程历经三年全面竣工。

如今，当你步入茅津渡后，首先看到的是一幢仿古建筑。这是有关部门精心设计的一个门面。为仿清光绪二十六年（1900）县丞王云汉所立的石坊。高9米，宽10米。混凝土仿青白石卯榫结构，三间四柱庑殿顶。正中上方，镶嵌"古渡茅津"四个大字。两面楹柱上，分别篆刻长联。南面为"莫问几时昆仑水映茅城月，只听一唱华夏鸡鸣砥柱山"，北面是"斯地五千年国珍醢海满船起，此行三万里天险黄河一望收"。古朴精美的牌楼，活似为茅津渡戴上了一顶至高无上的桂冠。左右河岸上，挺立着长达2.4公里的护栏，汉白玉似的质地，屏风般的布局，依河而去，凹凸有致。护栏里面，是5米宽的柏油马路，它随栏而弯，因地留坪，既像是宫廷通道的野外延伸，又像在渡口上系了一条长长的飘带。茅津之东的原沙涧渡口，新筑了一座精美秀巧的水泥护桥，从这里往北张望，可见到在此驻守1200多年的大阳县城旧址。此时这里已是209国道的跨河大桥之下，到处绿茵覆盖，草木繁盛。黄河的清水早已越过涧口，流到了大阳城下，一片水波荡漾，碎光四射。从这里向东，双车道柏油铺设，太阳能灯沿河夹路。向南望，黄河相依相随，扑来一股潮气。向北看，两边层层梯田，沟梁凸凹，坡形的黄土地上，花红柳绿，姹紫嫣红，枣园、樱桃园、草莓园分布其中，是另一种农家景观。

每当夕阳西下、华灯初上时，茅津渡的名吃市场开业了。它还原了古茅津城的传统小吃，使人们能够品尝到百年前的美味。既有茅津人最爱吃的"三糕"：油糕、甑糕、羊肉杂糕，又有祖传的油炸、浆汤、烩面等，还有茅津特产烤制黄河鲤鱼、农家饭食等。逛完风景区，吃了小吃摊，可以说你穿越了一次时光隧道，到古茅津城逗留了一圈。

三大工程紧连互携，相得益彰，好像把古渡口送进了魔幻机里，重新打造了一遍。它如今呈现出来的物象，不仅是黄河岸边的美丽生态，还是天上宫阙与人间建筑的巧妙结合，是源于生态高于生态的崭新景观。既符合山西省沿黄旅游的新思路，又与中央进行黄河流域生态保护和高质量发展的决策高度切合，也把县委、县政府将茅津渡建成生态基地、康养中心、职能中心的规划体现得淋漓尽致。在迈进新时代的时空里，茅津渡已披挂了一身崭新的行头，显示了它的清纯、美丽和迷人的一面。

2023年以来，新一届县委、县政府在研究茅津渡综合因素后，对该渡发展又作出了新规划，这就是"一院两园三心多节点"。"一院"即"古渡里"的平陆院子；"两园"即"古渡里游乐园"和"黄河文化博览园"；"三心"即"古渡里商业综合中心""古渡里会议会展中心"和"古渡里大数据金融中心"；"多节点"即"古渡里黄河飞索""古渡里凤凰阁""黄河文化广场""古渡广场""河东文化长廊"和"茅津小镇"。总体目标是：打造集综合商业、会议会展、滨河乐园、数字金融、品质住宅为一体的现代文旅新地标。形象定位为：以古渡文化脉络为抓手，挖掘、弘扬、传承和发展当地文化，以龙凤之翼为承载，打造古渡里文旅新地标，辐射晋陕豫，享誉全中国。

大鹏一日同风起，扶摇直上九万里。我们相信，在奋力谱写中国式现代化平陆篇章的新征程上，茅津古渡必将更加生机勃勃，魅力无限。

附录　茅津渡大事记

茅津渡大事记 ～

商　代

商代中期，茅津渡开始建渡。

商王武丁时期，西北一带土方、鬼方多次入侵商之西鄙，武丁多次率军经茅津渡北上反击。

商末周初，茅津村基本成型。

西　周

周初，茅津村流窜进一股西部戎人，栖住吕家崖一带，史称"茅戎"。

周代时期，河东潞盐被大量开发，南运潞盐均经茅津渡。

春秋战国

公元前740年，晋国以1000车潞盐，经茅津渡从安徽铜陵换取1000车铜。

从公元前679年到前475年，晋国宗室发生五次内乱，周王朝四次派虢公率军征讨，均经过茅津渡北上。

前659年，秦穆公为展示秦国实力，率兵长途奔袭茅津戎并取得胜利。为根绝戎族在内地的存在，断然将茅津戎迁至河南伊川、宜阳一带。

前658年，晋国用北屈马、垂棘玉贿赂虞国国君，借道灭了北虢。

前655年，晋国重施"假虞伐虢"计，假道灭了南虢，回军途中顺手灭了虞国。

晋文公主政时期（前636—前628），为奖赏大夫先轸的弟弟先茅之功，将茅津一带赐作先茅封地，人称"先茅之县"。

前628年，秦穆公乘晋文公去世之际，越晋地偷袭郑国，晋襄公令先轸率军从茅津渡渡河，在崤山隘道上设下伏兵，一举歼灭秦军，活捉了孟明视、西乞术、白乙丙等大将。

前627年3月，晋国与白翟开战，元帅先轸、先茅及他的儿子不幸战死。大夫胥臣推荐郤缺为晋军主帅。郤缺率军大胜。晋襄公将先茅原封地赏给了举荐有功的胥臣。胥臣为纪念先茅，将封地改称"茅城"，特建一亭名"茅亭"，又令先茅的故旧家臣均改姓茅，茅氏从此诞生。

春秋时期，晋商逐步形成，晋商驼道开始纵横南北，大量货物经茅津渡南下。

秦 代

秦初，关中一带因修建阿房宫、始皇陵人数剧增。秦廷为缓解粮食压力，开辟了黄河漕运，东部一带的粮食均经茅津渡西上，转渭河运至咸阳，茅津渡成为黄河漕运上的重要码头。

汉 代

西汉时，黄河漕运进入高潮，每年经茅津渡的漕运量平均在400万石左右。

魏晋时期

公元310年10月，后汉政权刘聪命刘曜、王弥、刘粲率四万精兵，同石勒所率的二万骑兵汇合，在茅津渡渡河，于陕州发起进攻，大败晋军裴逸于渑池，直入中原大地。

隋唐时期

隋唐时期，黄河漕运进入第二次高潮。每年从关东、江淮地区运往关中的粮食达数百万石。

隋末唐初，后为宰相的魏徵在随李世民父子打天下时，曾率兵驻扎茅津渡。其间，他提议茅津人建大船，并指导工匠模仿御船模样，造出了茅津渡当时最大的船只。

唐开元十五年（727），唐代大诗人王维到茅津渡游览，写下《登河北城楼作》一诗。

唐至德元年（756），安禄山、史思明在燕地起兵造反，迅速攻占了长安、洛阳，唐肃宗为平息叛乱，特借回纥军参加作战。回纥军从燕地起兵，沿太原安邑一线南下，经茅津渡渡河，在陕州一带发动攻击，成功收复了洛阳。

宋 代

宋大中祥符年间（1008—1016），北宋才子魏野迁住陕州，数次前往茅津渡，写下《茅津渡》一诗。

北宋时期，每年经茅津渡运往陕西的粟达50万石，豆30万石。经茅津渡东运京都的石头也计30万石。

元 代

元代末期，茅津渡形成了五大家族，分别为王、柳、周、冯、杨。

明 代

明洪武三年（1370），驻茅津的巡检严毅主建了巡检司。同期，茅津渡住进税收、稽查等行政机构，成为平陆县东部的重镇。

同年，实施"开中制"，晋商凭借天时地利，迅速进入鼎盛时期。茅津渡作为"晋商驼道"上的重要枢纽，也进入空前辉煌时期。

明永乐年间（1403—1424），进士出身、官至通议大夫、礼部左侍郎兼翰林学士的薛瑄经过茅津渡，留下《渡茅津》《陕州抵沙涧渡（茅津渡）》等诗。

明正德元年（1506），茅津书生刘瀚入贡，后任大兴县丞，升济南府通判。

明正德年间，平陆县府为大兴县县丞刘瀚在茅津渡立"少尹坊"石牌坊。

明正德二年（1507），明弘治十八年进士、河东巡盐使、都察院监察御史张士隆路经茅津，写下《渡茅津》一诗。

明正德辛未年（1511），茅津举人刘翀荣登进士第，授行人，晋升监察御史，为名谏臣。

明正德十五年（1520），平陆县府为四川监察御史刘翀在茅津渡建"绣衣坊"石牌坊，彰示他在平定"宁王之乱"中的功劳。

明嘉靖十七年（1538），茅津书生冀尚志入贡，任延安、清涧两县训导，后升王府教授。

明嘉靖十九年（1540），退隐回家的监察御史刘翀在茅津始建城堡，设东南西北四个城门，形成"井"字形城市框架。

明天启壬戌年（1622），茅津书生王国祚考中进士，官至户部主事；兄弟王永祚学书不成，改学剑术，官至都督检事，总兵云南。

明崇祯五年（1632）冬，李自成领导的农民起义军与张献忠领导的起义军在河南汇合，准备经茅津渡渡河北上，住茅津的平垣营严防死守，义军没能渡过黄河。

明崇祯十五年（1642），中原一带发生农民起义，清廷在茅津渡派驻平垣营，设游击1名。

明末，茅津渡形成九大家族，为刘、介、薛、冀、蔡、王、周、柳、任。

明末，茅津渡船只约20艘，分客运、盐运、货运三种。渡口拥有盐店、货栈、京货铺、饭店、车马店、旅店等400余家。潞村道台在茅津渡设立盐道。县府在此设官盐店、花洋店。增驻稽私营、船捐局、货津区、盐监区等。

清　代

顺治四年（1647），清廷在茅津镇驻平垣营游击署。

康熙十七年（1678），茅津渡对原有城堡进行较大规模整修，因工程复杂，直至咸丰末年才全面告竣。整修后的茅津城共八个城门、六个城楼。

雍正十三年（1735），茅津学士冀文锦中乙卯科进士，授翰林院庶吉士，改授新城、修仁知县。

乾隆三年（1738），清廷在茅津渡建平垣营千总署。

乾隆二十六年（1761），河南省发生水灾，清廷诏令近豫等19州，动用常平积谷"碾米十万石济之"。河东道沈枑受委主事，亲临平陆，调遣木船22只，分别由茅津、太阳两渡日夜赶运，"阅两月，而事竣"。

乾隆二十七年（1762），茅津学士冀儒锦中壬午科举人。

嘉庆四年（1799），茅津行政管理级别由巡检提为"县丞"亲驻，称"二尹分驻之地"。

嘉庆二十年（1815），平陆发生大地震。灾难造成全县"压毙人民三万余口"。而茅津一个村，就压毙人口上千人。

道光二十六年（1846），茅津镇东道路"偪仄窘步，车不容轨，行者病焉"，县丞王云汉在知县刘凤琢支持下，"共捐廉俸，以倡输将"。经近一年"筑台削凭"，终将坎坷不平、狭窄临谷的道路变成了宽畅平坦大道。

同年，驻守茅津的县丞王云汉在茅津渡兴办一所义学，招收穷家子弟入学读书。

道光二十八年（1848）秋，大禹庙北官道多处坍塌，人畜难行。知县余正西传谕两岸绅士民众踊跃捐款，历时七个月竣工。

道光年间，刘氏后人成立私人戏班。演员为当地艺人和聘请来的外地艺人，在晋陕豫一带巡回演出。

咸丰五年（1855）6月，茅津镇东的临崖道路"崩溃已过十数丈"，县丞潘琅召集乡保、绅耆等捐款修建，经四五载修葺后方完工。

同治元年（1862），河东道刘子诚在茅津主建演武场二：一在游击署西，中建厅事三楹，东隅将台一；一在南寨门内，广八亩，中建演武厅三间，东北隅有将台一，东西建炮台二。

同治元年（1862），捻军首领张宗禹率军到了豫西，预谋从茅津渡河北上。8月17日夜，捻军不顾狂风大雨，冒雨在茅津渡偷渡，驻防清兵和地方武装隔河炮击，并驾船进行水战。捻军偷渡没有成功。

同治四年（1865）10月21日，捻军一部在张宗禹率领下抵达陕州，以一部分兵力进攻茅津渡。因清兵防守严密，未能突破黄河防线。

同治年间（1862—1874），茅津岁贡陈凌霞等借河南匪乱向县府申请修寨，知县华镇支持并汇报上峰。道台李庆翱倡议捐钱三百缗，本邑官弁绅民齐心捐款，县丞陆以耕扩大基址，扎实扩修。竣工后的城池东西广二里余，南北袤一里，周五里，寨门六。

光绪三年（1877），平陆发生少有大旱，全县饿死10.7万人。"全家全村饿毙，十室之邑留二三，僵尸残骸无殓。"茅津渡同样死人无数。

光绪六年（1880），茅津街中一段道路"车不变轨，马难并辔"。渡口附近一陡坡两崖夹拱，雪雨天气路滑基塌。恰逢江浙协赈局候选道金若人观察来晋助赈，当即捐制钱三百五十缗，工程历经三月"告竣"。

光绪二十六年（1900），县丞王云汉在茅津渡口建"茅津古渡"石牌坊。并建"岂弟君子坊"牌坊，彰显知县郭一裕在建设茅津中的功劳。

光绪年间（1875—1908），茅津士民为表彰县丞王玉在茅津渡建坊兴学之功，特立"德政坊"石牌坊。并为表彰知县李钟淑、杨怀堃、余怀堂、游击谷景昌兴建茅津之功，特立"德政碑"石碑四通。

光绪三十一年（1905）农历六月二十一日晚，茅津江湖会起义。该会首领刘孟德带会员500余人打进把总府，将把总万金衡斩首示众。胜利后发兵运城，因多人走散未能成行。后被清廷镇压，起义失败。

宣统三年（1911）10月10日，孙中山领导了武昌起义，当时山西大部分是革命军天下，但河南还在袁世凯控制下，平陆成了起义军与清兵对峙的前线。腊月十二日天未明，陕州清军分三路在茅津渡强渡成功。但不久议和成功，民国成立。茅津渡重归安宁。

清末，县府在茅津设立了邮政代办所，隶属运城邮局管辖，主要承办平挂信件及少量包裹业务。

清代晚期，茅津渡形成八大家族，分别为刘、冀、蔡、王、周、柳、杨、卫。

同期，茅津城建永泰亨、仁兴泰、福兴号、郑风号、旺藏山五大酒厂，产品销往晋、陕、豫、甘、宁及内蒙古。杨元为此成立了骆驼队，最多时有500峰骆驼。

清末民初，英国商人来到茅津渡，与上海商人合资兴办打蛋厂，产品销往俄罗斯、日本等国。

民国时期

民国元年（1912）起，平陆沿河驻扎河防部队，茅津驻军1个营部。

民国3年（1914），茅津渡成立第三高等小学堂。

民国2至8年（1913—1919），平陆设军用电话线两条，一条自运城经张店到茅津，另一条自夏县经张店到茅津。

民国12年（1923），茅津村成立了第一所女子学校，招收本地女子入学。

民国中期，茅津成立"同竹戏班"，班主为高明有。聘请外地名角进行巡回演出。

民国25年（1936），平陆境内设县城、茅津、张店3个三等邮政局。运城经茅津到河南是运城二等邮政局的主要干线之一。

民国26年（1937）3月，茅津青年刘少白经李晓峰介绍加入中国共产党，成为平陆最早一批党员。

"七七事变"后茅津渡学生、船员义愤填膺，进行了爱国游行和抗日宣传。

民国27年（1938）2月，刘少白介绍陈平加入了中国共产党。

同年夏，第四集团军第三十八军进驻茅津。军长为赵寿山。军部驻扎茅津，辖十七师和四十六旅。十七师师长耿景惠，驻守张茅公路以东的茅津渡、涧东村、南村和中村一带，其一线部队在晴岚村，与驻张店的日军对峙。

8月，茅津青年陈勋章、梁重民、刘千伍加入党组织。

10月，茅津村党支部成立。陈勋章为茅津村第一任党支部书记，梁重民为组织委员，刘千伍为宣传委员。

民国28年（1939）6月6日，日军再次侵犯平陆，意欲占领茅津渡，三十八军据城死守，日军见久攻不下，动用航空兵连续轰炸5天，茅津城成了一片断垣残壁。三十八军无奈撤退。不久胜利收复。

民国29年（1940）1月，茅津渡进驻大批共产党人。1月28日，反动县长叶仰高密谋抓捕中共干部，情况泄露后，县委书记赵荫华当即组织党员干部和140名骨干教师，连夜向三十八军防地转移。

6月，18岁的陈平担任了中共平陆县委书记。

同年，日军占领平陆张茅路以西后，将茅津划为禁区，强迫村民三天内搬迁，不准带走任何财产，随之将万余间民房及庙宇纵火焚烧，繁华码头顿成一片废墟。仅有的木船停泊在河南,航运被迫中断。日军占领豫西后,又在茅津建立野战仓库,屯集粮秣辎重。

民国34年(1945)8月15日,日军宣布无条件投降。中共平陆县委区干队、二区民兵配合太岳五分区收复了茅津渡。

民国36年(1947),平陆县委、县政府为恢复茅津市场,作出了《集中解决茅津原住户建房地基的规定》。

7月,太岳第三军分区参谋长樊执中来平陆传达中央关于陈谢大军渡河的命令。平陆县委当即成立了"支援大军横渡黄河委员会"。组织能工巧匠,在令狐三村、西湾村等地伐木造船、制造油包。从全县各渡口及芮城、河津等地动员水手200余名,编入"平陆人民运送大军渡河大队"。8月22日晚10时许,刘居秀、邓九智带油包二分队载一个连率先渡河,迅速占领了王官村,拿下会兴镇。随后三万大军迅速过河,控制了豫西地区,完成挺进中原任务。茅津船工为此荣获"晋豫桥梁"光荣称号。

民国38年(1949)5月,解放军十八兵团七十八师进军大西北和大西南。平陆县委、县人委成立了"支前指挥部"。召集水手、船工、民兵226人,抽调大小船只14条,编成木船大队。6月10日、11日,在茅津船工的连续摆渡下,解放军胜利渡过黄河。

中华人民共和国时期

1957年,茅津航运站成立。晋南航运办事处特拨给1只机船、10只木船,并调来36名船工。后又将太阳渡、葛赵渡的船及船工全部调到茅津渡。茅津共有船工305人,连装卸工共500多人,拥有大小渡船100余只。

1959年,茅津渡成功仿造了湖南的"八面风船",四川的"鱼肚船""双翼船""三合船",使货运周转量增加1125吨公里。

1960年2月2日夜,"61个阶级弟兄中毒事件"发生。茅津船工王希贤、王云堂等打破"黄河自古不夜渡"的旧规,深夜冒险行船,将县医院司药员王文明、县药材公司职工张寅虎送过黄河，寻找特效药二巯基丙醇。

1967年，经茅津群众上访，上级交通部门做出每月由茅津村、新湖村、王崖村各摆渡两天的决定。

1972年，航运站制造了一艘大型木质平板船，由拖船牵引，开始轮渡汽车业务，一次可渡6辆汽车。

1973年，茅津渡上修建了第一座水泥码头。

1979年8月20日，茅津渡进驻第一家企业：平陆县空压机配件厂。1980年生产冷却器15个品种、产量35吨。1988年产量增加到135吨、品种达118个。产品销往28个省、市、自治区250家用户。

1983年5月，航运公司配合治黄工程，对茅津渡口进行了较大程度的整修，先后建防冲坝560米、防浪坝460米，修水泥码头坡道300米，完成投资103.33万元，投工16.2万工日。码头面貌大为改观。

1978年，茅津渡迎来第二家企业：平陆县国营橡胶厂。1985年该厂易名"平陆县地方国营橡胶制品厂"，1990年拥有职工63名，产值70万元，实现利税6万元。

1983年，经茅津群众上访，1947年陈谢大军渡河时被凿沉的18条船得到政府赔偿，共10余万元。

1980年，平陆县航运公司争取省交通厅投资70万元，自筹10万元，建造了载重180吨、一次可轮渡载重汽车12辆、搭乘300名旅客的大型轮渡"晋航一号"。

同年，"茅津渡航运站"改称"平陆县航运公司"。公司党支部书记为荆孟侯。

1984年，航运公司又建造一艘110吨位的大型钢质渡轮"晋航二号"。茅津渡年渡机动车由1万辆上升到了7万辆（台）、旅客57万余人次。

1986年，茅津渡兴建了二号码头通道。

1989年9月12日16时30分，运城运输公司一辆大客车被撞进黄河，正值班的晋航一号和茅津船工当即进行紧急营救。在县委、县政府、行署、省委办和交通部、海军作战总部、国家黄委水资源保护研究所等的合力增援下，茅津船工先后营救旅客18名，并配合有关单位将撞沉客车打捞出水。

1990年，茅津渡轮渡机动车数量达到10万辆。

同年，县航运公司在渡口建起三层现代办公大楼。

1993年12月30日，由晋豫联手、三方（山西、河南、交通部）投资、全长1310.09米，行车道宽15米，设计洪水频率为三百年一遇，建设了三年的三门峡黄河公路大桥正式通车。茅津渡过河车辆骤然减少。

2008年，经三年艰辛修建的山西沿黄公路胜利开通，道路从茅津村北穿过，连接了茅津渡口。从此，茅津渡与周边道路通行更加迅捷方便。

2019年6月，茅津渡西的黄河生态园经一年建设胜利竣工。工程总投资1.029亿元、占地面积8.6万平方米。品级高档，临水而立，将茅津渡新一轮建设推入更高层次。

同年，县委、县政府实施了茅津渡亮化工程。新建了"古渡茅津"仿古牌坊，开辟了名吃广场，新筑石质精美护栏2.4公里，茅津渡呈现一派崭新面貌。

参考书目

《平阳府志》（孔尚任）　　　　　　　　　　　　　　　　康熙版

《平陆县志》（柴应辰）　　　　　　　　　　　　　　　　康熙版

《平陆县志》（韩夑典、李友洙）　　　　　　　　　　　　乾隆版

《平陆县志》（刘鸿逵、沈承恩）　　　　　　　　　　　　光绪版

《运城地区交通志》（陆峰波）　　　　　　　　　　山西人民出版社

《平陆县志》1992版（张明堂、刘耀武）　　　　　　中国地图出版社

《平陆县志》2010版（裴幸渠）　　　　　　　　　　　方志出版社

《平陆军事志》2010版（裴幸渠）

《龙背上的古国》（李敬泽）　　　　　　　　　　　山西人民出版社

《史记》（司马迁）　　　　　　　　　　　　　　　　　中华书局

《中华傅圣文化研究文集》（宋镇豪、宫长为）　　　　文物出版社

《夏商社会生活史》（宋镇豪）　　　　　　　　　　中国社科出版社

《晋国通史》（李尚师）　　　　　　　　　　　　　山西人民出版社

《王维诗选》（李俊标疏解）　　　　　　　　　　　中州古籍出版社

《新晋商》杂志《晋商驼道——中国对外贸易三大古商道之一》（郎加明）

后记

HOU JI

　　茅津渡作为历史名渡，很值得树碑立传。但要把它形诸一本书，具有一定的难度：首先是史料不足。除先秦、明清一些旁涉材料外，其余时期绝少记载；其次是没有记述历代船工状况的一纸一文；加之抗日战争时期的惨烈战火，毁灭了茅津渡的所有古迹，使著述更缺少相应的实物印证，因此只能依靠现有史料和追忆，好在对渡口史有兴趣的茅津村民卫永强听记了大量史实，并亲撰了明清以来的九大家族、五代船工情况，为写作提供了基础事实。退休工人王百有多年来留意茅津渡的发展变化，不仅提供了一些大革命时期的人物线索，而且指证了旧城基址和寺庙位置，勾画了茅津古城的概图，为文章撰写和配图提供了帮助。采访中，茅津村一些事件的亲历者也积极配合，提供了相关事实。本书策划编撰中，运城市人大常委会副主任、平陆县委书记杜中伟，县人民政府县长翟纪亭高度重视和关心，提出了编撰意见，并拨付专项资金予以支持。稿子送审阶段，县人大常委会主任裴向红亲自把关，大大提升了该书的理论水平。县人大常委会副主任伊改莲、原副主任周景轩对该书提出了宝贵意见，促使该书更加完美准确。县三晋文化研究会会长李怀并将此作为一项文化项目，给予了大力支持。征求意见中，平陆县委党校常务副校长杨应博、县文联主席赵世杰、县民政局原局长张效伟、利丰职业学校校长康春荣等，都对书稿提出了中肯意见，拓宽了作者的写作思路。插图中，县二轻局原局长葛军贤、运管站职工狄永平协助拍摄了大量照片，使该书呈现出图文并茂的特点。在此一并表示深深感谢！

一年多的采写过程中，我对茅津渡产生了浓厚的感情，在此特把一篇《茅津渡赋》奉献于她。

茅津渡赋

古渡茅津，立于河阳。北屏三晋，南及湖广。始建殷商时期，兴盛汉唐盛世。凭梭样扁舟，俾河东雪样潞盐、铮亮青铜、矫健骏马、钢质灰铁输向江南大地；恃负重骆驼，将南国柔美丝绸、新市茶叶、精细陶瓷、丰裕粮棉送入辽阔北疆。三门以东，有漕船溯流而上，一路越乱石，穿绝壁，避暗礁，跨石门，将船船食粮济向关内；铁渡岸边，有花船随河飘下，沿途跳急瀑，避磨石，绕鹰嘴，拨乱流，把舟舟棉花送达齐鲁。道道急流险滩，挡不住老艄一腔雄气；处处峭壁陡崖，拦不了纤夫铿锵步伐。千年血泪，百世艰辛，奠就中华畅通血脉；浩荡意气，满河风流，筑成南北不断桥梁。言及古渡，皆曰中华枢纽，山河锁钥。

茅津一渡，酷似鱼嘴，又如鳌头。背负颠轸虞坂，眸视崝岭中原。岗上炮台高筑，军营幢幢；岸畔堡寨比肩，重兵云集。春秋世乱，曾亲历虢军伐晋、晋师伏秦、假虞伐虢之战；明清以降，又演绎闯王攻渡、捻军抢河、辛亥对峙大戏；蕞尔小港，一度挥戈执戟，烽烟滚滚。湍急水中，也曾舟楫互磕，箭矢如雨。攻防之间，显一代枭雄本色。杀戮须臾，昭万千将士风采。兵家临渡，皆曰为"战略孔道"、军事险关。

斯渡矣，学承虞祖，庠序代延。古有舜帝《南风》，商出傅相《说命》。累世学子缕缕，诗帆并盛于梓。明清学风日盛，秋闱入榜连连。刘翀殿出，刘瀚获举；文锦兄弟，考绩斐然；国祚永祚，文武并冠。一时贡士盈镇，秀才成群，诗文飞扬，冠冕峨峨，考据风炽，著述累累。皆誉是诗文之地，儒学之乡。

斯渡矣，虽是水旱码头，却是岗上新城。嘉靖之年，堡坞初建。乾隆时节，城寨伟然。市列井字，货铺相连。楼宇巍峨，府墅可观。游击千总，扬雄耀武。绿营巡检，署邸威严。少尹坊巍然立地，绣衣坊表功示眷。岂弟坊弘扬仁爱，德政坊镌刻民愿。更有古渡一坊顶天立地，将茅津城鳞次楼宇、栉比伽蓝融于一楼，向天地间扬示：斯是津上美城！

斯渡矣，亦是一大景观。黄岗高耸如案，河水萦绕回环，小舟穿梭频频，织就玉帛锦缎。春有灼灼桃花，香阵染河熏岸。如火云霞升起，浓艳铺地盖天。最喜夏秋时分，夕阳与河成线，彤云燃河而起，赤焰远上云端。适遇文人骚客，津上指指点点：此八景"茅津晚渡"矣。

斯渡亦是庙宇重地。遥看繁华市里，飞檐翘角毗连；高楼平屋之间，谒拜之士相伴。有禹庙担柏，祖师金碧，观音拈花，后土送子，关公佑民，魁星题榜。更有土帝赐基，财神颁富，河神护航，龙王降霖。年有庙会社祭，时有子民拜堂。但只见：雾霭如云是香火，钟磬声声祷平安，佑护各方祈愿人，家家落得事圆满。

斯渡亦是红色摇篮。少白燃火，陈平扬旗，勋章组队，尹萍奋起。刘敬修赴汤蹈火，岳银生从军向南。刘红娃舍身探路，王士杰灭敌孤胆。刘千伍血洒战场，梁重民以身躯捐……千里疆场，奋茅津英雄儿女；万里关山，显古渡不朽英魂。寸土寸血，俾古渡牢握我辈。尺河尺躯，定社稷稳如泰山。

噫吁，汤汤黄河，巍巍古渡，彼何德何能威名遐迩。必曰：千年古渡、运盐孔道、商旅辐辏、军事屏藩、诗文之乡、革命熔炉矣。

作　者